吳墉祥在台日記
（1958）

The Diaries of Wu Yung-hsiang at Taiwan, 1958

民國日記｜總序

呂芳上
民國歷史文化學社社長

人是歷史的主體，人性是歷史的內涵。「人事有代謝，往來成古今」（孟浩然），瞭解活生生的「人」，才較能掌握歷史的真相；愈是貼近「人性」的思考，才愈能體會歷史的本質。近代歷史的特色之一是資料閎富而駁雜，由當事人主導、製作而形成的資料，以自傳、回憶錄、口述訪問、函札及日記最為重要，其中日記的完成最即時，描述較能顯現內在的幽微，最受史家重視。

日記本是個人記述每天所見聞、所感思、所作為有選擇的紀錄，雖不必能反映史事整體或各個部分的所有細節，但可以掌握史實發展的一定脈絡。尤其個人日記一方面透露個人單獨親歷之事，補足歷史原貌的闕漏；一方面個人隨時勢變化呈現出不同的心路歷程，對同一史事發為不同的看法和感受，往往會豐富了歷史內容。

中國從宋代以後，開始有更多的讀書人有寫日記的習慣，到近代更是蔚然成風，於是利用日記史料作歷史研究成了近代史學的一大特色。本來不同的史料，各有不同的性質，日記記述形式不一，有的像流水帳，有的生動引人。日記的共同主要特質是自我（self）與私密（privacy），史家是史事的「局外人」，不只注意史實的追尋，更有興趣瞭解歷史如何被體驗和講述，這時對「局內人」所思、所行的掌握和體會，日記便成了十分關鍵的材料。傾聽歷史的聲音，重要的是能聽到「原音」，而非「變音」，日記應屬原音，故價值高。1970年代，在後現代理論影響下，檢驗史料的潛在偏見，成為時尚。論者以為即使親筆日記、函札，亦不必全屬真實。實者，日記記錄可能有偏差，一來自時代政治與社會的制約和氛圍，有清一代文網太密，使讀書人有口難言，或心中自我約束太過。顏李學派李塨死前日記每月後書寫「小心翼翼，俱以終始」八字，心所謂為危，這樣的日記記錄，難暢所欲言，可以想見。二來自人性的弱點，除了「記主」可能自我「美化拔高」之外，主觀、偏私、急功好利、現實等，有意無心的記述或失實、或迴避，例如「胡適日記」於關鍵時刻，不無避實就虛，語焉不詳之處；「閻錫山日記」滿口禮義道德，使用價值略幾近於零，難免令人失望。三來自旁人過度用心的整理、剪裁、甚至「消音」，如「陳誠日記」、「胡宗南日記」，均不免有斧鑿痕跡，不論立意多麼良善，都會是史學研究上難以彌補的損失。史料之於歷史研究，一如「盡信書不如無書」的話語，對證、勘比是個基本功。或謂使用材料多方查證，有如老吏斷獄、法官斷案，取證求其多，追根究柢求其細，庶幾還原案貌，以證據下法理註腳，盡力讓歷史真相水落可石出。是故不同史料對同一史事，記述會有異同，同者互證，異者互勘，於是能逼近史實。而勘比、互證之中，以日記比證日記，或以他人日記，證人物所思所行，亦不失為一良法。

從日記的內容、特質看，研究日記的學者鄒振環，曾將日記概分為記事備忘、工作、學術考據、宗教人生、游歷探險、使行、志感抒情、文藝、戰難、科學、家庭婦女、學生、囚亡、外人在華日記等十四種。事實上，多半的日記是複合型的，柳貽徵說：「國史有日歷，私家有日記，一也。日歷詳一國之事，舉其大而略其細；日記則洪纖必包，無定格，而一身、一家、一地、一國之真史具焉，讀之視日歷有味，且有補於史學。」近代人物如胡適、吳宓、顧頡剛的大部頭日記，大約可被歸為「學人日記」，余英時翻讀《顧頡剛日記》後說，藉日記以窺測顧的內心世界，發現其事業心竟在求知慾上，1930 年代後，顧更接近的是流轉於學、政、商三界的「社會活動家」，在謹厚恂恂君子後邊，還擁有激盪以至浪漫的情感世界。於是活生生多面向的人，因此呈現出來，日記的作用可見。

晚清民國，相對於昔時，是日記留存、出版較多的時期，這可能與識字率提升、媒體、出版事業發達相關。過去日記的面世，撰著人多半是時代舞台上的要角，他們的言行、舉動，動見觀瞻，當然不容小覷。但，相對的芸芸眾生，識字或不識字的「小人物」們，在正史中往往是無名英雄，甚至於是「失蹤者」，他們如何參與近代國家的構建，如何共同締造新社會，不應該被埋沒、被忽略。近代中國中西交會、內外戰事頻仍，傳統走向現代，社會矛盾叢生，如何豐富歷史內涵，需要傾聽社會各階層的「原聲」來補足，更寬闊的歷史視野，需要眾人的紀錄來拓展。開放檔案，公布公家、私人資料，這是近代史學界的迫切期待，也是「民國歷史文化學社」大力倡議出版日記叢書的緣由。

導言

侯嘉星

國立中興大學歷史學系助理教授

《吳墉祥在台日記》的傳主吳墉祥（1909-2000），字茂如，山東棲霞縣人。幼年時在棲霞就讀私塾、新式小學，後負笈煙台，畢業於煙台模範高等小學、私立先志中學。中學期間受中學校長、教師影響，於1924年加入中國國民黨；1927 年 5 月中央黨務學校在南京創設時報考錄取，翌年奉派於山東省黨部服務。1929年黨務學校改為中央政治學設大學部，故1930 年申請返校就讀，進入財政系就讀，1933 年以第一名成績畢業。自政校畢業後留校擔任助教 3 年，1936 年由財政系及黨部推薦前往安徽地方銀行服務，陸續擔任安慶分行副理、經理，總行稽核、副總經理，時值抗戰軍興，隨同皖省政府輾轉於山區維持經濟、調劑金融。1945年因抗戰勝利在望，山東省主席何思源遊說之下回到故鄉任職，協助重建山東省銀行。

1945 年底山東省銀行正式開業後，傳主擔任總經理主持行務；1947 年又受國民黨中央黨部委派擔任黨營事業齊魯公司常務董事，可說深深參與戰後經濟接收與重建工作。這段期間傳主也通過高考會計師合格，並當選棲霞區國民大會代表。直到 1949 年 7 月因戰局逆轉，傳主隨政府遷台，定居於台北。1945 至 1950 這

6 年間的日記深具歷史意義，詳細記載這一段經歷戰時淪陷區生活、戰後華北接收的諸般細節，乃至於國共內戰急轉直下的糾結與倉皇，可說是瞭解戰後初期復員工作、經濟活動以及政黨活動的極佳史料，已正式出版為《吳墉祥戰後日記》，為戰後經濟史研究一大福音。

1949 年來台後，除了初期短暫清算齊魯公司業務外，傳主以會計師執照維生。當時美援已進入台灣，1956 年起受聘為美國國際合作總署駐華安全分署之高級稽核，主要任務是負責美援項目的帳務查核，足跡遍及全台各地。1960 年代台灣經濟好轉，美援項目逐漸減少，至 1965 年美援結束，傳主改任職於中美合營之台達化學工業公司，擔任會計主任、財務長，直到 1976 年退休；國大代表的職務則保留至 1991 年退職。傳主長期服務於金融界，對銀行、會計及財務工作歷練豐富，這一點在《吳墉祥戰後日記》的價值中已充分顯露無遺。來台以後的《吳墉祥在台日記》，更是傳主親歷中華民國從美援中站穩腳步、再到出口擴張達成經濟奇蹟的各個階段，尤其遺留之詳實精采的日記，成為回顧戰台灣後經濟社會發展的寶貴文獻，其價值與意義，以下分別闡述之。

一

史料是瞭解歷史、探討過去的依據，故云「史料為史之組織細胞，史料不具或不確，則無復史之可言」（梁啟超，《中國歷史研究法》）。在晚近不斷推陳出新的史料類型中，日記無疑是備受歷史學家乃至社會各界重視的材料。相較於政府機關、公司團體所留下之日常文件檔案，日記恰好為個人在私領域中，日常生活留下的紀錄。固然有些日記內容側重公事、有些則抒發情懷，但就材料本身而言，仍然是一種私人立場的記述，不可貿然將之視為客觀史實。受到後現代主義的影響，日記成為研究者與傳主之間的鬥智遊戲。傳主寫下對事件的那一刻，必然帶有個人的想法立場，也帶有某些特別的目的，研究者必須能分辨這些立場與目的，從而探索傳主內心想法。也因此，日記史料之使用有良窳之別，需細細辯證。

那麼進一步說，該如何用使日記這類文獻呢？大致來說，良好的日記需要有三個條件，以發揮內在考證的作用：（1）日記之傳主應該有一定的社會代表性，且包含生平經歷，乃至行止足跡等應具體可供複驗。（2）日記須具備相當之時間跨度，足以呈現長時段的時空變化，且年月日之間的紀錄不宜經常跳躍脫漏。（3）日記本身的文字自然越詳細充實越理想，如此可以提供豐富素材，供來者進一步考辨比對。從上述三個條件來看，《吳墉祥在台日記》無疑是一部上佳的日記史料。

就代表社會性而言，傳主曾擔任省級銀行副總經理、總經理，又當選為國大代表；來台後先為執業會計師，復受聘在美援重要機構中服務，接著擔任大型企業財務長，無論學經歷、專業素養都具有相當代表性。藉由這部日記，我們可以在過去國家宏觀政策之外，以社會中層技術人員的視角，看到中美合作具體的執行情況，也能體會到這段時期的政治、經濟和社會變遷。

而在時間跨度方面，傳主自 1927 年投考中央黨務學校起，即有固定寫作日記的習慣，但因抗戰的緣故，早年日記已亡佚，現存日記自1945 年起，迄於 2000 年，時間跨度長達 55 年，僅 1954 年因蟲蛀損毀，其餘均無日間斷，其難能可貴不言可喻。即便 1945 年至 1976 年供職期間的日記，也長達 32 年，借助長時段的分析比對，我們可以對傳主的思想、心境、性格，乃至習慣等有所掌握，進而對日記中所紀錄的內容有更深層的掌握。

最重要的，是傳主每日的日記寫作極有條理，每則均加上「職務」、「師友」、「體質」「娛樂」、「家事」、「交際」、「游覽」等標題，每天日記或兩則或三則不等，顯示紀錄內容的多元。這些內容所反映的，不僅是公務上的專業會計師，更是時代變遷中的黨員、父親、國民。因此從日記的史料價值來看，《吳墉祥在台日記》能帶領我們，用豐富的角度重新體驗一遍戰後台灣的發展之路，也提供專業財經專家觀點以及可靠的事件觀察記錄，讓歷史研究者能細細品味 1951 年至 1976 年這 26 年間，種種宏觀與微觀的時代變遷。

二

戰後中華民國的各項成就中，最被世界所關注的，首推是 1980 年代前後台灣經濟奇蹟（Taiwan Economic Miracle）了。台灣經濟奇蹟的出現，有其政策與產業的背景，1950 年開始在美援協助下政府進行基礎建設與教育投資，配合進口替代政策發展國內產業。接著在1960年代起，推動投資獎勵與出口擴張、設立加工出口區，開啟經濟起飛的年代。由於經濟好轉，1963年起台灣已經累積出口外匯，開始逐步償還美援，在國際間被視為美援國家中的模範生，為少數能快速恢復經濟自主的案例。在這樣的時代背景中，美援與產業經營，成為分析台灣經濟奇蹟的關鍵。

《吳墉祥在台日記》中，傳主除了來台初期還擔任齊魯公司常務董事，負責清算業務外，直到1956年底多憑會計師執照維持生計，但業務並不多收入有限，反映此時台灣經濟仍未步上軌道，也顯示遷台初期社會物質匱乏的處境。1956年下半，負責監督美援計畫執行的駐華安全分署招聘稽核人員，傳主獲得錄用，成為美方在台雇用的職員。從日記中可以看到，美援與中美合作並非圓滑順暢，1956年11月6日有「中午王慕堂兄來訪，謂已聞悉安全分署對余之任用業已確定，以前在該署工作之中國人往往有不歡而散者，故須有最大之忍耐以與洋員相處云」，透露著該工作也不輕鬆，中美合作之間更有許多幽微之處值得再思考。

戰後初期美援在台灣的重大建設頗多，傳主任職期間往往要遠赴各地查帳，日記中記錄公務中所見美援支出項目的種種細節，這是過去探討此一課題時很少提到的。例如1958年4月前往中橫公路工程處查帳，30日的日記中發現「出於意外者則另有輔導會轉來三萬餘元之新開支，係輔導會組織一農業資源複勘團，在撥款時以單據抵現由公路局列帳者，可謂驢頭不對馬嘴矣。除已經設法查詢此事有無公事之根據外，當先將其單據內容加以審核, 發現內容凌亂，次序亦多顛倒，費時良久，始獲悉單據缺少一萬餘元，當交會計人員與該會再行核對」。中橫公路的經費由美援會提供公路局執行，並受美方監督。傳主任職的安全分署即為監督機構，從這次的查帳可以發現，對於執行單位來說，往往有經費互相挪用的便宜行事，甚至單據不清等問題，傳主查帳時一一指出這些問題乃為職責所在，亦能看到其一絲不苟的態度。1962 年 6 月 14 日傳主前往中華開發公司查帳時也注意到：「中華開發信託公司為一極特殊之構成，只有放款，並無存款，業務實為銀行，而又無銀行之名，以余見此情形，甚懷疑何以不能即由 AID（國際開發總署）及美援會等機構委託各銀行辦理，豈不省費省時？現開發公司待遇奇高，為全省之冠，開支浩大，何以必設此機構辦理放款，實難捉摸云」，顯然他也看到許多不合理之處，這些紀錄可提供未來探討美援運用、中美合作關係的更深一層面思考。

事實上，最值得討論的部分，是傳主在執行這些任務所表現出來的操守與堅持，以及這種道德精神。瞿宛文在《台灣戰後經濟發展的源起：後進發展的為何與如何》一書中強調，台灣經濟發展除了經濟層面的因素外，不能忽略經濟官僚的道德力量，特別是這些人經歷過大陸地區的失敗，故存在著迫切的內在動力，希望努力建設台灣以洗刷失敗的恥辱。這種精神不僅在高層官僚中存在，以傳主為代表的中層知識分子與專業人員，同樣存在著愛國思想、建設熱忱。這種愛國情懷不能單純以黨國視之，而是做為知識分子對近代以來國家認同發自內心的追求，這一點從日記中的許多事件細節的描述可以觀察到。

三

1951 年至 1965 年間，除了是台灣經濟由百廢待興轉向起飛的階段，也是政治社會上的重大轉折年代。政治上儘管處於戒嚴與動員戡亂時期，並未有太多自由，但許多知識分子仍然有自己的立場批評時政，特別是屬於私領域的日記，更是觀察這種態度的極佳媒介，從以下兩個小故事可以略窺一二。

1960 年頭一等的政治大事，是討論總統蔣中正是否能續任，還是應該交棒給時任副總統的陳誠？依照憲法規定，總統連選得連任一次，在蔣已於 1954 年連任一次的情況下，不少社會領袖呼籲應該放棄再度連任以建立憲政典範。然而國民大會先於 3 月 11 日通過臨時條款，無視憲法條文規定，同意在特殊情況下蔣得以第二度連任。因此到了 3 月 21 日正式投票當天，傳主在日記中寫下：

> 上午，到中山堂參加國民大會第三次會議第一次選舉大會，本日議程為選舉總統……蓋只圈選蔣總統一人，並無競選乃至陪選者，亦徒具純粹之形式而已。又昨晚接黨團幹事會通知，囑一致投票支持，此亦為不可思議之事……開出圈選蔣總統者 1481 票，另 28 票未圈，等於空白票，此皆為預料中之

> 結果，於是街頭鞭炮齊鳴，學生遊行於途，電台廣播特別節目，一切皆為預定之安排，雖甚隆重，而實則平淡也。

這段記述以當事人身分，重現了三連任的爭議。對於選舉總統一事也表現出許多知識分子的批評，認為徒具形式，特別是「雖甚隆重，而實則平淡也」可以品味出當時滑稽、無奈的複雜心情。

1959 年 8 月初，因颱風過境造成中南部豪雨成災，為二十世紀台灣最大規模的天災之一，日記中對此提到：「本月七日台中台南一帶暴雨成災，政府及人民已展開救災運動，因災情慘重，財產損失逾十億，死傷在二十五萬人左右（連殃及數在內），政府正做長期計畫，今日起禁屠八天，分署會計處同人發起募捐賑災，余照最高數捐二百元」。時隔一週後，傳主長女即將赴美國留學，需要繳交的保證金為 300 元，由此可知八七水災中認捐數額絕非小數。

日記的特點在於，多數時候它是傳主個人抒發內心情緒的平台，並非提供他人瀏覽的公開版，因此在日記中往往能寫下當事人心中真正想法。上述兩個小例子，顯示在政治上傳主充滿愛國情操，樂於發揮人溺己溺的精神援助他人；但他也對徒具形式的政治大戲興趣缺缺，甚至個人紀錄字裡行間均頗具批判意識。基於這樣的理解，我們對於《吳墉祥在台日記》，可以進行更豐富細緻的考察，一方面同情與理解傳主的心情；另方面在藉由他的眼光，觀察過去所發生的大小事件。

四

然而必須承認的是，願意與傳主鬥智鬥力，投入時間心力的歷史研究者，並非日記最大的讀者群體。對日記感興趣者，更多是作家、編劇、文人乃至一般社會大眾，透過日記的閱讀，體驗另一個人的生命經歷，不僅開拓視野，也豐富我們的情感。確實，《吳墉祥在台日記》不單單是一位會計師、財金專家的工作紀錄簿而已，更是一位丈夫、六名子女的父親、奉公守法的好公民，以及一個「且認他鄉作故鄉」（陳寅恪詩〈憶故居〉）的旅人。藉由閱讀這份日記，令人感受到的是內斂情感、自我紀律，以及愛國熱情，這是屬於那個時代的回憶。

歷史的意義在於，唯有藉由認識過去，我們才得以了解現在；了解現在，才能預測未來。在諸多認識過去的方法中，能承載傳主一生精神、豐富閱歷與跌宕人生旅程的日記，是進入門檻較低而閱讀趣味極高的絕佳媒介。《吳墉祥在台日記》可以是歷史學者重新思考戰後台灣經濟發展、政治社會變遷不同面向的史料，也是能啟發小說家、劇作家們編寫創作的素材。總而言之，對閱讀歷史的熱情，並不局限於象牙塔、更非專屬於少數人，近年來大量出版的各類日記，只要願意嘗試接觸，它們將提供讀者無數關於過去的細節與經驗，足供做為將我們推向未來的原動力。

編輯凡例

一、吳墉祥日記現存自1945 年至 2000 年，本次出版為 1951 年以後。

二、古字、罕用字、簡字、通同字，在不影響文意下，改以現行字標示。

三、難以辨識字體或遭蟲註，以■表示。

四、部分內容涉及家屬隱私，略予刪節，恕不一一標注。

日記原稿選錄

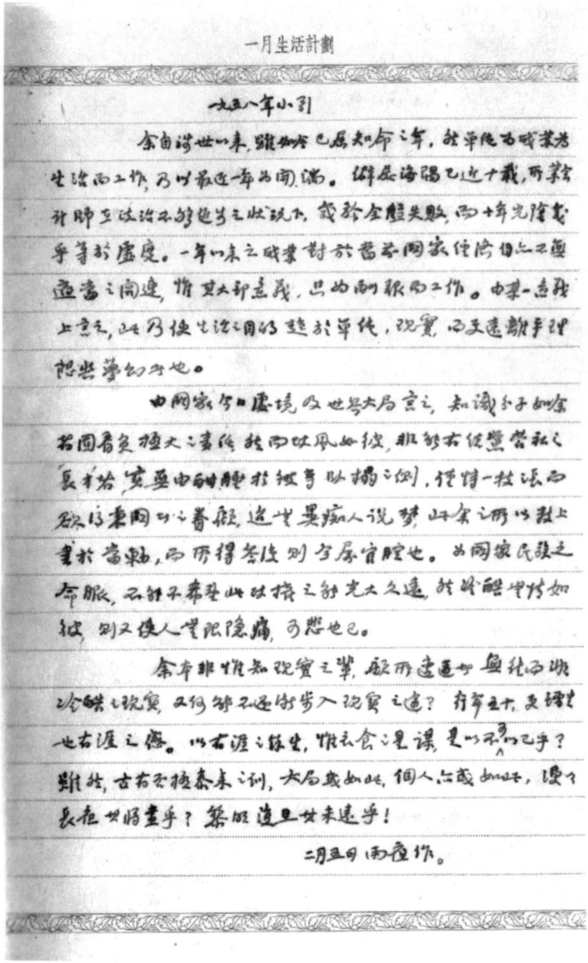
一月生活計劃

一九五八年小引

余自踏世以來，雖然今已屆知命之年，然單純為職業為生活而工作，乃以最近一年為開端。僻居海隅已近十載，所業皆計劃在政治不能進步之狀況下，或於全盤失敗，而十年光陰直等於虛度。一年以來之職業對於當前國家經濟自亦不無適當之關連，惟其大部意義，只為糊口而工作。由某一點觀上言之，此乃使生活之目的趨於單純，現實，而更遠離其理想與夢幻者也。

由國家今日處境及世界大局言之，知識分子如余者固看見極大之危機於國際風如彼，非能有從黨營私之良才者，實無由貢獻於社會以補之例，徒憑一枝筆而欲得建國安之叢，無異癡人說夢，此余之所以對上書於當軸，而所得答復則多屬官腔也。為國家民族之命脈，不能不希望此時換之能先大久遠，然於醒世警如彼，則又使人無限隱痛，可悲也已。

余本非惟知現實之輩，既所遭遇者無往而非冷酷之現實，又何能不逐步步入現實之途？行年五十，更增世故涯之感。以古涯之餘生，惟衣食之是謀，是以不為已乎？雖然，古有否極泰來之訓，大局或如此，個人亦或如此，漫漫長夜其將盡乎？黎明曙光其未遠乎！

二月五日雨夜作。

7

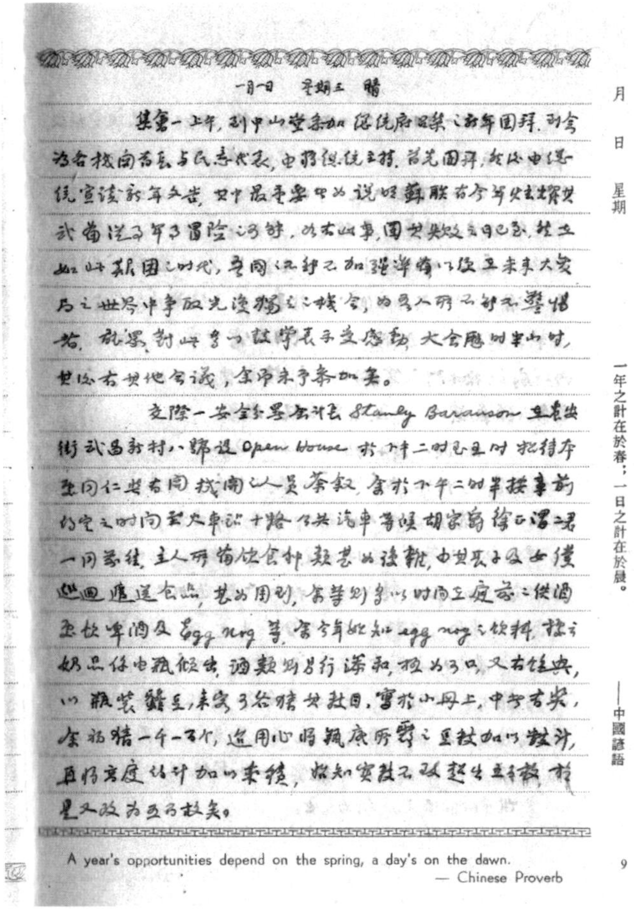

一月一日 星期三 晴

集會—上午，到中山堂參加總統府舉行之新年團拜，到會者為各機關首長與民意代表，由嚴副總統主持，首先團拜，然後由總統宣讀新年文告，其中最重要者為說明蘇聯為今年共黨對其武裝冒險之可能，為著此事，國共關係之日益惡化，在這如此艱困之時代，吾國仍須加強準備，以從事未來大變局之世界中爭取光復大陸之機會，希吾人務必不斷的警惕者。散會後，對此多項談話表示受感動，大會廳內當此時，其後尚有其他會議，余即未予參加矣。

交際—安全分署署長 Stanley Baranson 立委在長安街武昌新村八號設 Open House，於下午二時至五時招待本署同仁與有關機關人員茶敘，余於下午二時半按事前約定之時間到火車站十路公共汽車等候胡家鳳徐世澤二君一同前往，主人所備飲食種類甚為講究，由其長子及女僕巡迴遞送食品，甚為周到，客等則多以時間立庭前之供酒處飲啤酒及 Egg Nog 等，余今年始知 egg nog 之飲料，據云奶品係由瓶倒出，酒類則另行添和，極為可口，又有糖果，以瓶裝盛之，來賓可任猜其數目，寫於小冊上，中者有獎，余猜猜一千一百個，乃用心將瓶底所露之豆粒加以數計，再將高度估計加以乘積，始知實數不致超出五千粒，於是又改為五百粒矣。

月 日 星期

一年之計在於春；一日之計在於晨。
——中國諺語

A year's opportunities depend on the spring, a day's on the dawn.
— Chinese Proverb

9

月
日
星期

三月十六日 星期日 晴

瑣記—今日終日無事，只在寓照料一切。上午為諸兒女洗手制服之屬，下午洗澡洗頭，並因結婚喜事外出，[illegible]晚飯。又於日間將冬季大衣和服等用汽油擦拭，曬乾後於晚間裝箱保存。初夏不旋踵而至，鼓[illegible]來已不著大衣，西裝亦不著背心，而棉毛衫亦多為汗衫矣。余在寓衣單衣時係穿用領袖破損之襯衣，現在四件此等衣服全破，只好買[illegible]之睡衣，此等彩條式之睡衣，余向未穿過，今茲尚為初次焉。

黨務—因前接區黨部通知，轉奉中央通知，依照幹部制度大綱及建立幹部個人檔案辦法，規定凡擔任[illegible]組區級之專任工作同志[illegible]組長級委員，委員先建立個人檔案，填送個人檔案登記表（原始記載部分），每人兩份呈報中央黨部，作為基層幹部，又卅年以上黨齡者，亦均須轉為基層幹部，[illegible]，共填三份，當因其內容甚複雜，且[illegible]中央亦多實上當甚困難，尚擱不填，今日有暇，始照其所附格式，依照填三份。其中家屬寫祖父祖母（歿）父母，德芳，紹祥、己祥、紹祥、昆祥四個弟兄，衍訓紹南紹中紹寧紹因紹彭六子女，學經歷則填政治大學，革命實踐研究院，安徽省銀行，山東省銀行，國大代表等項，外文寫英語，特長寫金融會計。

欲生命操之在我，必先不畏死。
——梅列笛斯

Conquer the fear of death and you are put into possession of your life.
— G. Meredith

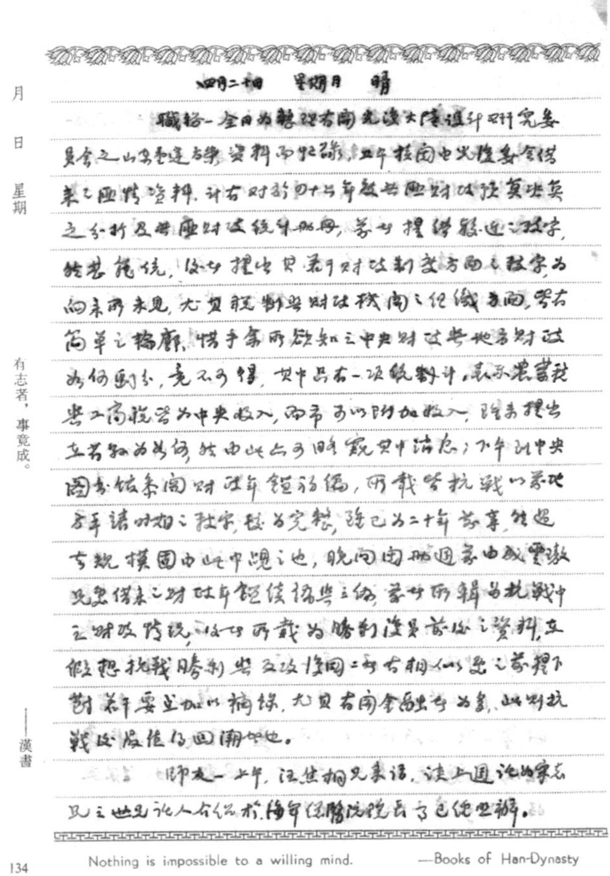

月 日 星期

四月二十四 星期一 晴

職務——全日為整理有關光復大陸設計研究委員會之山西省遂邊各業資料而忙碌，上午接閱由光復大陸委員會所送來之歷年資料，計有財政部四十二年數字歷年財政預算收支之分析及歷年財政統計概要，前者提供歷近之數字，然甚籠統，後者提出其有關財政制度方面之數字，為向來所未見，尤其能對我財政機關之組織方面，寫有簡單之輪廓，惜乎余所欲知之中央財政與地方財政如何劃分，竟不可得，其中只有一項統計，表示農業與工商稅等為中央收入，而市可以附加收入，該表提出其意為如何，然由此亦可略窺其中消息；下午以中央圖書館借來關財政年鑑初編，所載皆抗戰以前地方手續之財政數字，較為完整，雖已為二十年前事，然過去規模固由此中觀之也，晚間閱所週前由我要求見思借來之財政年鑑續編與三編，前者所輯為抗戰中之財政情況，後者所載為勝利後最前線之資料，在假想抗戰勝利與反攻復國二者有相似之處之前提下，對於許要必加以摘採，尤其有關金融與物價為甚，此對抗戰政策作為回溯也。

師友——上午，汪世相兄來訪，談上週所論家志兄之世兄論人合作於海軍保險院院長之事已經無解。

有志者，事竟成。——漢書

134 Nothing is impossible to a willing mind. —Books of Han-Dynasty

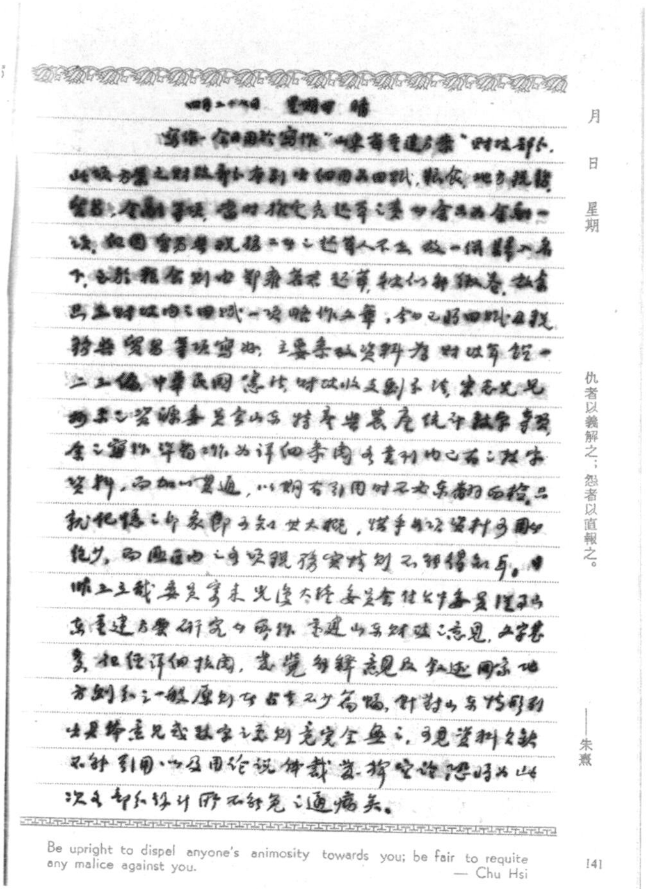
月
日
星期
仇者以義解之；怨者以直報之。
——朱熹
Be upright to dispel anyone's animosity towards you; be fair to requite any malice against you.
— Chu Hsi
141

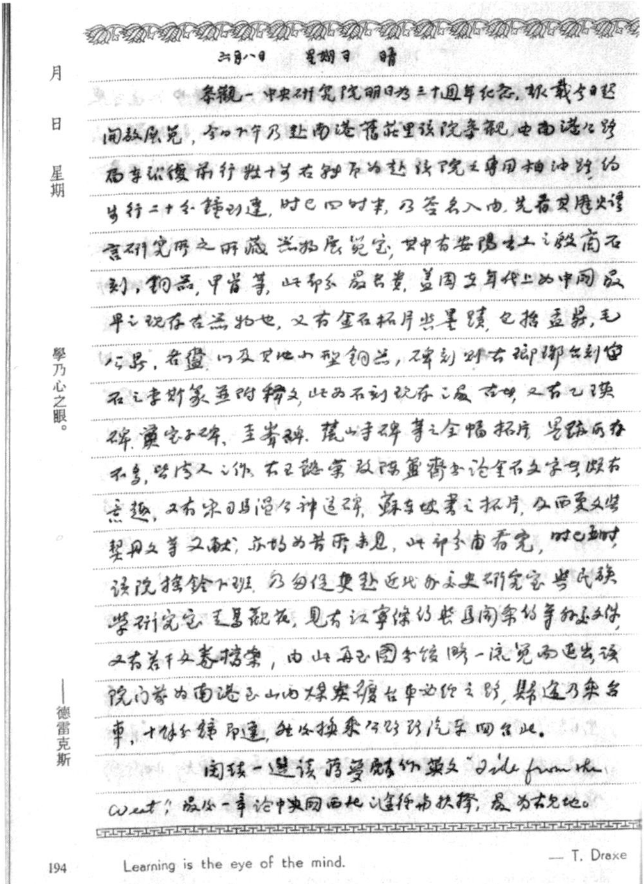

月

日

星期

六月八日　星期日　晴

參觀「中央研究院明日為三十週年紀念，報載今日起開放展覽，余於下午乃赴南港舊莊里該院參觀，由南港公路局車站後循行數十步右轉再步赴該院之專用柏油路，約步行二十分鐘到達，時已四時半，乃簽名入內，先看史語言研究所之所藏器物展覽室，其中有安陽出土之殷商石刻、銅器、甲骨等，此部分最名貴，蓋因其年代上為中國最早之現存古器物也，又有金石拓片與墨蹟，包括盂鼎、毛公鼎、石鼓以及其他小型銅器，碑刻則有瑯琊台刻石之李斯篆並附釋文，此為石刻現存之最古者，又有乙瑛碑、曹全碑、孔宙碑、華山廟碑等之全幅拓片，墨蹟所存不多，皆清人之作，有王懿榮致陳簠齋手論金石文字書頗有意趣，又有宋司馬溫公神道碑，蘇東坡書之拓片，及西夏文與契丹文等文獻，亦均為昔所未見，此部分甫看完，時已五時，該院搖鈴下班，乃匆促更赴近代中國史研究室與民族學研究室，走馬觀花，見有江寧條約與馬關條約等外交文件，又有若干文書檔案，由此再至圖書館略一流覽而匆出，該院門前為南港至山內煤礦鐵台車必經之路，歸途乃乘台車，十餘分鐘即達，然後換乘公路局汽車回至此。

閱讀一還讀蔣夢麟所作英文"Tide from the West"，最後一章論中國西化之途徑與抉擇，最為有見地。

學乃心之眼。——德雷克斯

194　Learning is the eye of the mind.　— T. Draxe

目　錄

1958年（50歲）

1958年小引

余自涉世以來，雖如今已屆知命之年，然單純為職業為生活而工作，乃以最近一年為開端。僻處海隅已近十載，所業會計師在政治不夠進步之狀況下，幾於全盤失敗，而十年光陰幾乎等於虛度。一年以來之職業對於當前國家經濟自亦不無適當之關連，惟其大部意義，只為酬報而工作。由某一意義上言之，此乃使生活之目的趨於單純、現實，而更遠離乎理想與夢幻者也。

由國家今日處境及世界大局言之，知識分子如余者固肩負極大之責任，然而政風如彼，非能有結黨營私之「長才」者，實無由酣睡於彼等臥榻之側，僅恃一技之長而欲得秉國者以眷顧，迨無異痴人說夢，此余之所以數上書於當軸，而所得答復則全屬官腔也。為國家民族之命脈，不能不希望此政權之能光大久遠，然冷酷無情如彼，則又使人無限隱痛，可悲也已。

余本非惟知現實之輩，顧所遭遇者無往而非冷酷之現實，又何能不逐漸步入現實之途？行年五十，更增生也有涯之感。以有涯之餘生，惟衣食之是謀，是以不可以已乎？雖然，古有否極泰來之訓，大局或如此，個人亦或如此，漫漫長夜其將盡乎？黎明復旦其未遠乎！

二月五日雨夜作

1月1日　星期三　晴

集會

上午，到中山堂參加總統府召集之新年團拜，到會為各機關首長與民意代表，由蔣總統主持，首先團拜，然後由總統宣讀新年文告，其中最重要者為說明蘇聯有今年炫耀其武備從事軍事冒險之可能，如有此事，固其失敗之日已至，然在如此艱困之時代，吾國之不能不加強準備，以便在未來大變局之世界中爭取光復獨立之機會，為吾人所不能不警惕者，聽眾對此多以鼓掌表示受感動，大會歷時半小時，其後有其他會議，余即未予參加矣。

交際

安全分署會計長 Stanley Baranson 在農安街武昌新村八號設 Open House 於下午二時至五時，招待本處同仁與有關機關之人員茶敘，余於下午二時半按事前約定之時間至火車站十路公共汽車等候胡家爵、徐正渭二君一同前往，主人所備飲食種類甚為複雜，由其長子及女僕巡迴遞送食品，甚為周到，余等則多以時間在庭前之供酒處飲啤酒及 eggnog 之飲料，據云奶品只係由瓶傾出，酒類則另行摻合，極為可口，又有餘興，以瓶裝蠶豆，來客可各猜其數目，寫於小冊上，中者有獎，余初猜一千一百個，迨用心將瓶底所露之豆數加以數計，再將高度約計加以乘積，始知實數不致超出五百顆，於是又改為五百枚矣。

1月2日　星期四　雨

瑣記

今日中國政府機關皆休假，安全分署依規定須照常辦公，昨日在Baranson家遇劉允中主任，據云美國機關皆欲放假，而最後為藍欽大使不予核准，故明日仍須上班，但余等在退除役官兵輔導會、美援會及農復會辦公者則均照中國政府機關例，無法前往辦公，而安全分署則又無辦公桌椅，故劉氏謂可以非正式再休假一日，於是未往（後悉今晨又臨時變更於上班後仍然放假一天）。終日在寓無事，以全日之力將室內八扇紙格木門之窗糊紙全部換新，完成以後即感雨後初冬之涼氣襲人，入夜頓生溫暖之感焉。

閱讀

讀十二月份*Reader's Digest*，其中有小文一篇頗有豐富之人情味，大意謂一十四歲之兒童到華盛頓其祖父母家小住，發覺隔壁為國務卿杜勒斯之家，而思何以可以得到杜氏之簽名，最後決定持簽名簿到杜氏家，閽者持簿入內，數分鐘後返謂杜氏正欲赴國務會議開會，可否今晚來取，不料至晚該簿仍未簽好，閽者謂杜氏又已出席某處外交宴會，明晨必可簽好，此童以半信半疑之心情離去。比於次晨往取，簽名簿果然簽好，不僅杜氏簽其大名，且艾森豪總統亦已簽名，尼克森副總統亦簽，甚至全體閣員乃至邀宴之一外國使節亦均簽其名。此事惟童心未泯之民族有之也。

1月3日　星期五　雨

職務

今日正式開始查核 George Fry & Associates 之經費帳，由一九五七年四月一日起至結束之八月止，係賡續春間所查，一面對以前之 Recommendations 作 follow-up，一面補查此時期之新開支，查核順序係照帳列科目先後為之，今日已經查完薪俸與洋員回國行李運費兩項及洋員回國前宿舍開支等，其中有一筆房租在前次查帳報告內列為應收回一萬一千五百元，係每月五千元之二個月零九天之數，此款乃屬懸帳，在前次查帳時即據云已收回一部分五千元，但延不收帳，顯然該款為經手人朱某挪用，余曾詢其是否尚待續收，彼則並不認為如此，而持款不繳，殊為可異，余不便寫明其有挪用情事，只認為應照數收回，今日在帳上見該五千元已列帳，所附憑證並無房主文件，只有朱某簽呈一件，謂查帳人員計算錯誤，其原因為既不知富來公司決定騰房時並未立即通知輔導會，又不知依習慣須按月算租，不能論天計算，乃簽准該會主管人員照收五千元了事，此事顯然有屈就房主乃至勾通之可能，余因該會曾來函對此事聲明，措辭尚未如此蠻不講理，故不準備予以駁斥矣，此事雖小，然該機關辦事之毫無準則，以及經手人員之可以上下遂心，則未在他處見之也。

1月4日　星期六　晴

置產

前年與逄化文兄等十餘人在潭墘買地建屋事，自去年秋間會議決定因分割地積發生大小不同之找算地價辦法後，本已可告一段落，但因其中又有搗亂份子，恐又將拖延難決矣，今日下午訪逄化文兄探詢詳情，據云應找出價款之數人中，李鴻超首先持異議，謂所定 120 元一坪太高，其實此為會議所定，彼亦在座，又有李韻軒亦持反調，其餘雖未表示意見，然亦不見繳納應找之款，可見在開會討論議決時為一事，至必須出錢時則又肉痛矣。逄兄謂將數目降低彼等或可答應，余則以為降低至何情形未易預覩，且議決可以不算，再度議決亦無拘束力，將治絲益棼矣。余今日始完全知悉此輩份子之無賴作風，權當犧牲千餘元買取經驗，藉知與現在一般人共事之難而知所警惕也。該地所有權狀已由逄兄處取來，標示為中和鄉潭墘大字潭墘字 290 之九，柒等則，地目田，面積 .0614 甲，權狀號數為中和字18082 號。本期土地稅於今日上午前往完納。

娛樂

上午往樓有鍾兄家送戲票二張，約其夫婦於晚間至三軍托兒所觀劇，至時係由其太夫人與夫人前來，余與德芳同往，為周正榮唱鼎盛春秋（戰樊城、長亭會、文昭關），陳美麟唱全部金瑣記，探監與法場兩段唱來均佳，尤其向禁婆訴說之一大段，程派韻味十足，不可多得。

1 月 5 日　星期日　晴

閱讀

閱「茶・煙・酒」小品文集，石叔明作，今日閱茶之一部分，乃綴拾古來茶書之精華加以鋪陳，其中有余所已知，亦有少數為余所不知，例如武夷山茶大紅袍得名之由來，余由此書始知之，蓋此茶生於危巖之上，不過數株，人謂之「樹幹入雲」，高不可攀，寺僧訓練猴子登樹採茶，採時猴體加襲紅衣，因是得名。又關於辨茶質高下，其條件有三，一曰開罐時芬芳撲鼻，感覺清爽，二曰茶葉狀如細卷，呈現原色，三曰泡後氣味芬芳，飲之略帶清甜，此數項確極扼要，但非真知者不能了解也。又關於烹茶之水，謂山泉第一，雨水第二，井水第三，河水最劣，泉水又有二十四處，其中以杭州虎跑為最，烹茶之火以松枝為上，木炭次之，煤火或洋油則更次。盛茶之器為瓦罐最佳，鋁或輕鐵最劣。此為可以想像之事，但在條件上非今日人人可能，蓋泉水非入山不得，松木非到處所有，而瓦罐烹茶亦非家家時時可以得到也，且言火則今日有電爐，言水又有自來水，在物質條件上雖不足以語為雅事，然此為昔人所不及知，亦不可不加注意也。述飲茶之樂，引有鄭遨詠茶詩云：「嫩芽香且靈，吾謂草中英，夜月和煙搗，寒爐對雪烹。惟憂碧粉散，常見綠花生，最是堪珍重，能令睡思清。」此中意境，可謂道盡。

1月6日　星期一　晴

職務

終日查核 George Fry and Associates 經費帳目之一九五七年四至六月份（實際延至八月份）部分，因該公司之契約須於六月底終了，故此三個月中只有結束經費，其中大部分為美籍顧問之旅運費，其餘則日常開支而已，緣是查帳之進度甚速，昨日查去一半，今日又查一半，重要憑證俱已過目矣。由於對其中若干支出之內容有未盡明瞭者，故向記帳人員羅教政君面詢之，例如洋顧問之回國旅費每人不同，其原因為目的地各異，但實支數應照返美之需要為基準，大體上均無大出入，只有兩人只支赴香港旅費，行李運費則大體上均照空運海運各二百磅之標準，在職兩年者並可運家用品五千磅，惟其中亦有數人不支者，詢之羅君，亦不知其原因，好在此項支出均低於規定之標準，故亦只好不求甚解矣，綜合觀察此一階段之支出並無特殊情形可以指摘，故此項work paper之記載亦甚簡單，其原因為既無甚問題，只好略加說明即為已足，此外尚有一項開支，即洋員之行李裝箱費用，自數千元至將近二萬元不等，實甚浪費，然合同對此無規定，只好任其取巧矣。

瑣記

中國廣播公司徵謎，今日作答寄去，成吉思汗開疆拓土，四川縣名，廣元；漢壽，對秦安；紫金，對白沙；曲阜，對平江；高唐，對古宋；四會，對六合；蚌埠，對魚台。

1月7日　星期二　晴

職務

今日從事編製富來公司查帳報告之附表，共有二件，一為美籍顧問之Quarters Allowance之限度的計算，包括一九五七年四至六月份，均按其規定限度每年有眷者三千二百元，無眷者二千七百元（美金），四、五月份優惠匯率每元三十五元，六月份優惠匯率三十四元折算，於是將七人彙計，得到三個月之最高限度數目，二為實支數與上項限度之比較，首列三月底超出限度數，減去第一表應增之三個月數再加三個月中續支數，即為最後之超支數，在計算三個月實支數時，本可即以六月底餘額減去三月底餘額得之，但三月底帳列餘額因尚有必須沖轉之帳目，故須以沖轉後之數為之，此項沖轉後之數不見於帳冊，只見於上次查帳報告附件，經詳細核算，始知無誤焉。

集會

晚，舉行第五區分部小組長聯席會議，討論輔導市議員競選事，因余為五、六兩分部之輔導委員，故亦接通知開會，區黨部除余外尚有鄭海波幹事，余報告原則性的問題，主張各人要提高警覺以對外，而健全組織以對內，前者須隨時蒐集民、青兩黨之動態，後者則充分使競選人得以知其實際情形，不可大言自欺，遇有對外作戰時，應以組織之整個對外方針為方針，不可逞英雄主義云。

1月8日　星期三　晴

閱讀

續讀「茶烟酒」一書，今日讀烟、酒二部分，其菸草部分，寫菸之種類與抽烟之藝術，較少意趣，較為有趣者為酒的部分，此部分前半分析酒之種類，國內有山西汾酒、貴州茅台、四川大麴、景芝白乾、紹興花彫、福州四半、酒泉葡萄等，國外部分則列舉英國麥酒（whisky）、法國香檳、德國啤酒、俄國伏特加等，談到飲酒則極重視蘇東坡所云「歡不足而適有餘」之境界，然此又非人人之所能焉。

集會

晚，到區黨部出席委員會議，由常委書記及幹事等先後報告有關輔導黨員競選市議員之情形及黨外人士活動概況，因過於詳盡，費時太多，討論案中則亦為關於選舉輔導問題，一為如何加強各分部所屬黨員執行小組組織動員工作，二為各委員如何分工加強指導本區各候選人之競選，決定各就住所附近之競選人分頭取得連繫，此外並討論本月十二日舉行之省代表選舉各投票所人選，並因常委劉壽朋參加競選，改以張導民委員為選務主任，會議歷二小時而散。關於此次選舉黨外候選人有專事破壞本黨之競選人活動者，流氓以威脅利誘等手段從事於此，本黨除連繫警察分局取締非法活動外，殊無其他善策云。

1月9日　星期四　陰

職務

寫 George Fry and Associates 經費之 Follow-up Audit Report，其中 Findings 只有二段，第一段寫原查帳報告 No. PA-1347 中 Recommendations 之執行情形，對於退除役官兵就業輔導委員會所已經照辦之事項，不復提及，對於該會要求豁免繳還之剔除款，則一一分析其內容，認為第一要求商店所供之汽油內稅款部分免予繳還不能成立，因汽油之含稅數目最為明顯（easily identifiable）也，第二要求中信局經付台灣銀行之結匯手續費免予繳還，不無理由，因在中信局乃 out-of-pocket 且有收據可作根據也，第三要求對於不易收回之預付美顧問宿舍房租免予繳回，不作肯定意見，因美顧問之 Quarters Allowance 已有超過限度之事實，此項房租自然包括在內須連帶繳還也，第四為超過限度之 Quarters Allowance，該會未表示意見，應令繳還。第二段則說明自上次查帳後至六月底之三個月帳目已經補查，支出內容均尚合理云。報告正文後附有表格二份，一份為逐一將美顧問自四月至六月之 Quarters Allowance 限度加以計算，另一份則將此項限度加入全期計劃，由上次查帳之超過淨數加入三個月之限度數再加入三個月之實支數，以得全期之超過淨額焉。

1月10日　星期五　晴

瑣記

余已三十年未用英文打字機打字，近來在退除役官兵輔導會查帳，該會有打字機在辦公室內，余有時加以使用，最初十分生疏，甚至其各項零件之用途尚皆茫然，如某日將色帶用至盡頭，打字竟不上色，良久始憶及色帶活動之方式，乃將樞紐搬動，始倒轉活動，但使用數日後，即感到若干地方之使用多能陸續憶起，尤其二十六字母之部位與使用之手指，竟能逐漸迅速直覺的找到，則三十年前所學深入記憶深處，不能磨滅也，適今日在他書見有句云 “What you have learned will be useful someday." 直係為此事說法也，可見讀書有甚難記憶者，往往認為讀之無益，不知其記憶之喚起有時固甚微妙也。

交際

本區一里長顏申森今日在市立圖書館結婚，事先接到喜帖，余雖不悉其人，然不能佯為不知，乃於下午六時前往觀禮，其主婚人由黃柏忱代表，不知何以二人皆為台籍，竟無其尊親屬前來主婚，婚禮由黃啟瑞市長證婚並演說，到來賓約二百餘人，席間有市議員候選人等前來分送傳單，可謂形形色色，無孔不入，競選人中以黃盧小珠為最賣力者，其他則平平矣。

1 月 11 日　星期六　晴

瑣記

不久前曾在物資局代辦處買配售襯衣，其時最大為十五寸半者，近來頗有發胖之勢，原有如此之尺碼者已感太緊，而物資局代辦處又無適當尺寸者可換，余乃於今日到該襯衣出廠之遠東門市部接洽，初謂該襯衣號碼為 1616，門市無此號貨，經余再三要求，乃將其616 貨號者以一件換給，其實完全一樣，初謂門市無此號貨全係遁辭也。

師友

上午，到交通銀行訪王慕堂兄，閒談，經將其夫人最近由北平來信交余一閱，知其詳情，大致其夫人之所以不能來台灣，大半為兒女有尚須照料者，尤其幼子正在青年不易離大陸，而甫成年，似不放心也；余詢以該行在大陸時所收教育儲蓄存款將來凍結至何時始克有補償發還之可能，王兄認為不能樂觀，原因為最近始有華僑以同樣情形透過僑務委員會前來要求，該行答復不能發還云。在交通銀行訪趙葆全兄，不遇，交其經手為吳挹峯先生七十祝壽收集之份金一百元交慕堂兄轉交。

體質

近來體魄甚健，且有發胖現象，面色亦紅潤有光，體重增至七十三公斤，但腿部仍常有麻木之感，而維他命B 之注射每週四 cc 固未嘗間斷也。

1 月 12 日　星期日　晴

選舉

今日為黨內選舉全省代表大會代表之期，余於中午到志成補習班投票，依區黨部所希望者，投常委劉壽朋一票，此項投票至今未見小組通知，上下之連繫顯然不夠。

師友

前在安徽地方銀行之女行員周若斌上午來訪，據談其來台後經過，先在台北紡織公司任職，現在林產管理局巒大山林場主辦幼稚園，地點在水裡坑，一月前調來木柵革命實踐研究院分院受訓，彼之職務須呈送核薪，前曾託余出具證件，但因未附余本人之證件，故未奉到核定命令，今日來詢余有無銓敘文件，余當將儲備登記之證書號數交其抄去，因此項證書核發時曾將余之資歷證件審訖，故可以查案認定云。

瑣記

今日在寓無事，將數日來德芳所從事之油漆地板工作予以完成，德芳本已用洋乾漆全部漆過，又用凡利水塗搽其大半，余今日只將其餘之小半用凡利水塗搽完竣而已，下午德芳買來地板臘，將本已完成之部分加以塗布，木器上亦有加以塗布處，用棉布磨搽後頓時光亮異常，此地板本係舊有杉木製，數年來只用水擦拭，固有之色澤已全部褪去，且有連木質亦磨損之處，非另加油漆，即無法保養之虞，余今日工作只一坪左右，然食指已起小疱，平時不從事勞動，往往如此。

1月13日　星期一　晴

職務

新年後之工作表至今尚未排出，本來擬定待查之經費計劃，係按余與胡家爵、徐正渭三人共同工作之分量而定，今日徐君云其本人日內即調回分署協助劉允中主任工作，則此項工作表恐又將變更，因而新年後之工作亦暫時無從開始，而去年冬季之工作已經完成，故日來甚為悠閒也。安全分署前規定職員須留指模，經將表格填好，今晨通知前往人事部分打印，乃即前往，其法為先將黑油墨用油印膠管薄塗於玻璃片上，然後由工作之小姐代為支配打印者之手指，由左手大指、中指、環指、小指一一摹印，然後右手，最後又平印大指並平印其他四指，即告完成，所印面積包括各指自首節至交界以下，左右則有紋處全包括在內，印好後備有擦洗之紙張與汽油，汽油擦過後再用一種美製去污劑名 Pax 者塗布滿手，搓揉周遍後用紙擦拭，竟可將黑灰全部擦去，了無餘痕，余察看 Pax 瓶外之說明，知此項清潔劑乾濕兩用，壯如甚稀之雪花膏，亦云奇矣。

瑣記

德芳之 Lady Elgin 手錶送楊文達修理近月無結果，今日往問其情形，據云一個寶石稜角碰去，輪擺發滑，本欲將其位置略移，現斷定不易做到，乃主張由余自行託友到美國購買寄來，至於名稱規格等項彼明日打好交來備用云。

1月14日　星期二　晴

師友

上午，李先良兄由台中來，訪余與于懷忠兄於輔導會，遂約其在新陶芳午餐，李兄係在政大擔任教席，每週二小時，於星期二上午到此，晚間遄返台中，今日午飯閒談美國一般情形與友人之在美者情形甚詳，彼對於美國之政治制度與社會制度均推崇備至，甚至謂如孫總理在世亦當對三民主義作再度之修正云。

閱讀

涉獵 *English Handbook* 一書，其中對造句所常犯之錯誤，以例句表示之，頗有極恰當之設例，如云 "To study efficiently, a quiet room and a good light is necessary." 中缺 subject，又如云 "My mother objected to the people which I associated." which 當用 with whom，又如云 "The company moved forward in their position in the line," their 乃 its 之誤，又如 "I arrive on time so I could leave early." so 後應

加 that；又如 "That you have learned will be useful someday." That 當改為 What；又如 "He went in the house and stopped at the mirror." in 應為 into，at 應為 before；又如 "He looked timidly standing all alone before the judge." 內 timidly 應為 timid，此點最易忽略也。

1月15日　星期三　陰

職務

為 George Fry & Associates 之台幣經費查帳案內有外籍顧問之回國行李運費與裝箱費用，運費在合同內有重量限度之規定，裝箱費則並無規定，而每人支用為數不等，乃查閱安全總署之命令解釋，亦無此規定，又參考其他同類合同，如台灣大學與加州大學之合同，亦未規定及此，疑團不能祛除，又問對此所見較多之葉于鑫稽核，據云雖無規定，但應察看其運量是否成相當比例，此點比較抽象，查帳人員大可伸縮也。下午發薪，便中至分署辦公室整理有關文卷，劉允中主任語余，內部工作現有正副會計長與 Division 及 Section Chief 洋員四人之多，而各有見地，以致全部事務集中於劉氏一人之身，副會計長 Vicedomini 又向 AD/O 表示一切 PPA 均須送會計處會簽，於是劉氏一人招架為難，不得已乃將徐正渭君由退除役官兵輔導會調回，明日起輔導會即由余與胡家爵君二人擔任，至於春季三個月之 work schedule 因四人議論未定，故至今未有定案，只好先照預擬之計劃擇其中之一個 project 開始查核云。

師友

前安徽地方銀行女行員周若斌奉調在革命實踐研究院分院受訓期滿，即將於今日下回水裡坑之林產管理局巒大山林場幼稚園任職，中午由德芳備菜餚將其約來便飯，本欲邀其他舊同事參加，因準備不及而罷。

1月16日　星期四　雨

職務

George Fry and Associates 之經費帳本已查完，且將報告寫就，但因回安全分署與葉于鑫君討論此案中之美籍顧問裝箱費用，連帶的查閱會計處所存一部分技術協助契約文卷，發覺有美援會復輔導會函一件，謂該會去函表示各顧問回國費用情形有兩人部分不能同意，其一為 Cole，此人早已離職，雖保留回國車船費，但旅費中之日用費彼已由美金帳開支內支用一百元，包括二大一小之四天費用，今輔導會又支以四百五十元台幣之 local transportation，顯有重複，後又對其二 Milton 支用回國飛機票及 local transportation 四百元及裝箱費八百餘元，美援會對於此人既已延期回國，此款不應支用，余由文內不能確知其所指，乃訪該會財務處副處長趙既昌，始知彼將此二項 local transportation 均認為日用費，經說明後，彼之觀點亦改變，問題已不存在，余乃將經過記入查帳工作底稿內，以便與上述所記之文卷互相印證，報告全文則仍舊。

師友

下午，訪王慕堂兄，託轉託趙太太在紐約代德芳詢購手表零件，王兄因顧慮其不肯，乃作罷論。

交際

晚，由區黨部常委劉壽朋氏出面在靜心樂園約宴各區分部常委等，共計三席，並請市黨部主委羅恆報告選舉市議員競選情形，措辭極得體，盡歡後散。

1月17日　星期五　雨

職務

George Fry and Associates 之查帳報告今日作最後之整理，融合胡家爵君所寫之財產處分情形一段，並加排列，於下午送劉允中主任核轉；至於全部之工作底稿，亦依序編定成冊，交庋藏人員加以登記保存，以備查考。

交際

安全分署署長 J. L. Brant 調職，即將回國，署內同人於今日下午四時至五時半開茶會歡送，地點本準備在五樓屋頂，因雨改在二樓在數間辦公室內舉行，歡送詞及答詞均在擴音機內聽到，食品尚好，無酒。

瑣記

安全分署所刊週報 *Kaleidoscope* 載有英文謎語，謎底皆採雙關字樣，甚有趣味，其一謎面為 Full-moon or half-moon which is heavier，謎底為 Half-moon is heavier, because full-moon is lighter，另一謎面為在星期六夜間出生之孿生兒一對，其一在子夜前出生，另一在子夜後出生，問兄妹或姊弟，何一先生，謎底為 The boy is born first, because "no mail (male) is delivered Sunday." 後者較難，

前者在余之暗示下被紹南猜中，紹南並云有謎曰：Heat or cold which is faster，謎底云 Heat is faster, because we can catch cold. 亦雙關語也。

1月18日　星期六　雨

集會

晚，到財政部參加革命實踐研究院研究小組會議，討論如何改善外匯與對外貿易，此題目為去年下半年院定題目之一，經本小組決定採用為半年討論題目者，上次會議推定盛禮約同學起草結論，今日即討論此項草案，原草案分為外匯與貿易二大部分，所擬辦法均經各方擬議認為切實可行而加以綜合者，故大體平妥無疵，只文字略加潤色而已，在討論時，以徐澤予君所提補充意見為最多，此君態度詼諧，而表情冷漠，彼提及草案中對於吸引僑資外資一節，報告去年僑資流入香港者約美金二億，而來台者不足千萬，原因無他，香港對流入資金可入自由帳戶，而台灣無此制度故也，彼又申述其七中全會時曾受託草擬改善外匯方案，其中列入設立自由帳戶一點，且經會內通過採用，迨行文至財政部時，徐柏園部長持反對態度，謂我國已在台灣銀行有原幣存款辦法，不須如此云，徐君研究原幣存款辦法，知係按官價每美元十五元六角五分折成台幣，支付時照此，徐君攻擊當責者之頭腦如西文所謂 chicken head，引起哄堂大笑，其實財政當局固如此，原幣存款亦殊不如此簡單也，又在草案內主張外匯貿易審議會仍舊維持舊制，經數人主張廢去此一意見，謂吾人不介入當政者之人事問題，此亦為對徐柏園大部無好感之另一證明也。

1月19日　星期日　雨

選舉

今日為全省各縣市選舉第四屆議員之期，余於下午三時到第二投票所所在地氧氣工廠投票，圈選張建棟君，家人之有選舉權者尚有德芳及紹南，亦皆前往照投。此次選舉，古亭、城中、龍山、雙園四個區為第二選舉區，登記候選人共七十餘人，故選舉票甚大，凡折成四折發出，候選人之先後以函件卡片拜託者有夏鐵肩、張建棟、黃盧小珠、彭令占、苑潤藍、鍾文金等，其中在提名期間前來面託者有夏鐵肩與黃盧小珠等，此次普選先來面託者只有張建棟一人，余因其在山東諸競選人中本錢最少，且區黨部希望余能為彼多盡輔導選舉之責，故投張君之票焉。

瑣記

近日天氣甚寒，晨間不過七、八度，室內須生火取暖，此雖為往年冬天之所同，然似以今年為尤甚焉。中午由德芳在和平東路口牛肉店買羊肉薄片，自備涮鍋，作料則只備芝麻醬與辣椒油及腐乳汁，試之味已甚鮮美，至於習慣上尚可加用之蝦油料酒之類則不及備矣，然似已相同，大致言之，極為成功，至於習慣上佐食之芝麻醬燒餅，則亦由德芳用芝麻醬烙製軟麵餅，味亦極佳。今日天雨，終日未外出，以讀書自遣，閱十一月份 *Reader's Digest* 有 I saw my son born 文一篇，寫其陪同夫人生子之情形，甚活現且有趣。

1月20日　星期一　陰晴

職務

開始查核一專業帳目，此即 CEA No. 360 計劃內三個榮民醫院內之彰化 TB 醫院中止建築對於營造廠補償案，此案係由退除役官兵輔導會與陸根記營造廠訂約興建，總價二千六百餘萬元，已付四百餘萬元，地基已開始挖掘，而計劃變更，陸根記營造廠初要求補償三百餘萬元及預期之利潤，後經一再交涉之結果，減為二百餘萬元，輔導會將此案解決方法決定後即函美援會查照，美援會又譯成英文轉至安全分署，余等見此案有時間性，決定先查，但因未排入一至三月之工作進度表內，劉允中主任謂俟向洋人 Gould 與 Johnson 說明後再行開始，惟因上星期已由輔導會會計處通知會計主管之省衛生處由台中派員送帳前來，事實上已有非即開始不可之勢，故於下午分頭訪問關係方面，首先至吳文熹建築師事務所查詢其監工記錄與營造廠運抵工地機料情形，該所甚為吞吐，但終將記錄交於胡家爵君抄錄焉。

集會

晚到實踐堂參加聯戰班一期同學畢業四周年紀念會，到會師長有李副主任，並報告關於第二階段第十期畢業後之教育計劃，大體上將注重戰略之研究，每期人數不過一百人，期限六個月，詳情尚未完全決定。會後演電影 Baby and Battleship，戰艦育嬰記，尚佳。

1月21日 星期二 陰

職務

本處向例有預排工作計劃之舉，最初每週一排，後為一月一排，去年下半年每季一排，今年一至三月本已排好，而遲遲不加核定，現接通知又擴充為上半年全部排定，余乃與胡家爵君商定共排七個項目，持送劉允中主任排入前部表內，此七項一為 Fish Propagation，二為 RETSER Forestation，三為 Industrial Center，四為 Job Training，五為 RETSER Placement，六為 George Fry and Associates 之 follow-up，七為 Special Audit on the Cancellation of Changhua TB Hospital Construction Contract，劉主任並囑將每 Project 所占之月份時間亦加以註明，當即照辦焉。此案中之末兩案，Follow-up 已經做完，Special Audit 正在開始，今日約陸根記之經理陸根泉前來面談其包辦此項工程情形，並囑其派會計人員攜帳於明日前來備查詢。此案之支出，一部分為剩餘材料等物，由胡君查核，另一部分為薪工、辦公費、運費、什費等，均附有單據，歸余查核，內容過於簡單，未足證明全為屬於彰化肺病醫院，故須核對其帳冊以覘是否作為旁證云。

家事

表妹姜慧光二次分娩，產一女，出院有日，晚與德芳至其家探望，並送蛋四十個。

1月22日 星期三 雨

職務

為查核陸根記營造廠所建彰化肺病醫院工程中止補

償費一案，其會計於今日來備詢，但未如約將帳冊帶來，會計王君云因其他原因為稅捐稽徵處調去查稅，余囑其向該處交涉將本案有關之一本調來即可。預定星期五與胡家爵君同往彰化查看中止建築之肺病醫院有否遺留拆卸痕跡，昨日已將申請火車票及申請准予出差之兩個 request 送出，後者云以後須在出差前根據查帳計劃申請，此項查帳計劃係由洋人做好發出 instruction，但今日不及如此，劉允中主任囑余與胡君自動寫一 memo 請 Gould 及 Johnson 予以批准，余等乃如法炮製，移時二人約余等談話，對案情稍稍了解，Gould 並將談話要點加以記錄，謂明日即將據以發出 instruction，其實彼等所問者為一般應注意之事項，並未搔著此一特別案件之癢處，不知其何以必須如此只重形式也。車票問題則總務組云飛快車票不能買到，經再商洽結果改成對號快車前往，但不能買來回票，因回程與往程之票價車等有異也。AD/O 有一長函致美援會，闡述未來兩年之退除役官兵安置計劃，甚有重要性，余將之打字存查。

師友

樓有鍾兄來訪，謂共同在綸祥存款利息較好，但不能加增，樓兄將取出二千，將轉為余有，余付給二千元。

1月23日　星期四　陰

職務

上午，為上月所查技術工程總隊及各工程總隊用款之包括期間問題，與胡家爵君約退除役官兵輔導委員會會計處長王紹堉商談如何解決，緣在余等查帳時發現安全分署一再備函表示該項經費完全為歸還該會以前借墊之款，其發生日期以一九五五年十二月底為限，而單據之期間則超過甚多，有延至七月底者，據此計算應剔除逾限支付之款三百餘萬元，該會聞訊向美援會函請轉洽安全分署，將日期延後一年，分署復函謂此項日期乃經慎重考慮所決定，未便更改，該會再度申請，謂此項一九五五年底本為該會所主張，係該會誤將民國四十五年誤為一九五五年，云云，胡家爵君意各工程總隊解輔導會盈餘應為三百六十餘萬，已解到半數，此款與上款三百六十餘萬應有相抵算之必要，王君意謂並非各隊真有盈餘，此項帳目尚須澈底清算，言下要求支持其意見，余無何見地，胡君主屈從其意並動筆簽註意見送至劉允中主任處，據歸謂反應為太簡單，正在重擬之中云。陸根記營造廠派會計送來所記之彰化 TB 醫院工程費用帳，即開始核對。

參觀

到中山堂參觀宗孝忱氏書法展覽，篆、隸、行、楷皆有，小篆獨多，又有臨張猛龍張黑女散盤毛鼎，以至歐、顏、虞、褚，但除歐外，一無是處，只好以小篆獨擅也。

1 月 24 日　星期五　晴

旅行

上午九時半同胡家爵君由台北站乘坐臥兩用車南行，自鐵路局有此項坐臥兩用車以來，此為初次搭乘，座位寬舒，且清潔宜人，管理方面有類柴油飛快車，備有書報茶水，並隨車服務小姐，沿途播放音樂，逢停站時必先以擴音機報告，有臨時會車暫停時亦必說明原因，對種種服務項目可謂十分周全，美中不足者為餐車，只賣大菜兩種，價格奇貴，炒飯則只能在座位上食用，其味不佳。列車於下午一時三刻到彰化，下車公幹，並預買晚間柴油特快車票，胡君北上，而余南行，屆時分袂，余於九時半到高雄，出站時見有海軍官校學生二人在站外候迎學生家長，據云在長春旅社與高雄旅社留有房間，待明晨必有交通車來接赴校，余到長春旅社，下女態度極劣，為之作嘔，轉往高雄旅社，其中雅靜清潔，大不相同，乃在樓上覓一單人房間歇宿焉。

職務

下午與胡君至八卦山後肺病醫院廢址查看停工前之進度遺跡，其地寬敞，徑可半里，土方工程甚大，建築方面則工棚數座有遺基，大樓則似根本未有挖土，現在遺留者只有卵石砂石，經步測估數而返。

遊覽

與胡君遊八卦山，並欲洗溫泉，詎各旅社皆云為火煮之普通熱水，但多以溫泉名，亦異事也。

1月25日　星期六　晴

集會

上午八時半海軍軍官學校有交通車來車站接學生家長，半小時餘到達左營，先入軍區範圍，良久始見官校大門，進門後又約五分鐘至建築物較多之區域，可見面積遼闊之一斑，首先在接待室休息，此時學生多來尋其父兄，衍訓亦於是時來見，謂昨日之限時專送至晚間始到，渠下午曾來車站迎接，至夜間因軍區通行困難，信到而反不能來矣云，十時均到大禮堂舉行畢業典禮，由蔣總統主持，並訓示，勗勉發揚武德，並為復國建國而努力，來賓有美軍台灣協防司令部海軍組官員代表司令竇亦樂致詞，勉諸生服務要勇於負責勇於改過，對於士兵應甘苦與共，了解其困難，甚為扼要，三刻鐘而禮成。中午聚餐，蔣總統曾再度致詞，飯後休息。三時到體育館參觀護旗交接典禮，後乘車至軍港參觀艦艇，供參觀者為驅逐艦與登陸艇各一，因分配人數關係，余只參觀登陸艇。歸校後由學校再度招待晚餐，有八位家長代表被邀在台上入座，余亦其中之一，席間敬酒之風甚盛，可見一團和氣。下午未開會前並曾參觀校內各教室之設備。

娛樂

晚，參觀官校晚會，由陸戰隊康樂隊演三幕話劇「周末風波」，為一喜劇，演來甚為純熟，且能控制時間，布景亦佳。

1月26日　星期日　晴

旅行

上午九時十分由高雄出發北上，衍訓與其同學考宗鼎君到站送行，考君並贈彭兒糖果一盒，今日上午本為學生招待家長游大貝湖並野餐，余因未能購到下午之飛快車票，只能乘上午之坐臥兩用車，故不能前往參加。

此車於一時半到台中，下車後到公路局站換乘博物院線車赴北溝參觀，畢後乘三輪車返霧峰搭汽車回台中，並立即為北返之安排，余本擬乘飛快車，但下午四時與七時半兩次皆無票出售，其餘皆為慢車，此時只有改乘公路局汽車赴新竹再改乘海線普通快車北返，余因如此太費時間，乃決定用補票，此法果然有效，且居然覓到空位坐至台北，亦云幸矣，車於七時到達，遂回寓晚飯。

參觀

參觀故宮博物院第六期古物展，此期書畫部分書法甚少，較好者只有宋唐垌、錢公輔、呂嘉問、張商英小幅尺牘四幅，畫則較多，有宋李公麟儷人行長卷、元朱德潤山水、顧安竹石、明戴進藍瑛仿古山水、清王時敏、王鑑、王翬、王武等仿古山水等，玉刻有清如意等，瓷器有宋各窯瓷器多件，明宣德窯等亦有佳品，雍正窯祭紅與寶石紅花瓶，色彩之佳，得未曾有，出版則有宋刻春秋集注、儀禮要義及元刻經二種，而各代之鑑，亦復生色不少。

1月27日　星期一　雨

職務

今日查核彰化 TB 醫院中止興建補償陸根記營造廠二百餘萬元一案之單據，已將旅運費與工資兩部分查完，查核時之重點在分析其此項開支是否為本工程內所支用，發覺若干疑點而不能自釋，經與胡家爵君互相推敲，蓋日昨至現場勘查發現工棚之建築尚有遺跡，大樓則似根本未建，而開支內則木工、瓦工、小工共需二、三十萬元之多，雖單據甚為完備，然不能斷定其非工棚所用人工，而工棚之補償則另有解決辦法，設有牽混，便將影響補償數目之正確性，蓋工棚之建築須用木工，而大樓固無木工之可言，此非詳加分析查詢，無由得極正確之數字也。

師友

上午到合作金庫訪隋玠夫兄，告以昨日在海軍官校曾見其令郎，一切極好，又詢以前日曾囑紹南到金庫商提余託隋兄所代存之款之一部分，因定期存款尚未到期，似不無為難之處，據隋兄云，此款本不易半途支取，適因二十四日另有友人託彼所存之款到期，隋兄乃由其款內取出一千元，此困難始行解決，然將來此兩款勢將發生犬牙交錯之情形，隋兄每次支取利息又難免增加一種互相抵銷之記帳法矣，余本請隋兄將未到期之一段時間應收利息放棄，以免增計算之煩，然隋兄以為無妨，其盛意極為可感也。

1 月 28 日　星期二　晴

職務

全日從事查核彰化肺病醫院工程中止補償陸根記營造廠數額之帳目，已將全部單據看完，並約該廠會計王君面詢一切有關事項，此案最重要之點為退除役官兵輔導委員已與該廠成立之協議是否合理，今日所得各項初步結論如下：（1）工資部分，大部為該廠薪給，囑該廠備一說明此薪給應非全部，及所占全部之百分比，小部分為木工、水工與小工，因此項建築工程同時另有土方工程，且兩工程所用工棚補償另有項目，故須核算此項工資中有無夾雜工棚之木工、水工，及土方之小工，前者已有資料可據，後者則尚待進一步蒐集，且須延至下星期一；（2）運費部分因運抵工地之材料究為若干，資料不全，無法斷定，只能由運輸機構物品及付款期間以判斷其是否有不屬於此工程之支出，結果不能尋出不當支出；（3）管理費部分前經輔導會剔除一部分，但結算錯誤，相差四十九元五角，應照更正，其中有重列之工資與建築工棚支出，應予剔除，又此項管理費乃包括在彰化之醫院大樓工程與土方工程二者，故應照比例分擔，以大約百分之九撥歸土方工程契約內負擔，亦即剔除之謂；（4）計費部分包括利息與建築師圖說費，余囑其將利息開列清單，證明係將工程預付金之優利存款息抵除計算，並將圖說費之算法加以說明云。

1月29日　星期三　陰

職務

今日辦理專案查卷說明一件，緣退除役官兵就業輔導會一九五七年度美援榮家經費內係規定成立榮家十所，除二所自開始即存在者外，尚有八所則官一兵七，須於最後二個月內由醫療計劃內之人數撥入，但當時之 Agreement 內曾有一言，即如不能撥入時，即仍由醫療內支用相當此七千兵之數目，現在該會請求將此七千人由榮家內將款撥入醫療計劃內支用，余核後認為合理，但該會計算有誤，係將另二千人亦計入，經將數目加以改正焉。

師友

樓有鍾君在出差中，今日未能支薪，事先託余將所領待遇借用一部分，下午送交其夫人，當留用八百元。

1月30日　星期四　雨

職務

所查陸根記彰化醫院廢約代償一案，只待該廠將補充說明送到即可全部了解，開始寫作報告，今日該廠會計王君來解釋所查詢各點，仍未能完全說明清楚，囑其回廠再作準備，明日再行研究。

集會

陽明山莊財經研究小組今晚在公路黨部開會，上次開會已改選羊宗驊君為召集人，今日因天寒，到者殊寥落，且擔任報告實踐成果之同學亦未出席，乃臨時由羊君將其在公路局擔任養路處副處長之工作加以報告焉。

1月31日　星期五　雨

職務

因陸根記一案之查帳資料尚須等候，今日另從事一項參考研究之工作，此即華盛頓國際合作總署之法規一種，名為 Regulation 1，其中所定多為由美金單位著眼之各項援助貨物方式，換言之即有關 Project Type 之Project Implementation Order (PIO) 與 Non-project Type 之 Procurement Authorization (PA)，此等事項在余等擔任稽核之只以相對基金為查帳主要對象者，本無直接關係，但有時查帳範圍屬於所謂 On PPA Basis 者，亦有涉及美國輸入貨物勞務之處，因而對於 PIO 亦須有所了解，余今日就所參閱者用打字機錄下兩大段以備參考，一為關於 PIO 與 PA 之一般規定，與 Project Agreement 之內容等，二為關於華盛頓方面採購價格之若干規定，極為細密且有其道理，雖不用於此間，而仍富於參考之價值也。

體質

注射 Vitamin B Complex 每週四 cc 已近一年，為數已不算少，然左腿仍有時麻木，兩踵在行路稍遠時亦仍有隱痛，而兩臀注射之肌肉已有發硬現象，有時作熱敷，然亦不甚見效，今日護士陳小姐主張先行服藥，待過一時期再打，余則胃部亦非甚健，對此仍屬不能接納，甚感彷徨也。

2月1日　星期六　陰有陣雨

置產

上午，因前日接台灣土地銀行公產代管部通知，謂申購羅斯福路二段八巷四號房地已將產權移轉證明書填妥，望迅即前往換領，並帶回最後繳租收據，價款收據，及申請文件收據，附印花六元，乃持同各件前往，當即掣得台北市土房售字第四五四八號國有特種房屋產權移轉證明書，寫明此項六八二五號房屋計建物16.875坪，基地則為22.005坪，以4,770元（建物2,801元，土地1,969元）一併出售，另有致台北市稅捐處請發國有特種房地產稅捐完稅證明書函一件。比往三樓該部登記科詢問進一步之處理手續，據云即須開始向台北市地政事務所申請移轉登記，其步驟先向市府買空白申請書等五張，具文送請公產代管部蓋印，一面持該部之請發稅捐完納證明書函，請稅捐稽徵處查填，俟此二種復件均收到後，即連同印鑑證明書等件送地政事務所云。余又問其稅捐實際負擔情形，據云目前契稅停徵，土地增值稅亦尚未徵，只須繳納土地登記費即可，俟取得產權後，本年下期地價稅房捐即須完納，其數額地價稅每期91.80元（但余按每坪定價696，報價八折556.80，照稅率千分之十五核算不等於此數），房捐似此。代管部在收價款時極客氣，但今日向其探詢將來事項時，則又極不耐煩，前恭後倨，亦可異也。

2月2日　星期日　晴曇

交際

同邑友于永之兄之次子政長今日上午十二時在會賓樓舉行結婚典禮，余與德芳前往觀禮並參與喜筵，新郎在中央日報社服務，來賓大半為該社之同仁云。

閱讀

閱去年十月號 *Reader's Digest*，在短文欄內 Personal Glimpses 內見有一段描述用錢之心理，可謂極內觸著若干人之用錢心理狀態，原文如下：

Although Damon Runyon carried a fabulous amount of money from his writings, he spent it as fast as he made it. A friend once remonstrated, "You'll go through your money in no time, tossing it around like this. Has it ever occurred to you to put some of it in the bank?" "What good would it do me there?" said Runyon. "Well, for one thing, it would give you a sense of security." "Not me," replied Runyon, "I only feel secure when I am spending money. That's the only way I can tell I have it."

by E. E. Edgen

2月3日　星期一　晴

職務

關於陸根記營造廠承建退除役官兵計劃中之彰化肺病醫院工程中止補償一案，今日仍在等待該廠之有關說明資料，曾以電話催詢，但仍未能於即日送來。為了解本案中工程內人工與材料之實際情況，上週等待正在請假中之工程組長嚴孝章已於今日辦公，胡家爵君請其下午來洽談一切，首為胡君所查之砂石數量，嚴君所答最妙，謂彼當時審核陸根記所送帳單時，係根據其流水式之記載而加以彙計，至於憑證單據應由會計處核算，而砂石數量應由供應組點收，故究應為若干彼不能深知，云云，如此輕描淡寫，以主管組之身分竟將責任移至其他組處，可謂妙不言矣；次為關於工資之實際內容，余由單據內核出一部分為同時另有補償之土方工程內之單據，此工程為另一契約，自不許其牽混，另外深感其泥工木工小工均超過此項大樓工程實際需要遠甚，而又無法確指其究有若干為工棚內（另有補償）款，若干為土方內款，故請嚴君查示在工程中止時曾否點明其木工、小工及泥工各有若干，彼初推之建築師，胡君乃請其負責向建築師洽詢，蓋前曾向建築師洽詢而不得要領也，彼見無可再推，始允查詢，並謂曾發覺有監工等五人之姓名，提出會計處注意，應由土方款內開支，不得是否重列云。

2月4日　星期二　雨

職務

今日仍在儘量設法速將陸根記營造廠承建彰化肺病醫院工程一案之查帳告一段落，但仍然未如所期，今日所獲進展為在輔導會與工程組組長嚴孝章討論詢問之事項，立即得以引用者如下：（1）補償案內工資中之木工、泥工、小工等支出超過工地所記之實際情形，嚴君本允速將計算資料補送，但至今未送，上午與胡家爵君往催，彼又與正在該組之吳文熹建築師事務所之李君談商，李允回所查核，胡君即跟蹤前往，歸來云取得之數字尚在胡君估計以下，胡君估計已不為高，余乃決定採用胡君之數字，又嚴君日昨云曾查得陸根記營造廠有三職員在彰化負責土方工程，今日余將其名單抄下，與陸根記所送單據核對，發覺此三人已列入大樓工程之工資項下，而土方工程固另有預算，顯然為重複報支，計三個月三人共二萬餘元，亦一併予以剔除；（2）材料項下有夾雜運費者，如紅磚，胡君已根據由彼負責查核之材料帳准予列支運費，因此係補償性質，運費支付應為最正當也，余知其只有此一項運費在材料內開支，乃再核對運費帳，遂發現此運費又重支一次，胡君所據為分析表，並無單據，於是竟發生重複，雖為數不多，但亦予剔除。據此種種新事實已可開始寫作報告，於是於下午將工資一段寫成，因剔除之數甚多，尚須與陸根記再作討論云。

2月5日　星期三　雨

職務

由於陸根記營造廠之會計高君今日續將補充資料送來，關於全案之報告事項已經準備完成，但亦有若干修正之處，茲綜合記述於下：（1）該廠彰化工程列有利息支出十餘萬，余詢其是否將預收此項工程款之優利存款應收利息抵除，彼今日寄來一項帳單，將銀行欠款息與黑市利息加以羅列，復將優利存款息加以抵除，適得其所列支之利息支出數，該項列支數本附有銀行水單，余由此始知該廠係將數列請求銀行為出具證明，實際銀行並無此項數目之帳目也，據高君云，銀行只放優利存款之半數，其餘須求之黑市，此十餘萬利息乃銀行借款付息十六萬與黑市利息八萬之和，減除存十二萬存息後之數，兩種貸款數尚未超過優利存款之總數。（2）該廠在彰化工程營建期中付出之薪工歸彰化工程負擔者，占其全部費用之若干成分，據高君云為百分之四十五，其餘百分之五十五則歸其他工程負擔。（3）帳列彰化工程專戶中並不包括土方部分，故所用之款乃全屬於彰化工程者。（4）木工、水工與小工工資實支超出實際工程數，乃該廠所明知，只因在鳩工之初，須對工頭召集工人作預付，而工程突停，不能收回，工人為手續相符，以日工工資名義報銷，其實別有苦衷，此亦實際情形，惟余等審核帳目係就單據論單據，不能不予剔除，該廠果有困難，只好待後向輔導會申敘矣。

2月6日　星期四　雨

職務

繼續寫陸根記營造廠承建醫院中輟案之查帳報告，今日大部時間為處理管理費，此部分單據最多，而又未分子目，於是將內容分成十一子目，逐筆分析，加成總數，以便在寫作此段時可以將內容成分加以簡略敘述，俾能顯示其輪廓，在分列子目時特別注意即將剔除之事項，儘量將其內容簡化，以便利剔除時之敘述。

閱讀

讀鄭友揆英文著作 *Foreign Trades and Industrial Development*

of China，此書所寫以南京條約時期為起點，以大陸撤退為共匪撤據為終止，對於此一百年來中國貿易與實業之發展史實與型態加以敘述，而於淪陷期間日本竊據東北之發展特加注意，余因時間所限，前部只加涉獵，自第十七章始予細讀，此章為 Problems and Prospects of China's Industrialization and Foreign Trade，又分述 Industrialization of under-developed countries and its effects on industrial nations; China's natural resources and her industrial potential; Population Pressure, Social Overhead Investment and Agricultural Improvements; Investment Capital; Mixed Economy; External Trade Relations; Crucial Role of Government 等七段，簡明扼要。

2月7日　星期五　雨

職務

今日將陸根記營造廠之補償費查帳報告寫完，此報告由余執筆部分不多，然所寫多為數字分析，故文字雖簡，而得來之過程則甚繁，例如余分擔之部分內共分四項，其中工資與辦公費兩項各有剔除，工資中剔除數為木工、泥工及小工超過實際工作所需之數，計二十餘萬元，其算法乃根據胡家爵君訪問輔導會工程組長嚴孝章之說明，今日陸根記之會計高君因知該項數目出入太大，持十餘件收據，請求改入原有之工資收據，此新收據多為整數支付之工程定金，據云實際如此，但帳簿所載則係因輔導會主張工資單據始為合理，而記帳與單據遂呈現在之狀態，今如再度更改，手續上非由該廠具文向輔導會說明不可，此項手續又非旦夕可以完成，故余決定不加採取矣；再如辦公費部分之剔除，則首先為重複工棚部分，自當予以剔除，然欲達到最後剔除數，須再看同時舉辦之土方工程，蓋土方工程內以泥工為主，而泥工難免有混入大樓工程中也，況兩項工程各係在同一時間經營，為公允計，自然以按工價分攤於二工程之為妥，於是先由實支數減除剔除數，以所餘者按兩工程之比例負擔薪工，殊較合理也；此等計算工作甚為瑣碎，往往為常人記憶力所難能，有顧此失彼之虞焉。

2月8日　星期六　雨

瑣記

今日終日奔走幾全為與所買現住之日產房屋有關。上午到市政府買土地房屋權利變更登記聲請書用紙，先至經售之消費合作社買紙處所詢問，告以公產代管部云謂五張一套，經售人員則謂係六張，計為聲請書與土地標示各三張，余持至地政事務所詢問，據云只須每種一張已足，又問其附件為何，據云為公產代管部之特種日產房屋產權證明書，買售人印鑑證明書，及捐稅完納證明書，連聲請書與土地標示共五張，此或即為公產代管部所云五張之來歷乎？下午填好並備一公文，面送公產代管部，請其用印於申請書上，但該部下午不辦公，以致廢然而返。下午到古亭區請發印鑑證明書二份，其中另一份為數日前魏盛村君來託為前第七倉庫利用合作社社址房屋買受人辦理登記所需，蓋該社出售時余在名義上為理事主席也；此項證明書須下星期始可往取。訪高明一君欲託其代向稅捐稽徵處申請填發余之住房稅捐完納證明書，但未相遇。

師友

上午，到中和鄉保健路訪李移生兄，前日曾函請於此時在寓相候，俾面託代為出售存磚，至則李兄云接余信後當於昨日往訪正在建築之孟化南君，孟君云半月前已告李公藩兄，因無回音，故已另購，事實上彼亦不甚需要如許數量，故大可不談云。

2月9日　星期日　雨

交際

國大代表同仁陳煥章君母逝世於香港，今在此間善導寺受弔，事先來訃聞，余因此地並不治喪，故只於上午前往弔祭而返。

家事

隋錦堂表妹婿之長女已彌月，今日約余與德芳在姑丈家吃麵，其長子亦已一歲餘，名為方舟，牙牙學語，極為可愛。

瑣記

年來以出版報刊藉題打抽豐之風甚盛，有胡維藩君辦傳真報一種，數月前即自動寄閱，其後來信謂為便利收費，將請國大秘書處代為扣款，經由國大代表吳大鈞與譚雄具名，但事隔數月，未經照扣，十二月二十五日年會報到發款時，該報曾派人至中山堂光復廳外之衣帽間坐候各代表前往交款，然照交者寥寥無幾，可見國大秘書處未允所請，乃改變方式，最近又派人到寓收取，上週來時德芳告以余不在家，今日又來，余又不在家，此種人既在國大秘書處碰壁，恐現在肯予照付者當無多人也。猶憶此前有刊物曰真理世界亦採此方式，數次始收去數元，另外則以自動寄閱方式寄來者有商業周報、民眾呼聲、會計報等，以後停刊，或寄數期即行停寄，皆為比較合理之方式，未聞有如此囉唕者也。

2月10日　星期一　雨

職務

所查陸根記營造廠停建彰化肺病醫院所受損失補償一案，今日將所草之查帳報告再度作最後之核閱，並改飾文字，在最後加入工程費付款情形一段，以與前面之 Recommendation 退回款數一項互相對照，下午到安全分署先請編號負責之小姐編號，然後送交劉允中主任核閱。同事黃鼎丞稽核去春查核橫貫公路帳目後，曾在報告書內剔除各工程總隊在工價內所加管理費百分之十七（係將此百分之十七與成本預算內又扣百分之十相加後，後與其全部費用相較，比例攤算在十七內者為若干，予以扣除，即成盈餘，大約未扣除前為一百一十餘萬，已扣後為五十餘萬），而工程隊不肯接受，退除役官兵輔導會亦同其立場，黃君對其來文將擬辦復文，詢余最近所查各工程總隊帳有無可供參證之資料，余因所查乃美援對工程總隊開辦期間之補助，完全憑單據支領，並未涉及各隊之盈虧記載，當告以對彼所剔除之款無干，惟聞輔導會帳上曾列收各工程總隊所繳及應繳管理費各一百五、六十萬元，該會會計處長王紹堉曾云雖屬照規定照繳，然並不能表示即為盈餘，究竟盈虧如何，王君表示尚須待各隊帳目澈底查明後，始能明白真相，故今日對此案之情形尚有待進一步之明朗化云。

2月11日　星期二　雨

職務

開始補查各工程總隊補助款之一九五六年支出部分，緣此項補助款曾由安全分署兩度函退除役官兵輔導會以一九五五年底前支用者始予補助，但所送單據中甚多為一九五六年所支用，在上月查帳時皆予剔除，並已將查帳報告寫好，其間輔導會曾函請安全分署將期限延展至一九五六年年底，初遭拒絕，再請始由余與胡家爵君予以同情考慮寫出要點，復由劉允中主任再加補充潤色，始得會計長 Baranson 之同意，予以延展至一九五六年七月底，於是以前由於此項理由加以剔除之用款又須補核其內容，設無其他不合規定之原因，即須准予列支，今日已將榮民工程總隊管理處所用部分核訖，此中包括該處本身之購置費，及連同各總隊之辦公費，經一一將其各單位數記入 working paper，並核其內容單據，略有招待費及稅款等，予以剔除，此部分經費之期間全為一九五六年五至七月，亦即榮工處成立之首三個月，自八月起即由政府負擔其經費，在此三個月支用中有一奇特現象，即七月份支用旅費為特多，蓋或由已知八月份無款補助，於是將旅費多列於七月份內，余特加注意其憑證之日期，亦未發現有八月份者，則為報銷時特別調整後者歟？

2月12日　星期三　陰

職務

繼續查核各工程總隊之屬於一九五六年支用之單據，今日所查為第一、第二及第三總隊，其中第一總隊前曾核過，有 working paper 可以參考，第二總隊為數無多，因自一九五六年二月份起即已併入第四總隊也，第三總隊亦有前次查過之資料可考，故單據雖多，無待細查，今日能一天查完三個單位，職此故也。由重查帳項重溫過去之 working paper，發覺所作之查帳報告雖大體無誤，然小疵不免，可見精力不足，常不能鉅細無遺，今日發覺有兩項缺點，其一為以前剔除之帳項由於超過所定之期限者本應包羅無遺，但今日發現第三總隊有一個月份之管理費屬於一九五六年而未經剔除，雖無多大數目，然終是缺陷，其二為報告後所附之明細表，本係按傳票號數逐一開列，按各總隊之順序先後為之，在第三總隊抄至末筆時，不知何故竟寫成第四總隊，雖為數不多，且不影響總數，但與事實終嫌不符，可見做事慎之又慎，仍不免有誤，殊非易易也。上月去彰化一天之旅費因胡家爵錯將回抵台北之時間由二十二點寫成二十點，以致出差只有自九時 35 分起算之累計數十小時半，照規定當天往返之出差係按每日分成四個 quarter，以覘其有幾個 quarter，現因此項錯誤，當少算一個 quarter 之旅費矣。

2月13日　星期四　晴

職務

終日查核各工程總隊之原於一九五六年支用之單據，超過預定之查核二單位之進度，上午將第四總隊查完，該隊之支出較為複雜，幸若干已經於上次查帳時查過，根據過去之 work paper 再轉抄至本次之 work paper 內即可，下午查第五總隊及技術總隊，並獨立大隊，此項單據皆各有一部分之一九五六年自一至四月份之開支，經即一一再加審核記錄，以為寫作報告之依據焉。今日所查各單位尚未因複核而發覺上次所查有何遺漏，只有最後一筆，獨立大隊付出之特支費本屬於一月份，全部剔除，現在則只剔除其中之不合規定之開支，此項開支在前次查帳時已經加以核算，且記於 work paper 內，今日複加核算，知當時漏記五十元，可見查帳之不厭仔細與叮嚀也。七個單位之開支大體上均為自一九五四年十一月至一九五六年七月，其中在五六年四月以前由各隊自行支付，五至七月則向榮民工程總隊管理處報帳，其中有兩個隊係由一九五五年三月開始者，即技術總隊與第五總隊，亦有二個總隊係只開支至一九五六年一月份為止者，即第二總隊與獨立大隊，蓋前者在斯時併入第三總隊，而後者則於是時併入第四總隊也，又第二總隊之名稱自是時起由第五總隊改稱，故同為二總隊前後分為二段，而五總隊自此時實存名亡也。

2月14日　星期五　晴

職務

全日從事工程總隊經費查帳報告之準備工作，蓋此項查帳報告本已完成，只因若干經費之支用 Deadline 本定為一九五五年十二月，現在核准改定為一九五六年七月底，此期間之開支以管理費用為最多，內容亦最複雜，在前次報告內此部分經費不問內容如何，全因逾期而剔除，現在則延展限期，只須將數日來所核得之不准支用項目剔除即可，為便於控制計算之彙總及核對無誤，今日上午將所記各單位改定剔除數一一加一總數，並分類得一細數，下午製成總表一份，左列各總隊管理費用前次因 deadline 已過而剔除之數，右列新核應剔除數，以左列減右列即為應補行核銷數，但此項剔除數只為在舊 deadline 以後所新發生之剔除數，在查帳報告內應不分前次或此次所核，一律按性質不同彙算說明，故在此總表之下端復將管理費用在 deadline 前已經核明之剔除數按性質區別亦填入相當欄內，而得出各相當性質之剔除總數，以上兩項工作本非甚難，然因恐滋生錯誤，故以特殊審慎之方式出之，因而佔去時間較多，然仍因抄數筆誤而費甚多之時間始行尋出，其原因在抄上次剔除總數時誤將一年尾數為八分者寫為六分，因而與右方總數不符，良久始行尋出焉。

2月15日　星期六　晴曇

瑣記

上午為辦理所住羅斯福路房屋移轉登記之應準備事

項，先到市政府稅捐稽徵處欲請查填稅捐完納證明書，至則詢知係由第五課受理，該課已移至長安東路二段125號，乃又搭車至二女中附近，數詢始得其所在，乃將土地銀行公產代管部所填之請登證明函及印在同一紙上之空白證明書與存根一併交辦事人員，當收得空白小簽條二張，先將地號與房屋所在各填一張，收件人即照收，並發小卡片一張，編收入號，囑於一星期後再行往取。然後再至土地銀行公產代管部將預先備好之公函，連同所填之過戶申請書與該部所發之產權移轉證明書，請其用印發還，以便向地政事務所聲請變更登記，至三樓時主辦人員先為余審閱所填事項，經將所填地積坪數換算甲數代為補註，又謂須再加一張平均地權土地移轉地價申報書，並承給空白一張並代為填寫，最後交余轉至收發部分正式送入，計公函一件，附聲請書二份（該部留一份，將來只送還一份），產權移轉證明書一份，平均地權地價申報書一份，亦發給小收條一紙，至此準備工作即已完成，靜候兩方之件備妥，即附入印鑑證明書送地政事務所矣。

師友

上午，訪王慕堂兄於交通銀行，將約其除夕來寓吃飯，但工役云今晨已出發旅行去矣云。

2月16日　星期日　陰雨

感想

今日休假無事，得以靜中自省，憶及余生平最大缺點之一為處人不能隨和，蓋余起居習慣率皆固定，偶受干擾輒感不便，於是凡事皆願自為中心，而於他人之習慣相異者則不願遷就，久之自然不能與人得水乳交融之境界，尚有細節畢生欲加痛改者亦至今常常於無意中再犯，此即對生人或初交之往往因自限而生疏，余幼年時極靦腆，在路上與本族長輩相遇，既不喜習俗之以吃過飯否為問候之口語，自己又無他語可代，往往在囁嚅中錯過，久之人以為不喜與人接近，及涉世稍深，有時獨當一面，亦常犯此病致受孤傲之誚，然欲改則往往悔之嫌晚矣，去年為余初次至洋機關服務，西人習慣見面喜問候，然在辦公室每日相見，有時亦即省略，但樓梯或門外相值，甚至廁所中偶遇，常有一言，此等場合貴乎自然而不形式化，其情形如我國鄉村人士之喜相問候，正有異曲同工之妙，余既生平未形成此等習慣，於是處處失著，數月來在外辦公，有時須回署接洽公務，對象雖為中國同事，而常有與外籍人士相遇之可能，有時為此等甚微妙而細微之禮節而感到窘於應付，甚矣哉合理儀態之不可不於早年養成也。日來有途遇只依稀見過之友人，因不憶名姓而卻顧錯過，貽人不良印象，其實雖不相識，招呼又有何妨，感而記此自箴。

2 月 17 日　星期一　雨

職務

開始改寫各工程總隊補助經費之查帳報告，首先將原有之三個 Attachment 重新加以編製，此三表一為 Furniture 之剔除細數表，二為 Administrative Expenses 之剔除細數表，三為 Living Allowance 之剔除細數表，除第三表之剔除數完全與Deadline之放寬與否無關外，其餘兩表皆因Deadline放寬而剔除數目減少，但在報告本文內無法將細數畢敘，乃不能不以附表之方式以補充之，尤其第二表為數最為瑣碎，今日改列之前，先將根據上週所查之應剔除數就傳票號數次第加入原剔除之數間，由此求得每類之新的總餘額，此項新餘額因係就新舊剔除細數相加而成，為避免錯誤，事先製一總表，列出前次剔除數及此次剔除數，逐一科目中皆將此兩數相加，得新的總數，此數即為控制新的表格之根據，經抄錄後加以核算，幸只算一次即已與此總表相符，可見分析加入之過程未生錯誤，免去尋找之苦，此項總數定出後即製各科目之核銷與剔除數總表，此表為全部報告之骨幹，故不能不慎重將事。今日只將應填之數填清，尚未加以核算。今日為舊曆除夕，安全分署全日辦公，余與胡家爵君因駐在之退除役官兵輔導會三時即行下班，故於將近四時亦行早退焉。

2月18日　星期二　雨

交際

今日為陰曆元旦，終日出發拜年，先至葛之覃兄家、隋玠夫兄家、鄭旭東兄家、吳先培兄家、徐正渭兄家，然後至會賓樓參加山東同鄉會召集之團拜，由秦德純、裴鳴宇二氏主持並致詞，在此晤面者凡數十人，余未終即退出，至張景文兄家、韓華珽兄宿舍、尹樹生兄家、朱綺芬女士家、單鳳標兄家、沈熙亮兄家、李祥麟兄家、劉允中主任及陸慧禪、吳成豪三人家、李公藩兄家、楊綿仲氏家、黃德馨兄家、廖國庥兄家、邵光裕兄家、張中寧兄家、余井塘氏家、楊紹億兄家，及樓企任老先生家分別拜年。中午就鄰右之吳治、王一臨、汪焦桐、王茂儒、周靖波、姚冠午諸兄家拜年。下午，到蘇景泉兄宿舍、冷剛鋒氏家、胡重仁兄家及曹璞山兄宿舍分別拜年。今日來拜年者有邵光裕、蘇景泉、冷剛鋒、李公藩、胡重仁、曾明耀、樓有鍾（夫婦）、徐正渭（夫婦）、王一臨、周靖波、王茂儒、邱洪廷、吳治、黃德馨、姚冠午、汪焦桐、鈕鈞龢、劉允中（夫婦）、隋錦堂、吳先培、張中寧兄等。余計劃中須往拜年處有其他十數處，因時間不夠，臨時取消，此等處所乃因往年前往多無反應，或雖有反應而表現十分勉強，故考慮結果，不如乘此苦雨中予以省略，蓋如此可以不著痕跡也，余今日在街市中冷眼旁觀，亦發覺不若往年之熙攘，下午乘公共汽車，則甚為鬆動，不若往年之擁擠焉。

2月19日　星期三　陰有陣雨

交際

上午，同德芳率紹彭出發拜年，先到廖毅宏兄家，再至樓有鍾兄家，又至公園路龔先生夫婦處，然後至中和鄉，先到宋志先兄家，再到姑丈家。下午，余一人到新店拜年，先到崔唯吾先生家，未遇，後在途相遇，謂將於三月下旬赴美考察三個月，並主持女公子崔玖之婚事，喜期在四月間之復活節云，更至孫典忱兄家，不遇，至叢芳山兄家、韓質生兄家。又到新莊劉振東先生家拜年，不遇。傍晚，經過財政部時，留片答拜山東省銀行同事鈕鈴龢之拜年。今日來拜年者有于永之兄之公子政長夫婦、佟志伸兄、隋慶生兄、李德民君、趙榮瑞夫婦。今日來答拜新年者有隋玠夫兄及其公子、韓兆岐兄、樓企任老先生、尹樹生夫婦、宋志先兄、楊紹億兄、單鳳標兄、沈熙亮兄、曹璞山兄等。

家事

中午在姑母家吃飯，在座者尚有德芳、瑤祥弟，及余家衍訓及紹彭，姑母家隋錦堂妹婿與慧光表妹等。

瑣記

上午出發拜年感受特殊之交通煩惱，余與德芳在女師門前等候公路局車赴中和，良久過路車皆不停，乃改至火車站之公路局東站搭乘，臨時排隊候車之排示曰「經公路村至中和」，候車半小時始得登車，但到公路村時謂乃直達，不肯停車，只得至中和又買票折回，公路局在此項臨時措施中之表現殊為欠佳。

2月20日　星期四　晴

職務

上午，到退除役官兵輔導會與胡家爵君共同整理重寫工程總隊計劃查帳報告，全文已經寫完，文字與初稿時相同，只數目略異，就總數言之，前次共剔除三百餘萬，現在只剔除九十萬有零，其中大致有二，一為管理費用中之捐稅與交際費，二為隊員生活費超支人數，前者二十餘萬，後者六十餘萬，上午輔導會會計處長王紹堉來談，適余等整理此項報告，乃將剔除數之大概向其透露，彼亦無異議。

家事

中午，接姑丈、姑母及表妹婿隋錦堂君來此吃飯，飯後並由德芳陪同至大世界戲院看電影。

交際

下午，到輔導會時，闃無人煙，總務處長室之門已扃，余等辦公室在其內間，不得其門而入，乃出外答拜新年，先到東園街佟志伸兄處，後到木柵路隋慶生兄處，佟兄現在國民住宅興建委員會服務，為言代建民意代表住宅，因房價跌落，洋人亦不承租，若干房屋陷於進退兩難之境，甚又遷怒興建委員會，自延建築師勘查房屋構造，出具報告書，且勒索該會為之負擔公費，由二萬元降至五千元，醜事之甚，無逾於此。今日來拜年者有魏盛村君、鄭旭東兄，及曾大方夫婦、夏鐵肩夫婦。來答拜者有廖毅宏兄夫婦。三日來來拜年漏記者尚有王景民君及曹樸山兄等，又有陸慧禪稽核。

2月21日　星期五　晴

職務

上午，將工程總隊經費查帳報告再作最後之核閱，即由胡家爵君送往聯合大樓，先閱者本為劉允中、陶聲洋二主任，現因劉主任在假，乃送陶主任核閱，送出後並將續查一段之 working papers 加以整理，按性質不同分別歸入 working file 之中。至此業已著手之工作全部完竣，故下午開始閱覽 Fish Propagation 計劃之案卷，計分 1956 年與 1957 年兩個年度，若干費用只係跨越二個年度者，一面閱覽，一面將要點摘下，以節查帳時之查核或參證。

瑣記

舊曆年後，此為第四天，到處所見，一片昇平氣象，而拜年之聲不絕於耳，據聞各機關按規定放假兩天後，此第三與第四天亦並不正式辦公，只見面談天略事寒暄而已。德芳感覺兩目發澀，認為缺乏維他命 A，余乃至藥房尋購維他命 A 藥丸，而非家家所賣，大體言之，普通為每瓶一百片，價約一百二、三十元，但見有某家特有之 Park David 藥廠出品一種，每瓶二十五丸，索價七十八元，每片之成分為二萬五千單位，另一家有一百片裝者，則索價二百五十元，最後在南昌路始見有注射用油質之安瓿，一 cc 含十萬單位，係施貴寶藥廠出品，以二十元買一枚試用，此等藥品非普遍應用，如維他命B 之家喻戶曉也。

2 月 22 日　星期六　晴

交際

上午，到省立台北二女中訪王德垕主任，緣王君乃山東省銀行之同事，往年均來拜年，今年則未，特往探望，並詢以教育界一般情形，王君恂恂有教師之特殊風度，在台為有數之優良教師，非過譽也。上午到同安街魏盛村君處答拜新年，又到邱洪廷家與夏鐵肩家答拜新年，均不獲遇。下午，同德芳到田孑敏兄家拜年，其夫人郝冠方以所作仕女畫見示，頗見功力。又同到中和鄉公路村曾大方兄處答拜新年。又同到通化街國軍退除役官兵輔導會宿舍分別為陸冠裳、于懷忠與徐嘉禾諸君拜年，除陸兄外均獲晤見。今日劉鐸山先生來寓答拜，余與德芳均不在寓。

瑣記

上午到長安東路台北市稅捐稽徵處第五課查詢所住羅斯福路房屋之公產代管部納稅證明事，經辦人新年後未上班，他人則謂尚未查明，無法可想，只好待下次再往索取矣。

參觀

上午在中山堂參觀某方所主辦之古書與碑帖字畫展覽會，其中以碑帖為主，而尤以魏碑墓誌銘為多，漢碑次之，唐碑最少，但有無精拓，則時間甚短無由從詳鑑別，畫頁則無多，且有若干似為日本出品，而標價甚高，則賣野人頭矣，書板有明板甚多，余對此無鑑別力，未加細審。

2月23日　星期日　晴

家事

今日無事，因舊曆年底曾由衍訓油漆之綠色大門尚未油漆第二次，所購之油亦存置未用，乃自行動手加油，計費五小時始完成，並以所餘殘漆將廚房門亦加油漆，在油漆之時發現大門裂縫內有小蟲成群，據云即係白蟻，此為柳安新木所最易生長者歟？

師友

田子敏兄來訪，為談當前時局，田兄有一言最堪玩味，渠云美國之支持台灣因其為不沉之航空母艦，自洲際飛彈發明以來，戰略局勢大為改觀，台灣之重要性為之大減，則被出賣之可能亦最大矣。

瑣記

輕諾寡信，在古人或西人可以成為人格健全與否之最大關鍵，但在今日之中國則反為一般之習性，如過分重然諾，反有迂腐之誚。三年前余應中國工業總會副秘書長劉振鎧之約為其「會訊」週刊寫「論落後地區之工業化」一文，當時渠云刊物正在籌劃刷新，待就緒即發刊云，兩年來余不至該會與余同在之合作大樓，亦不見劉君乃至其刊物，亦淡然置之，不料近在公共汽車內遇之，重提此事，渠云完全不復憶及，待往查詢再說，真令人倒抽一口冷氣也；復憶及去年在國軍退除役官兵輔導會於蔣總統誕日遇趙聚鈺秘書長，彼自動云將贈蔣總統照片，余雖已有且不需要，然亦漫應之，以觀其究竟，及後果如石沉大海，至今亦未見其照片何在，此等人比比皆是。

2月24日　星期一　晴

職務

上午同胡家爵君由退除役官兵輔導會周煥廷君陪同到內壢桃園榮民漁殖管理處查帳，上午九時到達，先與其蔡處長面談此項援款之一般情況，並調閱其一九五六年度，五六轉五七年度，五七年度，及五八年度之四個Final Report，將內容收支大數予以摘記，下午即以表列各科目最後餘額與其相當之總帳及明細帳核對，發現多不相符，其原因為五六轉五七時表上之截限數與帳上有出入，因其表列者限於一九五六年度內之一九五六年十月，而十月後仍有支出歸入五六轉五七，然仍在此帳內記至十二月底（乃結束後又加以調整之結果），於是此十一、十二兩月之數須被删除始為一九五六年度，次年亦須將五、六兩月數不計若干，始為五六轉五七之數，如此難免使查帳乃至以後理帳人如墜五里霧中也。下午又核對相對基金現款收支經過情形，並同到養鰻場看人工餵鰻之情形，且記載其一般業務收入之情形，以便判斷漁殖事業之前途焉。

集會

晚，到吳治檢察官寓出席小組會議，據云已經散會，並改定為每月一次於十五日開會云。

體質

左方上有一病牙使工作飲食均不方便，今日痛疼最甚，余下午服食散利痛一片，亦無顯著影響，殊可惋惜也。晚到薛嘉祥醫師處就診，約定明日拔除，並先到南昌X光院照右下另一病牙。

2月25日　星期二　晴

職務

上午，同胡家爵君到內壢桃園榮民漁殖管理處查帳，為明瞭其業務之實際運用，詢知其大園工作站正在從事清塘撈魚，乃乘車往觀，此地距桃園二十餘公里，且有部分無路面，故路上即費去將近一小時，比至，見塘甚大，約有二百餘畝，已將水放乾，塘底全為污泥，工作人員正從事捕捉，係由泥內摸索，得魚置籮內，滿則挑至旁邊小溪，水中置有極大之竹筐，一面洗淨，一面得以不死，是時工作人員則將魚獲分類置另筐之內，最大者為鱸魚、烏魚，而最多者則為鯉魚、鯽魚，雖不甚大，因係放子不佳，只好提出出售，另有草魚不大，則正在成長，故又撿出送回塘內，是時塘內已大體撈完，遂開閘放水，以復原狀，此等池塘全係桃園水利會之灌溉蓄水處，以前桃縣府成立水產公司從事漁殖，失敗後將設備售之榮民漁殖管理處者，此塘之大，殊不多見也。由此塘乘車回至桃園午飯，飯後回至管理處繼續查帳，今日開始看傳票，由開端之一九五六會計年度起，今日已將家具設備，漁具設備，建築等科目看完。因昨日回台北車太擁擠，今日由署車來接，故結束較早，綜合今日所看情形，就傳票單據整理情況而言，甚有條理，查核亦極感方便，然若就其昨日記帳情況言，則雜亂無章，未料其另一方面之表現竟極優良也。

2月26日　星期三　晴

職務

上午，到安全分署與胡家爵君共同將陸根記營造廠承建彰化肺病醫院工程中止之補償費確定若干案查帳報告之 second draft 加以核閱後簽字送出，按此項報告之初稿送出後由陶聲洋主任核改，文字方面大為簡明，內容與數字則完全未改，大體言之，比初稿高出多多矣。九時仍乘署車赴桃園崁子腳榮民漁殖管理處繼續查帳，今日已將一九五六年部分查完，查核程序係照科目根據帳冊找尋傳票單據，雖多翻檢之勞，然概念明晰，易於構成分類之綜合結論，而 work paper 亦比較劃一也。

師友

晚，蘇景泉兄來訪，閒談，據云新年後已赴數處旅行，刻服務之台大已經註冊開學矣云。

體質

晚，為牙疾就診於薛嘉祥牙醫師，前日曾至X光院照右下臼齒片，薛氏云不必現在即拔，但牙根萎縮，且外露甚多，終屬不可久用也，左上最後兩顆臼齒則因有膿疱，主張拔除，余生平無拔牙之經驗，告以痛甚將有猝然貧血之象，渠云無關係，乃先打麻藥，然後即開始拔除，初受鑷子之駭動，略有痛疼，再後即只知其在動手術，於不覺中即行兩牙皆除，漱口塞棉，不過十分鐘即竟，歸後麻藥失效，始略有痛感，服散利痛一片以止之，又兩牙除後第三牙常觸於上顎，有噁心及不自然之感，諒久之可以習慣也。

2月27日　星期四　陰

職務

今日繼續到桃園魚殖管理處查帳，所查為一九五六轉五七年度部分，全日只將家具設備與漁具設備部分查完，尤其漁具設備為數最大，採購手續最繁，且因修理魚池帶有工程意味，其中且有水泥係向輔導會配給，結價在後，且為價不一，故尤為複雜云。又家具部分內原定有預算細數，其中並不包括辦公用之卷櫥沙發之類，但該處因承受一部分桃園水產公司之財產，內有卷櫥，又因布置會客室，添置沙發，故依該計劃之原始規定言之，殊不合理，但為求免多生枝節，不擬予以剔除也。該處處理財產性之支出，大體上均極重手續，如比價、投標，以至驗收與登帳編號，皆不甚馬虎，且有烙印以防偷漏，所欠缺者為有若干非財產性之支出，該處因限於其他項目之內容與預算不足，亦混入此中，且列入財產帳內，殊與事實相悖也。

集會

晚，舉行陽明山研究小組會議，由余主席，楊耕經紀錄，召集人羊宗驊報告後即由周開慶報告讀訓心得，並以擇讀方式以最短時間加以讀完，讀完後由朱同慶報告經濟部所屬國營事業之概況，將十九個公司之經營與出品等均作簡單之說明，會議歷一小時散。

體質

牙齒拔除後昨夜痛疼不止，不能安睡，今日始漸愈，晚，再就診於薛醫師，洗搽後謂情形良好。

2月28日　星期五　陰

職務

繼續到桃園榮民漁殖管理處查核其一九五六年轉五七年所用美援款項，今日所查為魚具、魚苗、飼料等項，而以魚苗部分為最費時間，魚苗有訂約後不能繳足者，於是不免退款，由退款中得以獲悉其有無特別情形，下記之帳為極感特殊者：（1）該處欲買大量之草魚與鰱魚苗各二十五萬尾，台灣無大數供應來源，乃去港洽購，但相對基金不能用以購買外匯，於是最初美援會核定其方式為由漁業管理處墊款，先行買入，再轉售之於漁殖管理處，便成為 local procurement，惟事實上此款付給漁管處甚早，該處不加注意，亦未繼續分析，最後付款憑證為漁管處轉來之魚商單據，殊為不倫，且魚商收據之數與漁管處公函相告之數亦有差異，故今日囑其會計人員補充說明其原委；（2）一九五六轉五七年帳結時，該處依退除役官兵輔導會之指示，將工程未付各款算出，暫時不付，以待來年仍可繼續支用，其數達九十餘萬元，此實等於變相之預付款，故結束報告所列之數，尚曾根據實情一算，解送輔導會備付，此等道路之重要性甚大，感興趣者為其支付將如何另行列帳處理，又輔導會代付工程款如何與漁殖管理處相配合，此等脫節之虞可以大為降低，然因此輔導會對此等款加以控制，對於非退除役官兵之不相謀者有異，而手續則大繁矣。（欠伸中記此，幾無倫次）

3月1日　星期六　晴

師友

上午，訪王慕堂兄於交通銀行，渠於舊曆年終赴屏東過年，返後乃初次見面，故為新春之訪候也。下午到經濟部會計處訪張景文兄與賈巽言科長，向賈科長查詢昔在山東財政廳時期之地方材料，以備為光復大陸設計委員會草擬重建方案財政部分。

集會

晚，出席區黨部委員會，討論將於月終舉行之市代表選舉準備事項，並由常委劉壽朋報告前次出席全省代表大會經過情形，其中值得注意者為省黨部委員之選舉，係先由代表簽署每十二人一位之候選人共十二人，另由中央圈定候選人十五人，結果中央提名十二人當選，三人候補，而簽署者只三人當選，此為民主集中原則下極堪玩味之結果也。

參觀

下午率紹彭到中山堂參觀大鵬國劇團出國歸來之展覽資料，以照片、來函及剪報為主，另有彩色影片斷片放映，用外語說明，僅十分鐘。

瑣記

上午到稅捐稽徵處五課取所住房屋之完稅證明書，此為第三次前往，主管之女職員極不禮貌，余當時予以糾正，彼則謂並無其事，可見其平時對外即認為應該如此一副態度，深為遺憾，然事後又深覺多事，此等黃毛丫頭所受教養如此，說亦無益也。

3月2日 星期日 雨

閱讀

休假無事，閱讀自遣，看自由人上月二十六日之一期，有燕廬之「傳統文化與宗教信仰」一文，起因為在數期以前刊有唐君毅文一篇，對於一般習慣稱新舊約為聖經認係不省本國文化之表徵，復引經據典，提起國人應注意此種變態之不可長，此文發表後又有兩耶穌教徒為文反駁，亦自言之成理，燕廬之文則由第三者角度立論，謂唐氏說的是傳統文化，蔡氏（耶教徒）說的是宗教信仰，二者之間有相當距離，因唐氏以研究歷史文化為中心，在他心目中，耶穌、釋迦、孔子，以至默罕莫德均是人，他在講學時均以之為一人為講之，但一篤信宗教之人，無論其為何教，當其說教時，均以其教主為神而講之，中國人之信仰過程往往由覺到信，故佛教入中國，理學融會之而又否定之，明乎此，則反對基督教而討伐太平天國之洪秀全的曾國藩，何以孫兒孫女一代卻成為基督徒，便可得到解釋，所謂天道日遠，人道日近，曾國藩所反對者為宗教，孫兒孫女所信奉者為一種力量。為了傳統文化，曾國藩會有甘地以至於唐君毅同樣的心情，為了方便，曾國藩也可能有與其孫兒孫女同樣的信仰，正如其主張用堅船利砲的政策一樣。此文內容極深刻，又極見辯才，而學養之廣度與深度，亦俱見不亢，至於文內又提及陽為宗教信仰，實為趨附勢利之宗教徒，則更不足深道矣。

3月3日 星期一 陰

職務

上午，同胡家爵君續到桃園榮民魚殖管理處查帳，今日已將一九五六轉五七部分查完。其中有一特殊支出，余示以變通辦法期能不致退款，緣該處在此期間曾透過漁業管理局委託中央信託局，向香港買草魚、鰱魚苗各廿四萬尾，因鰱魚時令不合，只買二十四萬草魚，曾估計付定金五十五萬元，魚苗實際進口時為草魚45萬尾，半數不屬於此案，其間退除役官兵輔導委員會曾去函財政部、財政廳請免關稅與行商利得營業所得稅，共三萬元左右，但部廳只准半數，另半數仍然由漁管處照納，前日余核帳時見魚苗共付出四十九萬六千餘元，係根據漁管局函告之細數列帳，但如何算出，則未有資料，余囑該處會計人員往查，今日抄來細帳，其中除魚價外，尚包括代人納稅一萬五千元左右，又中央信託局手續費百分之一・五計七萬千五百元，此兩款依相對基金程序本應剔除，但此案係與漁管局訂約購買，該局如能開出正式收據列明單價，則其成本若何，依理亦可不問，且當初所以與漁管局訂約者，亦係根據美援會之意見，避免與相對基金運用限制抵觸，不直接申請外匯，故今日如照細帳剔除此二萬餘元，不唯榮民漁殖處增加負擔，且涉及買入外匯，亦不能自圓其說，余乃囑其向漁管局索取正式收據，憑以付帳，並將以前該局轉來魚苗商之發票五萬元（實亦不憑記帳），予以退回云。

3月4日 星期二 陰

職務

上午續到桃園魚殖管理處查帳，胡家爵君因須到農林廳漁業管理處查核本案建築包工契約，未同往漁殖管理處。今日所查為一九五七年度部分，此部分之支用項目，有家具設備、魚具設備、魚苗與飼料，及職員薪給、漁員生活費等項，今日俱已查完，凡每筆超過一千元之單據均加核對，最後尚有管理費用留待明日續查，而建築與服裝費二者則在本年度未有支出。該處王會計主任告余，該處一九五六年、五七年度之建築費用，在辦理決算時係就未付者匡計數目，先予保留，但送存於退除役官兵輔導會，現在因工程實數已明，仍須退回相對基金四十餘萬元，作最後之結束，而款在輔導會，或墊作其他用途，故欲立即繳回，亦不易易云。

師友

晚，王慕堂兄來訪，閒談政情，於副總統陳辭修之大度包容，昔年在鄂袍澤，多位居要津，深致其慨嘆，並提及若干非外間知其有裙帶關係者，經檢討後，亦知其仍不外此種關係，今日之政治風氣果為如何，由此可以思過半矣。

瑣記

中午，漁殖管理處莊副處長與王會計主任約赴崁子腳一小店食香肉，亦即狗肉，用肉湯下麵，其味兼雞肉與羊肉之勝，猶憶在抗戰期間之至德渡江管理處候程北上時曾偶試之，已十餘年不知其味矣。

3月5日　星期三　晴

職務

上午，到分署與劉允中主任談過去已經繳卷尚未發出之查帳報告，悉 Farm Reclamation 已經將 Second Draft 打就，乃與徐、胡二君會同簽字，又 Geo. Fry & Associates 之 Follow-up Audit，因其中有若干事項尚待澄清，又將初稿退回另核，據云新署長 W. C. Haroldson 對於剔除事項特別認真，以免新到任即引起我國政府之反感，例如東西橫貫公路之查帳報告最近始正式發出，因其中剔除若干，引起注意，於是又重新考慮，此案自去年余與葉君隨 A. O. Johnson 訪台中開始查核，經過中間易手重查，至今將近一年半，亦可謂難產矣。上午，同胡家爵君續到桃園榮民魚殖管理處查帳，今日所查為一九五七年度之辦公費，包括旅費、醫藥費、運費等項。

集會

晚，出席小組會議，因人數不足，只有隨意談話，組長夏鐵肩本屆當選市議員，正在開會，據談產生正副議長之時，係完全由市黨部以命令式行之，以前聞尚須先經過假投票，從而競選者須每一議員報酬新台幣一萬元，此次則議員未得其酬，而謠傳市黨部化零為整，云云，因其言之有物，故未敢便認為子虛，由此一點亦見一般所謂各縣市黨部辦理選舉牟利，於此得一證明，前日區黨部開會時劉壽朋常委謂議長選舉意志集中，謬矣。

3 月 6 日　星期四　晴

職務

續到桃園魚殖管理處查帳，今日所查為一九五八年度之用款，不及暮而竣事，五八年度係自去年七月一日起，此款之使用截止期則特定為十二月底，故已經結束，且半年中之用費完全為管理費用，只用抽查方式，薪津生活費則用統計人數及注意其單價之方式，故不特別費事也。在核帳中發覺有七、八兩月之費用，各科目全係由一九五七年度帳內之墊付款科目轉來，單據則仍留於一九五七年度之傳票內，只在一九五八年度之支付傳票摘要內註明見去年何號傳票，因墊付時非係一日之時，故往往涉及十餘張至二十餘張一九五七之傳票，照理不致有誤，但今日發覺有兩號傳票雖註於摘要內，而該款實已在一九五七之當年度內轉正，余思此中包括有心之錯，結果重付，於是從詳核算，將摘要欄所列之傳票一一相加，果然多出此兩號傳票之數，足證係無意多將傳票號數寫入兩張，於是費時良久之追查，到頭完全無弊端可見，查帳之事，往往如此也。今日在該處查帳工作已完全結束，只待整理有關資料撰寫報告矣。

交際

晚，革命實踐研究院聯合作戰研究班經濟組本年度新召集人汪元及周友端在台灣銀行召集本年度第一次聯誼會，備有自助餐，甚為豐盛，飯後演電影，阿麗斯漫游奇境等卡通片，又在用飯前推最近旅行四國之易昂華兄報告西德復興之奇蹟。

3月7日　星期五　陰

職務

今日起仍在退除役官兵就業輔導委員會辦公，上午與胡家爵君將旅費申請辦好，於下午送至分署總務部分。下午辦一特殊案件，緣在此十天出外查帳期中，輔導會接到第四工程總隊對於該會查詢余前所查出之按單據十倍列支之一款內容情形之答復，謂原經辦人因不諳會計早已解職，至於發生差額，實為筆誤，現又發覺尚有五萬餘單據未經列報，其數與浮報之十倍的差額極為相近，請求核銷，余細核其所送單據包括薪津及汽車保養費等，以此項單據與原已核銷之同項目開支相對照，並不見有重複現象，且單據所屬之期間亦極為合理，故不能斷言其無此開支，所成問題者乃在於查帳報告已經寫好送出，不便再度修改，只好待此項剔除款之報告送至輔導會後，待其申復再議矣，但余恐待彼時即更難補核，蓋因第四總隊並不否認其錯誤，至於所提之新單據可謂與原剔除數風馬牛不相及，此項單據早應包括於帳內，今竟由於發現浮列報銷始又提出新單據，雖單據全真，亦屬勉強。

師友

隋玠夫兄交來截至上月廿八日止之存款利息，余因已於廿四日提出一部分，係由隋兄他友代為支出，余以電話致隋兄道謝，並告將於廿四日仍將原額補足。

3月8日 星期六 晴

師友

下午，同德芳到中和鄉訪宋志先兄夫婦，因紹南在中央信託局所支待遇之一部分為房租津貼，支領之前須提供房屋租約與房租支付之憑證，而余所住之房係屬自有，乃託宋兄以房東身份將其房屋租予紹南與德芳居住，此項方法為該局一般同人所普遍採用，又將宋兄之村鄰號數抄來，以便辦理戶口遷移，宋太太周叔明又言刻在台灣銀行充臨時職員，待遇甚微而升調為正式行員之希望全無，託余亦為留意他方之機會，余詢以何以必須做事，謂全因侍奉老母，不願長久歸志先兄負擔云。

閱讀

近日在桃園台北往返途中看吳魯芹作小品文結集「雞尾酒會及其他」，其中凡散文十四篇，包括「雞尾酒會」、「置電話記」、「中西小宴異同誌」、「答客問」、「番語之累」、「小病小帳」、「我和書」、「懶散」、「請客」、「鄰居」、「約會」、「談說謊」、「文人與無行」、「小襟人物」等篇，作者從身邊瑣事譏諷人與人間之種種似乎認真其實可笑之種種現象，文筆犀利流暢，不可多得，其最後一篇較長，且單獨列為第三輯，則因此篇在寫下級公務人員何以在卑屈中永無出人頭地之希望，所寫雖一人，而所代表者固無數人也，此篇完全無嬉笑怒罵之措辭，而另有一股冷氣直透入人之脊髓，有此份量，無怪其單獨成輯也。

3月9日　星期日　晴

職務

余年來對於光復大陸設計研究委員會之會議幾乎無時間參加，但數月來因分省設計重建計劃，山東部分之財政分組擔任者人數太少，且多不諳問題之性質，於是召集人數度催促由余負責加以規劃起草，余本無時間從事於此，但又責無旁貸，乃思所以報命之道，余今日先到中央圖書館查考資料，見只有二十四年出版之財政年鑑，其中尚有地方財政數字，而該年鑑二編、三編則未有館藏焉，復查其有無山東有關之專書，則只有商務影印之山東通志一種，其他亦無片紙隻字也。下午又將數月來光復大陸設計委員會所發文件與資料加以整理，將與省區設計有關者理出，以備參考，順便將以前收到而未加以處理之文件等亦歸類予以保存，俾便查考。

師友

下午，前山東省銀行同事馬麗珊女士來訪，渠在中壢十一份石門水庫建設委員會任職，約余與德芳春季旅行至該地，待稍緩再議云。晚，同德芳到吉林路訪張景文兄夫婦，其夫人因血壓高及腎病極為不適，勸其赴醫院澈底檢查，以視究竟何部分不健全云。

體質

左上內兩臼齒拔去二顆後，現在已能為正常之咀嚼，但因面積較小，故比較費時，且因費力過集中而易於疲倦，好在咬碎後可勉強用右邊臼齒細嚼，尚可應付。

3月10日　星期一　晴

職務

今日開始整理魚殖管理處之查帳資料，此部分資料以建築方面為最複雜，建築一項雖由胡家爵君所查，但帳目數字須相核對，乃就帳列數目與會計人員所開與退除役官兵就業輔導會對帳情形加以綜合分析，以供胡君起草時核對之用。建築支出所以複雜之原因，一為承包之榮民工程技術總隊所建房屋多與圖說不符，二為房屋有二棟停建，發出材料應行收回，三為所支公款有由輔導會逕付者，有由管理處支付者，互不相謀，直至最近始行劃一云。下星期起將開始查核退除役官兵林業計劃經費帳目，為使承辦之林產管理局準備資料起見，下午乃與胡家爵君由輔導會周煥廷君陪同到該局訪其會計課長接洽並安排一切，決定事項為：（1）自下星期起在林管局查核其本身與所屬十一單位一九五六年度用款帳目；（2）次一星期出發視察太平山林場及花蓮山林管理所之榮民作業，並就地查核一九五七年度之用款；（3）松脂與造林兩計劃同時查核，另定時間視察西部一週。

集會

晚，到實踐堂參加聯戰班第一期同學聯誼會，報告演說及聚餐均循往例進行，最後為李淑芬舞蹈研究所之民族舞蹈表演，及陸軍康樂隊之克難樂隊演奏，後者甚熱鬧，前者則鮮新意，只一蒙古舞尚佳。

3月11日　星期二　晴

體質

右下顎之一臼齒久已作痛，昨日更甚，下午及晚各服散利痛一片得以支持，午夜忽發奇冷，通身顫抖，急起飲開水，渴止始略暖，因前昨兩日有微咳，余以為係感冒作祟，上午七時試溫度為三十八度八，只吃稀粥，食後胃有酸液上翻，十一時至安全分署醫務室就診，先試溫度三十八度二，繼看牙齒發炎情形，再驗白血球為九千二百，醫師斷為牙痛所引起之發燒，配方服 Aureomycin 六顆，每四小時一顆，另白色藥片大小各一者每日三次，歸後自中午起即開始服用，下午臥床休息，並為間歇之小睡，夜間睡眠亦有進步，不若昨夜之澈夜在夢囈中也。晚體溫為三十八度一，牙齒雖痛尚可耐，但腫脹則較甚，有類似含橄欖者然。

職務

今日無力辦公，囑紹南託胡家爵君先行代為口頭請假，容明日補辦手續，余自到安全分署服務年餘以來，向未請假，今日尚為初次。

交際

上午，汪流航會計師之封翁開弔於極樂殯儀館，晨囑紹南送花圈，余則力疾於上午十時前往致祭，在場照料幫忙者有會計師公會徐光前、宋治平等人云。

3月12日　星期三　晴

職務

下午，到分署支領兩週薪給，便中洽詢有無應處理之事務，並補辦請假手續，請假單已由徐正渭君代為備妥，但因係初次，故填寫時多詢之胡家爵君，而徐君本囑余填交管理考勤之郭小姐，至時渠又不收，囑逕送主管方面批示，迨送應承轉之劉允中主任，渠又出差，於是逕送 Section Chief John Gould。在分署又與胡君共閱上月所查之陸根記承建彰化醫院停建工程補償款額一案查帳報告草案，經過會計長 Baranson 核閱後，其中有兩點改變，一為利息支出，余之原報告為因其合於商業習慣且有單據，准予列支，Baranson 則認其不合相對基金支出原則，予以剔除；會稿時 Fraleigh 則以另以理由不同意此點，謂此種剔除款將由輔導會賠出，而該會主委蔣經國對於取消此項工程正不知省去若干開支也，其實此二理由皆不充分，就前者言之，此係對於工程費力求核實之一種查帳，營造廠並非向輔導會辦報銷也，就後者言之，美援目的在求實效，並非私人往返特重情義也；二為特許其增列利潤，並重開談判，確定款額送署核准始為定局，此則又開討價還價方便之門矣。

瑣記

下午，到中和鄉為德芳、紹南等辦戶口遷入手續，先至溪洲派出所，云在枋寮鄉公所，比至，云申請書有錯字須改正加章，並須加附照片每人一張，乃返。

3 月 13 日　星期四　晴有陣雨

職務

今日未請病假，上午仍至退除役官兵就業輔導委員會，胡家爵君謂 AD/O 主管榮民業務之 Fraleigh 對會計處來一 memo，說明榮民工程多數由一吳文熹建築師設計監工，此人乃土木工程出身，而掛牌後對於輔導會各種設計監工事項多有不力之處，且建築圖樣多大同小異，然彼均算收甚多之公費，在衣復德任副秘書長及 Construction Control Group 之召集人時，曾商有支付公費之方案，衣去後繼任者則一反其所為，將接受吳之要求增加援款之負擔，故請稽核與視察對於其前後全部承辦各項工程與監工契約加以審查，決定其應付公費之數，必要時對於法律問題另請專家參加審核云云，此案如從嚴格辦理，至少亦需時一個月，故預定之林產管理局部分查帳工作，將不能從下星期開始云。

體質

上午續請林大夫看病，認為牙床尚有腫脹現象，仍須消炎，配 Ilotycin 六顆，一日服完，另有咳藥一瓶，兩日分量。

娛樂

晚，與德芳到空軍新生社看中國國劇演出團對外賓之表演，亦即出國之表演方式，計兩小時，共演斬顏良、二百五、天女散花、泗州城、小放牛、三岔口、拾玉鐲、白蛇傳等八場，皆為片段，短小精悍，而無法以劇情感人。

3 月 14 日　星期五　晴

職務

上午，與胡家爵君及退除役官兵輔導會之王紹堉會計長同回安全分署與 Johnson 與 Gould 共談查帳報告有關事項。開始寫 Fish Propagation 查帳報告，先將四個 CEA 之 Fund Status 加以排列，並注意其帳列餘款繳還數是否與美援會帳目及最後修正之 CEA 數額相一致，經發現五六年度兩段相同，五七年度則帳面相符，而 CEA 尚未作最後修正，五八年度則根本不符，詢之輔導會會計處，始知魚殖管理處將款解來後，尚未轉解，當囑之即轉入，以期符合，而免在查帳報告又須註明也。在核對此數項 CEA 數字時，初只詢 AD/O 之控制 CEA 部分，有不能全明者，又詢之美援會會計處，其差額來源始全知也。吳文熹建築師之特別查帳又告停頓，聞西籍人士主張先交法律人士加以研討云。

師友

下午，樓有鍾君來訪，將上次會同在綸祥所存之款又送回二千元，恢復最初之成分，彼仍為七千元，余仍為三千元，並將利息交來，本月份照五千元計算。

集會

晚，到區黨部出席委員會議，常委劉壽朋因擔任省黨部顧問而未到，其餘委員只到四人，討論數件例行案件，會後與申屠瑜委員同到中山堂看國劇團之歐游欣賞演出，戲目與昨晚所看者完全相同。

3月15日　星期六　晴

交際

上午，到中國農民銀行約同董成器兄到市立殯儀館弔奠李鴻漢兄之父喪，並合送花圈一隻。

瑣記

到土地銀行公產代管部查詢三星期前送請用印之房地產過戶聲請書，主辦部分云已於八日送至繕校部分，繕校部分云須下星期一始可發出，此機關之工作效率可以概見矣。下午，到古亭區公所請將上週所發之戶籍移轉申請書上之錯字改正，下午到中和鄉公所為德芳及紹南辦理戶籍遷入手續，並立即請發戶籍謄本二份以供紹南在中央信託局請發房租津貼之用，此鄉公所辦事尚稱迅速，亦因鄉村戶口異動較都市為少，故戶籍人員不甚忙碌之故。

參觀

到新聞大樓參觀師範大學藝術學會所辦「古今名人書畫展覽會」，係各教授所藏書畫，甚多精品，惟今人較多，古人則明、清兩代而已，所見較中意作品有王孟津楷書聖教，又草書，陳希祖行書，伊念曾（墨卿子）隸書三憲碑（酷似父書），魯琪光行書屏，康有為行書條幅，莊嚴行草與瘦金，岳飛卷，齊白石畫屏，牽牛，紫藤金瓜葫蘆，金北樓雪景佛手，張大千仕女，及三閭大夫象，仿松雪竹溪亭子，余紹宋墨竹，鄭板橋蘭竹，溥心畬花鳥，吳詠香荷葉浮鳧等，惟其中岳飛卷恐係贋品。

3月16日　星期日　晴

瑣記

今日終日無事，只在寓照料一切，上午為諸兒女燙平制服之屬，下午洗澡洗頭，並因德芳有事外出，幫助照料晚飯，又於日間將冬季大衣西服等用汽油搽拭，晾乾後於晚間裝箱保存。初夏不旋踵而至，數日來已不著毛衫，西裝亦不著背心，而棉毛衫亦易為汗衫矣。余在寓衣單衣時係利用領袖破損之襯衣，現在四件此等衣服全破，只好買製成之睡衣，此等衫褲式之睡衣，余向未穿過，今茲尚為初次焉。

黨務

旬前接區黨部通知，轉奉中央通知，依照幹部制度大綱及建立幹部個人檔案辦法，規定凡經任用現職縣區級之專任工作同志現任縣區級委員，應首先建立個人檔案，填送個人檔案登記表（原始記載部分）每人兩份呈報中央與省，作為基層幹部，又二十年以上黨齡者，亦為合格基層幹部，如合乎兩項條件者，共填三份。余因其內容甚複雜，且送至中央亦事實上無甚用處，本擬不填，今日有暇，為恐其即將催辦，故照填三份，其中家屬寫祖父祖母（歿），父母，德芳，振祥、玉祥、銘祥、昆祥四個弟兄，衍訓、紹南、紹中、紹寧、紹因、紹彭六子女，學經歷則填政治大學、革命實踐研究院、安徽省銀行、山東省銀行、國大代表等項，外文寫英語，特長寫金融會計。

3 月 17 日　星期一　晴

職務

上午，將魚殖管理處查帳報告余所擔任之部分寫完，共計五頁，加入胡家爵君所寫十餘頁共為二十頁，彼之部分較多，因所任為（一）Background，（二）

Project implementation，（五）Construction，均須詳細說明也，余之部分為（三）Project fund status，（四）Budgetary and actual disbursements compared，在第三、第四並兼及其會計制度云。下午，同胡君回安全分署校對去年冬間所查榮民工程總隊經費查帳報告，此報告已經初稿核定，即將打Second Draft，內容無何改動，又核對於今日打成蠟紙之陸根記取消合同專案報告，改正錯字後即行付印。旬前劉允中主任告余美援會曾通令各受援機關設遇納稅事項可以年底彙算轉帳，余因寫報告有所需要，今日再問劉氏，承示原文，始知乃對於應完之稅可以呈報轉帳，不必付現，與查帳報告中之發覺剔除者有異，劉氏囑余再問美援會趙既昌，彼亦云對已完者不適用，余曾為此事等待劉氏出差今日歸來，結果於實際無補云。劉氏又告余，會計長與美援會商定二萬五千元以下之剔除款，此後基於簡化管理費用見地而不予剔除，但此項決定並不影響現行查帳之各項條規，換言之，即稽核仍照剔除，去除由上層決定云。

3月18日　星期二　雨

職務

上午，將魚殖管理處查帳報告最後編整完成，並將所有之 working papers 加以排列，訂成 working file，於下午將報告稿送交劉允中主任。上午，將上星期劉允中主任退還之 George Fry & Associates 查報告加以複閱，並將 PIO/T 部分之數字加以修改至二月底止，仍送之劉允中主任核閱。下午，會同徐正渭、胡家爵二君回至安全分署與 Gould 討論有關 Interim Hospitalization 查帳報告經彼送輔導會會計處長王紹堉簽註意見送回之處理，此中與余有關者為石牌查地費，肺病院以外各單位汽油費及鋼筆費，該處解釋認為石牌查地費在支付時總醫院計劃尚未核准，鋼筆費則已為各機關之通行習慣，汽油費為事實上所需要，余對於汽油費因其明白抵觸 PPA，認為仍應剔除，其餘主張可以通融云，至 Gould 如何作最後決定則未之知。

師友

李祥麟兄來電話詢問崔唯吾先生赴美問題，余用電話託立法院韓華珽兄向崔氏詢問，未能獲遇，乃又用電話叫接新店崔寓，始詢明大約訂於下月初首途，至其女公子婚期則在四月下旬云。祥麟兄所以詢此事，係因余作晚往訪約共同籌辦喜儀，惟需先知何日啟程或是否不致變更，以免無法攜帶，崔氏今日電話中並約余與李兄星期五晚餐敘。

3月19日　星期三　晴

職務

上午，查閱退除役官兵就業林業計劃之有關文卷，主要為各項 PPA，其中計有一九五六年度 RETSER Forestry，一九五七年度 RETSER Gum，一九五八年度 Forestation and Tree Gum，而其中五六年度又有轉五七年度內使用部分，故 CEA 計有五個，帳目亦應有五套也。下午，同胡家爵君到林產管理局開始查帳，先從一九五六年度開始，今日只將該年度之「美援撥款」一科目帳目加以抄錄並與 CEA 修正過程相核對，發覺在五六年與轉五七年之兩部分決算數各相差二百元，據解釋係因最初少撥此數後又補到，致兩帳相加總數相符，而各有同數之參差云，余囑其再加詳核。在林產管理局與陶玉田局長及會計主任分別交換意見，陶局長認為林業容納兩個計劃榮民共四千人，已達飽和點，農復會專家所作之樂觀估計可容納一萬人，深致懷疑云，會計主任則提出一新鮮問題，即榮民在林業內除援款內有每人每月二百四十元之生活費而外，尚支領該局之工資，故收入比局內人員為多，工作有時且較輕，以致榮民與非榮民之間常有不愉快事發生云。

師友

晚與德芳同到衡陽路買致贈崔玖女士婚儀，將共同送崔寓。

3 月 20 日　星期四　晴

職務

繼續到林產管理局查帳，所查為一九五六年度之榮民造林經費，該項經費由林管局分配於十三附屬林場與山林管理所，只有極少數由該局經支，故該局本身之帳目大部為發出時借記內部往來，各單位每月報支時根據報表轉入各支用正式科目，年度終了時則內部往來全無餘額，只有各支用科目表現餘額，亦即為決算之餘額，至於單據則保存於各支用單位，最近已將一九五六年度之各單位帳目集中於總局，現在著手查核者即為此項已集中之單據帳冊，今日先核台中山林管理所部分，已經看完，其中支用手續完備，單據無缺，建築與購置招標比價等手續亦皆附於傳票之後，各項要件就會計上之需要言之，可謂已達完善之境地，此種情形與處於同樣地位之合作事業管理處對各大同合作農場，及衛生處之對各醫療單位，可謂大不相同，蓋林管局所指揮者為其直屬之已有多年規模之機構，而合作事業管理處與衛生處則所管轄者為系統上由國防部或退除役官兵輔導會所控制之機構，有無效率固以此為分水嶺也。

業務

在林產管理局遇林慶華君，據云林業員工互助協會改為職工福利會，即向法院登記，然後繼續清理。

3月21日　星期五　晴有陣雨

職務

繼續到林產管理局查帳，已查完高雄與太平山兩單位，其情形與台中山林管理所者大同而小異，查核時之重點分開辦費與業務費兩部分，前者包括建築、服裝、工具、設備等項，注意其支用程序，惟建築部分余只有其付款經過與支付憑證，契約與招標記錄設計圖樣等則由胡家爵君審查，以備作為出發視察之張本，至於昨今兩日先將台中、高雄與太平山看完，係因三者安置榮民較多，將於下月分別前往視察也。余為明瞭林產管理局承辦退除役官兵計劃之全貌，以一部分時間檢閱其工作報告，其中若干統計數字對於此計劃中各單位支用經費之人數及預算依據可以審核對照，例如其帳棚總預算為一百另五架，美援中為九十一架，另有十四架為該局配合經費，其分配之單位為太平山十架（該林場只配此數）、竹東四架，故今日核太平山林場之支出，其帳棚為完全未有支出，不需查問，即知其所以也。下午，劉允中主任約余與胡家爵君回分署查詢即將打印之建設工程總隊經費計劃內之若干疑點，並囑於下星期一再來參考草擬本年一至三月份之 Activity Report，其中有關退除役官兵經費查帳工作之進行情形，應由余與胡君提供資料也。

3月22日　星期六　晴夜雨

置產

星期一已接到公產代管部（台灣土地銀行）通知，附送加蓋印信之土地房屋登記移轉聲請書及附件，乃於今日上午到市政府地政事務所送件，收發首囑余至地政科送其中之「土地所有權移轉登記現值申請書」，乃即前往，經其核閱認為當初申報地價一欄未填，應行補填，余謂此乃公產代管部所為，余何由知，彼云可以在該科查知，於是先囑余到公庫繳規費三元，申請閱覽底冊，其實彼有如許時間辦理填表等手續，反不若即將地價以一舉手之勞而查明告余，庶乎兩便，既按手續將原冊調到，余乃將地號查出，知申報地價為每坪五百五十七元正（公告地價六九六元之八折）填好後請其收存，初謂事忙，囑余星期一再來，余善言相央，乃將代書等所送者擱置一旁，立即為余先行辦理，加蓋若干章戳，將現值申報書抽下，以餘件交余，乃立即至樓下收件處將各件送出，取得收據。據云旬後可持圖章及收據來看有無問題，設無問題即繳登記費等候發土地所有權狀云。

師友

下午，到財政部訪成雲璈兄，託代為洽借財政年鑑，續篇與三篇，彼允下週報命。

家事

上午率紹因到安全分署醫務室看其腿部搔破之皮膚，經擦紫藥水與白色粉末包紮。

3月23日　星期日　晴有陣雨

職務

從事光復大陸設計研究委員會山東重建方案專題小組財政分組方案之起草準備工作，主要為翻閱歷來會發各項文件與資料，以明其有無有用之處，結果甚為失望，蓋所發以目錄索引為主，其中大部為省縣通志目錄，至晚亦為二、三十年以前之資料，又匪情資料則皆為全國性的，地方性的有剪報數則，亦與財政無關也，下星期將對於此項全國性的前往查閱以資明瞭其全般情形，或有反映於北方者，庶可對於地方情形由推測而有所發現也。

交際

中午，程傑慷夫婦為生女彌月在女師大禮堂設宴酬客，余與德芳前往，計八席，以江陰同鄉或程君在嘉義時期之同事為多。

瑣記

晚，同德芳率紹寧、紹彭到美都麗看電影，因觀眾太多未能買到座券而罷，歸途由新生報側面之0南路公共汽車站候車，不料該車站之柏油路因停車而破損變軟，上午落雨，油下為泥漿，車過而濺，余之褲與鞋竟為污滿，大為喪氣，此為一星期來第二次污損衣服，第一次為晚間回寓時發覺上身後面有黑墨一大塊，因該日乘坐有公共汽車、安全分署轎車，在林產管理局主計室內又數次使用其沙發或木椅，究竟何處如此污穢竟不能知焉。

3月24日　星期一　晴

職務

上午，到分署會計處，將上星期劉允中主任所交之工程總隊經費查帳報告須加校正之處加以校正，並提供資料由胡家爵君起草一至三月份應加入 Activity Report 之資料。劉允中主任將 George Fry and Associates 之 Follow-up 查帳報告交余重加整理，其原因為余所認為其尚未做到之事項語焉不詳，其實乃未將原報告加以詳細對照之故，余乃加以較詳細之記述，以便一目了然。下午，繼續到林產管理局查帳，今日所查為台北山林管理所經付部分，其中大體上與他單位無異，有一特殊之點即醫藥費係照預算估計標準每人每月十元，均按人頭發出，並未用以買醫藥及器材，可否如此，容再以 PPA 之規定加以推敲。

師友

下午，與李祥麟兄同到新店崔唯吾先生家吃飯，此約係崔氏為向李兄洽詢在歐美旅行之一般情形以供參考，談話至九時三刻始畢，崔氏此行由中央黨部核准，任務為自行考察財政金融，但中央黨部補助台幣二萬元，至於結匯數目按四個月每日一百六十元再加每月舟車費一百元計算，二千三百餘元，至於往返旅費則在台付給台幣即可，此行之私事為其女公子結婚，對方為山東籍工程師陳君，余與李兄合送枕衣一對，今日帶往，崔氏行期約在下月中云。

3月25日　星期二　晴

職務

續到林產管理局查帳，今日所查為太魯閣林場、巒大山林場及台南山林管理所，台南所只看完其半，至此全部十三單位已看過六個有半，適為全部工作之中點。今日所查太魯閣林場較為費時，其中有一部分薪俸支出，大數包括期間為三個月，但有補發其他月份之零星數，無本之枝，何所附麗，又其中補發數有三番兩次只為同一月份者，顯然重複，為期其能有合理之解釋，故告知該局主計室主辦辦事員謝玉珠轉達該林場補充說明，或有相當理由，亦未可知。巒大山林場部分最為單純，故未費時，一小時餘即行查完。前數日所查高雄山林管理所支付榮民生活費有缺少單據情形，經告謝君查詢，當去長途電話，現已將缺數之單據寄來，余即予以補核，疑團始釋。又有台北山林管理所支付之一部分榮民生活費與按人頭計算之醫藥費，缺少單據，經告之謝君，今日即據該所檢送之新年度有關之傳票，見在1957年計劃內支付較多之生活費，後又由57年度之用費內沖回，而按預算數列入於五六年度之轉五七年計劃經費內，但沖回之人數與按月金額及不採用之原因未在傳票上說明，經囑轉告予以加註，以利審核。

3月26日　星期三　晴

職務

今日下午到署支薪，劉允中主任告 George Fry and Associates 之 Follow-up 報告已經由 Gould 及 Johnson 等簽字，即可發出，但有一問題，即其中剔除款 Quarters Allowance 十五萬餘元，Johnson 之意可考慮取消之理由不必令退除役官兵賠繳，彼詢此中是否包括有資產性之支出，意將此等支出除外，即可降低實支總數，余告以此項 Quarters Allowance 在去年查帳時即已根據會計長 Baranson 之意思，既將其中資產性之項目予以除外，且又將其每月之限額（有眷者 320 元美金，獨身者 270 元美金）折合台幣匯率採用優惠匯率，如此截長補短使其超過額降至十五萬元，已無法使之更低云，劉主任將此意向 Johnson 說明，並認為不必再多顧慮，但 Johnson 則另有其一套巧妙辦法，即將此項查帳報告暫時保留，另函退除役官兵委員會，詢其對於上次查帳報告如何執行，俟其回信要求豁免，只能稍有理由，即予以核准結案，云云，此為新署長 Haroldson 之寬泛政策下的產物，亦所謂匪夷所思矣。

交際

于仲崑兄約集友人七、八今晚在豐澤樓為靳鶴聲氏祝六十壽，到者尚有逄化文、史耀東、張益瑤、張敬塘、張浩然、楊天毅兄等。

3月27日　星期四　雨

職務

兩日來繼續到林產管理局查帳，由台南山林管理所、新竹山林管理所、台東山林管理所、花蓮山林管理所、八仙山林場，而阿里山林場，只餘一竹東林場尚未看完矣。以上各單位之帳面結存數與林產管理局之決算表列數，大體均能相符，只有少數發生差額者，其原因有二，一為在五六年度與五六轉五七支用部分之間，原帳不無在五六付出又於五六轉五七帳內沖回之開支，林產局之決算表常將沖回數仍歸之於原年度，於是二年度所表現之餘額發生不符情事，然此之所多正彼之所少，故並無實際之差額也，二為原各單位帳有未能將科目劃分十分清楚者，林管局主計室頗有將其有混淆處予以沖轉，然原單位不之知，故其所造之表列數目與此項代改後者不同，西人對此了解困難，即中國人若非習會計者，亦不能易於了解也。林管局所屬十三單位在榮民林業計劃中各有建築費用，此由胡家爵君查核，胡君今日發覺計劃內所建房屋凡由營造廠承建者，多不提用料問題，今日詢之林管局人，始知建築木材由林管局自備而以其自身之款買入，故美援房屋中無木材之供給，然預算之款則全部用完，不知者無處查考，經詳查後始知其自備款項配合，並加增建積云。

3月28日　星期五　晴

職務

上午，續到林產管理局查帳，一九五六年度退除役官兵林業用款之最後一單位竹東林場今晨核訖，繼即核閱其一九五七年度該局本身帳目，由於該局本身之經費只有留用之軍官薪俸數千元，其他全屬對各單位撥款之記載，故移時即畢，至於各單位支用情形，因其並未送來，須待將視察之單位就地加以審核矣。繼再核一九五七年度造林採脂計劃用款，情形亦復相同，因而上午即將全部帳目核訖矣。下午，在退除役官兵輔導會將二週來所查帳目之記錄資料加以劃分，有關台中、高雄兩山林管理所者將攜帶於下週前往時備用，其餘暫存備寫報告矣。下午，劉允中主任電話詢問 Geo. Fry & Associates Follow-up Audit Report 之宿舍房租未收回部分問題，余因記憶不清，乃回署查閱 working file，始憶起共應收回四萬九千四百元，已收回三萬九千九百元，尚有九千五百元未收回，因其無形包括於洋人 Quarters Allowance 計算限額超出數內，故不復言其應再收回與否，記憶之衰退，真堪驚人也。

閱讀

看方丁平作「寒梅曲」中冊，寫電影明星姜寒碧及馮耿光、梅蘭芳、孟小冬等之糜爛生活，極盡暴露之能事，但在作品技巧上卻不能引人入勝，可見尚欠錘鍊。

3月29日　星期六　晴

師友

下午，同德芳到中和鄉訪宋志先兄，辦理房屋租賃手續，作為紹南領取房貼之證件。宋兄並談其所保存在重慶時之經濟資料，將有助於目前光復大陸委員會之起草工作，允加以整理後提供余為參考之助云。

家事

下午，同德芳到姑母家詢姑丈之生日，準備慶祝其六旬，但堅不肯告，無結果而返。

集會

晚，出席小組會議，登記出席記錄表，以供明日選舉市代表之根據，會議席上由組長夏鐵肩報告其出席第一屆市議會之觀感甚詳。

3月30日　星期日　晴

投票

今日為市黨部全市代表大會代表之選舉日期，余於中午至志成補習班投票所投票，此次前來競選者有許超來印刷品，有昨晚夏鐵肩介紹之湖南同鄉謝質高，余本擬投許超，臨時忘其姓名，苦思不得，而謝之名片則在袋內，於是只好投謝之票矣。

娛樂

下午，與德芳率紹寧、紹彭到美都麗戲院看「紅娃」電影，林黛與王引合演，寫民國初年地方惡勢力之囂張，而穿插愛情故事，林黛之戲不多，但大體尚佳，最成功者為王引，演技已爐火純青，不覺其為做戲矣。

3月31日　星期一　晴

旅行

昨夜十時半搭夜車南下，於今晨七時五十五分到達高雄，分署同仁胡家爵兄同行，所乘為頭等臥舖，因車廂顛簸甚劇，且車行幾乎逢站必停，每停必醒，故一夜在淺睡狀態中，今晨盥洗後始覺精神略佳，到達時分署派在高雄之林司機來接，早點後即赴屏東工作，晚宿屏東新張之中央旅社。

職務

在屏東高雄山林管理所工作竟日，查核該所經付之退除役官兵林業計劃用款，除一九五六年度用款已在林管局彙核外，現所查者為一九五七年度該計劃續用款與同年度造林採脂兩計劃，以及一九五八年度造林採脂計劃之繼續用款，內容俱甚清楚，只在一九五七年度前一計劃內支用汽油稅一千四百元，為須退繳之費用耳，此地區安置之退除役官兵為獨多，前後共為六百五十人，除一部分近百人尚未報到大約須於今明到達外，其餘皆集中於六龜從事林道工作，其中第一批二百人本分散於其他四分所所在地之旗山、潮州與恆春一帶，其後亦調集於六龜分所所在地，設一工務所指揮工作。

交際

中午，高雄山林管理所葉所長在屏東中央旅社對面之南都食堂吃日本料理，有生魚、蛤蜊及台東柴魚等，極清新可口。

4月1日 星期二 晴

旅行

上午，先到高雄山林管理所與胡主計主任談昨日查帳結果，只有汽油稅一千四百元為不合規定之開支，如能自動繳回，即完全無其他同類帳項列入報告矣，彼贊成此項辦法，並望余亦向林管局提明，且決定手續。九時由屏東出發，由山林管理所人員陪同赴六龜鄉榮民林道工地視察，此行完全為胡家爵兄之事，由屏東至六龜約有八十公里，十一時到達，因所乘車不能涉水，先到山林管理分所休息並至市場用餐，飯後回分所休息片刻，即乘車過河至榮民工程荖濃溪工務所，休息後再乘車上山，由林道工程起點至已完成之數間有六公里有餘，但因雨後坍方，車只開行二公里，步行約半里大體視察，即行折返，據工務所負責人云，此項開路全視體力，力強而勤者，早進後退，有月得工資二千餘元者，在附近又視察以援款所建榮民宿舍數所，全部木造，用料由林管局配合經費開支，均極粗壯，每舍三十人，另一端為廳，可以飯食，附屬建築有廚房、浴室、廁所等，視察完畢已下午三時半，乃動身歸途，於五時半行八十公里至高雄，晚飯後再度出發赴台南，一小時到達，下塌四春園，住一號，二人占用廿席，室外花木扶疏，此為日據時期之最上等旅舍，果有其種種特點也。

4月2日 星期三 晴夜雨

旅行

上午九時由台南乘自備車出發，行約一百六十公里，於十二時半到台中，住宿於中山路火車站前青年旅社，此旅社為黨部所辦，中間一度租於美軍，最近始行收重開張，內部甚為清潔，且略有園林花木之勝，聞在勝利前為日本文官來台招待之用，其中且有特別室一間，占地十餘坪，完全西式設備，而取價不過略同於普通房間，余等未住用，余住二〇四，胡君住二〇二，二〇二為上述特房 201 之隔壁，亦比一般者略大焉。

職務

下午到台中山林管理所接洽查帳，所長公出，由陳秘書接待，會計主任林君初亦不在，及後始返，今日所查為一九五七年度 CEA No. 7052 部分，因有兩張傳票附有五六年度之單據上週查帳時被林管局提去，須待回台北再行核對，其餘大致相符，惟因所發榮民生活補助費十分零星，截至下午下班時止，尚未能全部核完。晚，榮民管理員傅君前來報告榮民一般參加伐木燒炭與造林工作之情形，並約定明日先赴埔里方面之兩個場所視察，因余查帳工作未竟，由胡君一人前往。

交際

晚，應台中山林管理所之邀在大同樓吃飯，在座尚有林管局由台北來此之周芝寧專門委員與詹昭乾技正，此外皆台中所之同仁。

4月3日　星期四　晴

職務

上午，到台中山林管理瑣繼續查帳，CEA No. 7052 部分之榮民生活部分，因支付零碎，不易求出每月之負擔人數，只好就全期之支出與每人每月單價之比例而觀察其有無超出預算，結果發現若就預定之標準一九五六十一月至次年二月，月支224元，而一九五七年三至六月月支240元，略有超出，若不按兩項單價各半計算，亦即凡三月份以後即照新單價計算，則新單價下負擔之人數與時期比舊單價為多為長（榮民較遲到達之故），因而實支數之限度亦比較略微提高，該所之實支即不致超出預算焉。繼查CEA No. 7091之費用，全為開辦費，帳目結至去年十二月底，亦即結束報告之數字，其繼續支用至現在之數目則為建築科目，只將數目及支付情形抄下。最後核CEA No. 8021部分，此為現在尚繼續支用者，三月底之帳係以二月二十五日截止，月報與對帳單余已由林管局調來，核與帳列相符，惟三月底之帳面尚未rule off而已，至於單據傳票則皆抽查相符。

瑣記

託所住青年旅社以黑市價買柴油快車票於明日回台北，結果亦未買到，余下午赴彰化火車站詢問，亦云售罄，照此情形只有以月台票入站上車候位，或改乘公路局車或飛機耳。

4月4日 星期五 晴

職務

上午，同胡家爵君乘車赴東勢上游之天輪發電廠附近白冷地方，視察榮民從事伐木工作之實際情形，此地共有五個組工作，每組十人，所伐之木多為相思樹，亦有雜木，皆經近年林產管理局派員加以打印者，此五個組係昨日開始工作，其成果如何尚不能估計，但其中一個組已於一日內伐得三個立方米達，按林管局所定工資每立米三百另八元，每人幾有一百元之收入，則月入三千元並非甚難，惟工作須有極強之體力，且遇雨時亦不易工作耳，又視察一處榮民宿舍建築，係供三十人居住之甲種房屋，當時尚有榮民十餘人並未出外工作，據稱係無工可作，彼等本分發於刈草工作，但已做完，而伐木則為一九五七年度分發而來者，彼等不能參加，但據陪同視察之管理員傅君云，實際為彼等嫌棄刈草工作，未竟而謂已完，兩說未知孰是，今日因時間所限，急急折返，由白冷經過天冷至東勢二十公里，東勢至豐原約二十公里，計往返費時三小時，另視察一小時，故八時半出發，十二時半始歸。

旅行

下午二時乘公路局最近開行之北中直達車北返，所經路線為彰化、大甲、苑裡、新竹、桃園等地，半程時在頭份停留十分鐘飲茶休息，此外完全未停，於下午六時三十分到台北，大體尚佳，惟時間較火車為長耳。

4月5日　星期六　晴

置產

上午，到市政府地政事務所詢為所住羅斯福路房地申請過戶事，據云此項過戶手續不備，地積及建坪均與冊列不符，余向內詢問其原委，又云主辦之第三股在郊區疏散辦公處，此事只好再向發給產權證明書之土地銀行公產代管部查詢云。市稅捐稽徵處第二課通知因上項土地移轉申報地價書須與產權證明書核對，望前往一行，余因地政事務所已將申請之件退回，乃持往接洽，據云須核對加註後，三數日再往，在完納稅捐證明書上加註有關土地增值稅事項，此項完稅證明始稱完備云。土地登記事完全為若干手續之累積，凡未經過者望而生畏，即請教代書，使代書一業為永不可缺，亦大觀也。

師友

上午，訪王慕堂兄於交通銀行，代轉信件。下午，到財政部訪成雲璈科長，託借財政年鑑續編與三編，並約定於半個月內歸還。晚與德芳訪樓有鍾兄於其尊人寓所，並贈送木瓜數個。

交際

晚，到中山堂參加唐仁民兄之婚禮，在宴會席上遇劉振東氏，談養生之道心理衛生為最重要，轉述Seligman之見解，謂遇事不可因我是即盡其能事，不可強以為社會負我，不可只悔既往，不可對人存惡心，種種皆為人所最難做到之平實之理，聞後留甚深印象。

4月6日　星期日　晴

見聞

余不做會計師業務已一年餘，由今日一般表現言之，斯業前途殊為黯淡，茲舉一事，以見當前之會計師在人心目中作何評價：有貿易商周煦龍，本為軍人，獲悉以官挾商之復興航業公司有自備外匯，乃串通執行會計師業務之立法委員程某以會計顧問身分透過商船聯合會，向該公司訂約買入十餘萬元，價在官價與黑市之間，三十五元成交，並由程再用船聯會名義向外匯貿易審議委員會申請進口管制進口物資與暫停進口物資，程、周言明，設獲准進口此類物資，每元抽新台幣三元二角，普通准許進口物資抽每元新台幣二元，至於交際費及應對出資人付給之報酬及利息另計，程進而以銀彈攻勢，賄賂外貿會主管組及其人員予以簽准進口後，將外匯以五十元內外之價格出售，所得利益照原議分肥，程得利最多，約四十四萬元，周則十餘萬，出資各人數萬元不等，而具備公務員身分賣放之外貿會職員最多者不過一千五百元美金，另酒色紙逐多次而已，此案經調查機關發覺，送之法院起訴，輿論大譁，立法院且發動自肅運動，但尚未聞會計師界有何愛惜名譽之自我表現，可見死氣沉沉，善者不管閒事，惡者不以為怪，如此情形，欲期會計師之受人尊重，斯業之發達推廣，將如何清之難俟矣。

4月7日　星期一　晴

職務

上午，到退除役官兵就業輔導會之辦公室將上週在台中屏東查帳之 work papers 加以整理，並處理有關事項。結報上星期在台中屏東之旅費，並代胡家爵君亦打印一張，此事歷係由胡君辦理，因渠本日起須又赴東部視察公路工程三天，余乃代為一併辦理，此等事因有一定之格式，余向來感覺不易下手，今日參考成例一試，實亦至為簡單也。下午開始到台北山林管理所查該所經付退除役官兵從事林業計劃經費，除一九五六年部分已經看完（在林管局彙核）外，今日係看五七年度部分，此中完全為生活費與管理費醫藥費等，其醫藥費並非用於買藥與看病，而係按月按人分發十元，等於一種待遇，而在PPA內估計醫藥費數目時係照每人每月十元為標準，今彼將計就計照數付現，於預算亦甚切合，余格之PPA並未詳定此款究將如何支用，故雖別開生面，竟亦無懈可擊矣。

體質

兩週來痔瘡有異感，往往在出恭以後略有癢痛之感，且連續出血半月，上週出差忽不流血，至今猶然，癢痛之感亦稍抒。近來感覺體力甚為正常，半月前稱體重為七十二公斤，比體輕時重過五、六公斤，面部未見加胖，近來視力之昏花程度略增，寫小字非戴眼鏡不可矣。

4月8日　星期二　晴

職務

全日在台北山林管理所查帳，上午查一九五七年採松脂計劃內用款，此項計劃用款全為開辦用費，用於購置者居多，下午查五八年度用款，全為生活費與管理費等，因本星期時間比較從容，故對於人事經費之憑證等件加以詳核，並未發現任何不合之情事。該所有一特點，即傳票憑證特別整齊，帳簿在已經結束者則與月報底稿合裝一冊，以便查考，此項帳簿表報均用同一大山之紙張，庋藏整理均有方便，即就會計處理而言亦有條不紊，重次序，有條理，此等機關不可多得。

交際

中午應台中山林管理所所長潘乃賡之邀在天長樓吃飯，在座者尚有該所主計室林主任與其他職員，席間閒談該所之風尚，謂潘君接任所長一年餘，提倡研究林業學術，提倡業餘唱戲打球，由此而造成一種上下融洩之風氣，此種做事風度，確有其極為特殊之點也。

師友

晚，樓有鍾兄夫婦來訪，閒談在各機關查帳之觀感，彼最近亦到林產管理局查數年前之舊貸款帳，然仍然以極有條理之方式保存待查，樓兄現又移住其父母之配給房屋，惟仍欲租用適當之房屋云。

4月9日　星期三　晴

職務

上午到林產管理局接洽有關查帳事項：（1）上週及本週所查高雄、屏東、台中等單位，帳目皆甚清楚，只屏東有購置汽油一千公升含防衛捐一千四百元，可謂小疵，余與林管局主計室會計課長陳兆文商談收回方式，或即行如數由自備款內歸還，或待查帳報告成立，該局以之為根據而加以收回，陳君之意願先收回，以免寫入報告內不妥；（2）一九五八年度用款係查至三月底為止，該局預定於余本週至該局再行對帳時，即可有各單位之總括紀錄，今日到該局時果然已有各單位之支用細數，至於管理局本身並無費用，只將領到之款分發於各單位，因此該局之五八年度帳並無收支科目，只有相對基金撥入撥出之支付傳票，而現金結存則附有對帳單，一總核核，立即感到完滿無瑕。下午，到分署支領兩週待遇，並將下週之 Travel request 及請總務部分買火車票之 request 交劉允中主任核准或轉請核准，移時經 Gould 與 Johnson 先後簽字，即以 Travel request 交歐陽女士庋藏，而請買車票之 request 則下樓送至總務交通部分之蔣君，又上週出差之明細表，亦係前日打就者，今日則一併送之蔣君，請其代為製票。

4月10日　星期四　晴

職務

今日將三週來林業查帳之 working papers 再度加以整理，按年度分成部分，每部分再按各支用單位加以排列，截至目前為止，所查有問題之支出尚只有高雄山林管理所支出之一千公升汽油稅一千四百元，為期簡化查帳報告，寫成一篇各方皆為歡迎之查帳報告，昨日已與林管局陳兆文課長洽妥由該局先期將此款收回，報告內即不必提及，今日又在電話中與林管局主管此項帳務之謝玉珠小姐接洽配合方式，詢其何時可以將款繳還美援會，余在報告內對於該計劃之實支數先期依據該局所送之結束報告將此數減除，至所填之日期必須為該局將款繳還美援會以後，始能無脫節之虞，經彼與陳課長研究結果，認為款立即照繳，余詢以余之報告作為十五日之日期，此日財務狀況比前送之結束報告應表示減少一千四百元之支出，彼認為可以不成問題云。

瑣記

為準備山東重建方案財政部分資料，今日參考三十六年末尹文敬在山東任財政廳長時之「山東財政年報」，其中所記數字雖多可以表達一般情形，然全省遍地是匪，財政收入八成靠中央補助，故作為全省完全光復，顯然尚不能作如是觀也。

4月11日　星期五　晴

職務

林產管理局查帳案進行順利，只待下星期一赴羅東太平山林場視察並核帳，即可完成，然由已查各單位各年度情形以觀，當不致有何問題，故此項查帳報告之將為以 Satisfactory 為 rating 將無疑義，今日無事可為，乃先行開始模擬查帳報告，上午寫各項例須列舉之事項，如 CEA 號數金額，查帳之目的何在（習慣上有三事，一為執行結果有何成就，二為會計管理制度是否充分，三為款項支用是否與預定目的相符），訪問之對象人士及查帳舉行之期間，等等，俱為照例問題而又必須一一列明者，下午寫 Findings 第一段 Background，係由各年度之 PPA 要點加以摘錄，期使閱報告者得以由此知一梗概也。

瑣記

安全分署為五時半下班，而各級政府機關則為六時下班，余利用最後半小時赴長安東路二段稅捐稽徵處第二課，欲將承購之所住房屋土地完稅證明書上再加蓋一項土地增值稅免徵之戳記，不料到時即已下班，其實尚有一刻鐘始到六點，此等機關之罔知便民，真可太息，幸其中尚有人表示歉意，尚使人能免於動氣焉。

4月12日　星期六　雨

置產

上午，到土地銀行公產代管部會計課登記股，接洽承購之羅斯福路二段八巷四號房地經地政事務所認為與台籍所登面積不同應如何解決問題，由股長陳鍾杰出見，認為此事發生原因為該部主管課將土地分割而不及將登記手續辦好即行出售，此等事發生甚多，該課與登記股常因此事發生爭執，而遇有此等事時難免拖延，陳君謂如欲迅速，最好來約同兩課主管人一同訪其經副理當面商定解決辦法，今日已晏，下星期當再續辦云。上午，到稅捐稽徵處第二課洽取土地增值稅免稅證明書，此為第三次前往，幸經輾轉查詢，終於尋到，尚未僨事云。

職務

上午到光復大陸設計研究委員會查閱匪情資料，以供重建方案山東財政金融部分之起草參考，但所獲甚微。下午出席此會之山東小組會議，據報告其他部分有起草完成者，亦有尚無眉目者。

師友

下午訪汪焦桐兄，代宋志先兄為其公子託代函海軍總醫院為其分發實習介紹關照一切。

集會

晚率紹寧、紹因到實踐堂出席二十一期同學聯誼會，會後餘興有歌唱、舞蹈、口技、相聲等，以口技學火車，奇術握持及足踏利刃不受損傷等最為精彩，歌唱有張曼玲、張麗文等，尚佳。

4月13日　星期日　雨

閱讀

在寓閱上星期所借到之財政年鑑續編，目的在蒐集有關山東之資料作為草擬重建方案財政部分之參考，此項財政年鑑續編為政府在重慶時所編行，包括期間為抗戰以前及抗戰初期，其時山東尚有一段時期全境承平，故若干數字尚屬實際，例如三十一年度起中央統籌各省財政，分財政為國家財政與自治財政二個系統，以前之省政府收支均改為中央收支，且徵課制度亦須準據已有釐訂新案，年鑑內列有田賦數及徵實比例等項，大致山東在抗戰前將地丁漕糧合稱田賦時，係按每銀一兩折國幣四元，漕糧每兩折國幣六元，抗戰中開始徵實，係按每元徵粟穀二市斗，而每粟穀一市斗又折合小麥 .67 斗，在二十四年度收銀元時所造收入預算為一千五百八十五萬餘元，二十五年度為一千四百五十九萬餘元，由以上各數可以略知田賦之大約情形矣，此外二十三年度、二十四年度、二十五年度之省預算均有大分類之數額，從而各稅之比重亦由此可以窺知，至於大陸撤退後共匪之地方財政情形，暫時尚未有明瞭，待進一步再行參考比較焉。

師友

日昨汪焦桐兄允為宋志先之少君託海軍總部軍醫處

長介紹至海軍總醫院事，今晨囑紹南前往宋兄家通知，並重寫以前之假定租約。

4 月 14 日　星期一　陰雨

旅行

上午九時同胡家爵君由台北乘車出發，於十一時三十八分到羅東，覓居於萬壽旅社，屋係新建，尚清潔，但房間甚小，最大缺點為雖用磚牆間隔，而因上端缺約一尺有餘，於是不能隔音，夜間嘈雜太甚，時睡時醒，難以靜眠。

職務

下午，到太平山林場訪沈家銘場長及主計室林景主任，並即開始查帳，今日所查為一九五七年度 CEA 7052 內之用款，記載均屬清楚，但此處會計人員似對於各年度之計劃名稱與 CEA 號數等無所知悉，因而在數個年度內尋找帳冊傳票，似乎不能如探囊取物，此現象為其他單位所無。今日所查只二個科目，一為薪津，二為榮民生活費，前者抽查其人數與待遇辦法，因只有八人，比較簡單，後者則因榮民到達日期不一，且與 1956 年度經費共同負擔一年之生活費，該廠亦未明確加以劃分，故須將兩個年度數目加以分析彙計，始得窺其全豹，因而費時較多云。沈家銘場長說明其分配榮民工作之概況，謂第一批一百人陸續補入場內一般長工之內，無由與非榮民劃分，第二批中亦有零星工作者，有一較集中之工作即為整理殘材，此為舊太平山作業區，日據時代即已大加砍伐，而尚有殘木可以整理，新作業區則人數較少云。

4月15日　星期二　晴

職務

上午，到太平山林場繼續查帳，已將一九五七年度之 7052 與 7091 兩個 CEA 項下之帳目查完，無何問題，惟榮民生活費一項，其支付參差不齊，難於一目了然耳，此單位在林管局各單位之美援帳內似為比較弱者，至少傳票整理不如其他單位之有條理。

旅行

上午十一時由太平山林場鐵路之羅東起站竹林站乘班車出發，於下午二時到土場，同行者為同事胡家爵君與林場之石君，在土場用飯後，改乘小鐵道入山，約四公里，到第一索道處，等候時間較久，因須與山上之太平山分場聯繫，約二十分後始有木材運下，同時將客車拴上滑車，余等三人外，尚有榮民二人，共五人載乘，御風而行，歷時四五分鐘，升高四、五百公尺，索道有上下兩方面，每面二根，一面另有較高之一根，備載人用時作為保障，聞客車每次限十二人，其實只為一駄轎，五、六人即似滿載，此項索道後又接小鐵道約三、四公里，大致為平行，不見若何升高，然後至第二索道，再換鐵道，如是凡行小鐵道四次，索道三次，達到太平山分場，住招待所，郭主任出見，據云此處海拔一千九百公尺，索道三次共升一千五百公尺左右。晚飯後提早就寢，山上氣候奇寒，比台北之嚴冬為尤甚，衾被單薄，頗感難耐。

4月16日　星期三　晴

旅行

晨起，山中晴朗無雲，空氣新鮮，早飯後同胡家爵、石虞二君乘小火車行一小時至三星線看作業，其地為一號機，以木柴發動，用滑車拖集裝運木材，盤桓一小時回至分場招待所午飯，飯後循昨日上山之原路以小火車及索道下山，至第一索道處無鐵道下山，適預定下午再登之嘉羅山舊太平山林場係循公路，其路須經第一索道下，乃以電話請土場站將卡車開上，半小時後來，車上滿載榮民，車首之兩邊均以手攀拉，後知此為山上運材車，上山時則運米菜，搭便乘用，登車後一路涉水上山，行一小時，七公里到嘉羅山，此地為太平山林場內榮民集中之處，共有三百零數人，工作分為伐木、集材、運材、修路等部門，本分為五個隊，同來之石君為總隊長（生產總隊），石君調去後，副總隊長改任辦事處主任，各隊長則分任股長，到達後移時即入夜，飯後，分頭歇宿，余住於總務股長原第三隊長郭恩富君室，布置甚雅潔，此即榮民宿舍尾端之管理員室，夜無電燈，早睡，但睡前與各隊長談此間生活與工作情形甚詳，對於林場各種措施頗多不滿，尤其運材車之效率降低而不加改善為甚。夜間榮民均由山歸，一般情緒甚佳，據云按工計酬，每日可得自三十元至五十元不等，比辦事處職員為高云。

4月17日　星期四　晴

職務

昨晚及今晨與榮民管理員石虞君及仍任隊長之郭君等談話中發覺彼等情緒似不甚佳，其原因據所談者有：（1）原兼支假退役官之八成薪，今年奉令取消，目前僅支公務員待遇，約在五百左右，而榮民則因為計件論酬，月支千元至一千五百元，（2）林場凡事皆重表面手續，不重時效，不重時間，暗中弊端重重，（3）山中副產如楠木皮之可售作製香原料，廣籐之可包售以裕收入，皆不奉准，但他山常有局內包出，其中必有上下其手之處，以上皆石君面談，當不誣也。

旅行

因林場卡車下山運材，以數量計工資，且常常損壞，行駛亦無定時，故昨晚商量決定徒步下山，至九十二林班換乘他車回羅東，晨起早飯後於九時出發，凡七公里至九十二林班，費時二小時，稍憩後乘卡車一路沿河過水，半小時到土場，換乘循道柴油車於十二時開，一時半到羅東，同胡、石二君至迎賓樓午飯，飯後與胡君同往理髮，後乘四時十九分之柴油特快車至礁溪樂園旅社沐浴歇宿。

瑣記

嘉羅山過夜，無電燈，夜黑極，只聞溪水潺流，又於下山時承贈原藤一條，甚粗，昔所未見，半山又有同行者採倒木生蘭一株為贈。

4 月 18 日　星期五　晴

職務

上午，到太平山林場繼續查帳，今日所查為一九五八年度 CEA No. 8021 之經費，此經費之 Deadline 為本年六月底，現在只支用至三月底，故尚有未用之款，又此項計劃共只四個科目，即榮民生活費、醫藥費、運費及醫師與護士待遇，其中最後一項為各山林管理所各有醫師、護士一名，而各林場則無之，故昨日在嘉羅山時曾聞之該地職員云，其醫師、護士乃由林場福利會開支，且醫師月只八百元而護士月只四百元，曾引為可疑之點，因在余之記憶中似各單位皆有醫護人員由美援開支，洎再查分配預算始得其真相，則該林場之另籌經費，固其宜也。在太平山林場所查五八年度帳因只榮民生活費與醫藥費有實際支出，故甚為單純，歷時不過一小時即行告竣。在太平山林場與其場長沈家銘再度談話，余提醒其注意嘉羅山運輸無車之困難，彼云已充分注意，且標雇商車又限於政府所定底價，無人肯來，則所言與前日在嘉羅山所聞者又有有差別矣。

旅行

午後由羅東先到礁溪樂園旅社休息，至四時半上柴油特快車，於六時二十四分到達台北，車行極速而且平穩，殊為不可多得，較之縱貫線上之柴油特快車為尤佳。

4月19日　星期六　晴日環蝕

置產

上週接洽未獲結果之羅斯福路二段房屋申請土地房屋登記面積不符事，今晨再到土地銀行公產代管部訪會計課登記股長陳鍾杰，彼偕余到其副理錢君處面洽，當即分別囑房地產股與測量隊經辦人持卷前來回話，經查明係因測量隊分割後（去年四月間之事）未經地政事務所錄簿，錢君立囑經辦之人於下週一、二與地政事務所接洽記錄，陳君又囑其經辦房屋之王國榮君辦理補登房屋手續（原只登記十一坪，余承購十六坪，其差數即為另一間未辦保存登記者），並相約於下星期四往取登記原件以便到地政事務所續辦云。

集會

下午，到重慶南路參加黨團小組奉令召集之第一次時事座談會，題目臨時提出，計有新外匯辦法利弊，選舉弊端，以及當前各種不正常現象之所見，均經討論後記錄整理陳報，會中組長趙雪峰報告自立、監兩院有若干不秉承中央黨部意旨行事之現象發生後，中央黨部又將發動一種對民意代表重新登記之舉措，聞在登記時須具結說明絕對遵照中央意旨云云，此舉之實效恐將適得其反，蓋已將民主集中制棄之腦後，且藐視民意代表黨員之有思想能力，結果更將黨員對黨之向心力拋卻矣。

4月20日　星期日　晴

職務

全日為整理有關光復大陸設計研究委員會之山東重

建方案資料而忙碌，上午核閱由光復委會借來之匪情資料，計有對於四十六年度共匪財政預算決算之分析及共匪財政統計兩冊，前者提供較近之數字，然甚籠統，後者提出其若干財政制度方面之數字，為向來所未見，尤其稅制與財政機關之組織方面，皆有簡單之輪廓，惜乎余所欲知之中央財政與地方財政如何劃分，竟不可得，其中只有一項統計，表示農業稅與工商稅皆為中央收入，而市可以附加收入，雖未提出在省縣為如何，然由此亦可略窺其中消息；下午到中央圖書館參閱財政年鑑初編，所載皆抗戰以前地方平靖時期之數字，較為完整，雖已為二十年前事，然過去規模固由此中覘之也，晚間閱兩週前由成雲璈兄處借來之財政年鑑續編與三編，前者所輯為抗戰中之財政情況，後者所載為勝利復員前後之資料，在假想抗戰勝利與反攻復國二者有相似處之前提下，對若干要點加以摘錄，尤其有關金融者為多，此則抗戰後最值得回溯者也。

師友

上午，汪焦桐兄來訪，談上週託為宋志先兄之世兄託人介紹於海軍總醫院院長事已經照辦。

4 月 21 日　星期一　晴

職務

上午，從事整理退除役官兵各林業計劃之全般收支情形的核對，以明林產管理局所收之款數與美援會之 CEA 目前結數是否相符，其有差數者則加以註明，以備與美援會會計處相核對，凡有原因者則加以註釋。

去年與今年所查之 George Fry and Associates 經費，今年作 Follow-up 時在報告中認為須將超出規定之洋人 Quarters Allowance 累計為十五萬餘元繳回，報告尚未發出，Johnson 與 Gould 為留轉寰餘地，先函美援會轉輔導會詢問究竟，以便據以開後門予以核銷，藉符新署長 Haroldson 不輕易剔除款項之方針，現回信已到，謂 Quarters Allowance 超支原因為美籍顧問來台比約定者頻繁，房屋修理搬遷費用因而大增，於此 Gould 乃查詢修理費之內容及數目，余於下午將一九五六年度數核帳查出，一九五七年度則科目不同，須另為分析，下午乃從帳上統計修理費之支出數目。

集會

晚，舉行小組會議，辦理去年度黨籍總檢查，余將國民大會黨團所給分數證明交組彙算。

娛樂

晚，到植物園看退除役官兵輔導會晚會，陳麒麟、婉莉、李翠紅等合演穆桂英，平平。

4月22日　星期二　晴

職務

上午，到安全分署會計處將昨日所作之 George Fry and Associates 之修理費數目及全部 Quarters Allowance 之內容送交劉允中主任，並將全期實支總數與依照規定應支之限額加以比較，請其與 Gould 加以研究，及余回至輔導會辦公室後，劉氏又來電話，謂與 Gould 商談，渠尚須明瞭修理費內帶有 Capital Expenditure 性質者有若干數目，此須由帳內查閱帳目傳票單據加以分析，囑余粗略為之。下午同胡家爵君到林產管理局訪陶玉田局長，談此次查核退除役官兵計劃中之北、中、高三山林管理所與太平山林場之一般情形與所發覺之問題，歷一小時始辭出，陶局長對事似極切實，見解亦非對於事實隔膜者所可比擬，惜乎其下層多只注意其表面文章，甚少面臨困難問題持以負責之態度謀求解決者，陶局長對於退除役官兵之貢獻，不表重視，只謂只發生一種良好作用，即由於彼等入山，盜伐森林者望而卻步云。

集會

晚，到經濟部參加經濟座談會，范鶴言報告新外匯貿易改進方案之觀感，認為大醇小疵，但亦有不切實際者，報告畢發言持異見者甚多，尤其羅敦偉對於新辦法之表現認為一無是處，博得好評。

4月23日　星期三　晴

職務

全日用於分析 George Fry and Associates 美籍顧問在一九五六與1957 年度內所支 Quarters Allowance 內修理費（Repairs and Maintenance）之具體內容，今日先由一九五七年度做起，此年度內之會計科目乃照 SOP 之技術協助經費分類辦法所定，全部 Quarters Allowance 全般支用皆在一科目內，故欲知 Repairs and Maintenance 之數目，須由帳內摘要覘之，而欲知其中含有 Capital Expenditure 之性質者又為若干，則非查閱傳票及其發票與請購單等件不可矣，計在 1957 年度支用七萬餘元，今日已以全部時間分析完畢，係區分為新建、換新、整舊等三項內容，其中以換新者為最多，純修理與純新建者共只三分之一而已。惟一九五六年度為數各若干則尚須待明日作進一步之分析，此年度因在開始階段，其會計科目又將修理單列一項，總數十八萬餘元，故在分析時費時或將較少，而內容性質之判明反為重要云。

家事

自台灣發現小兒痲痺症後，多希望能有血清注射，安全分署醫務室發起登記統計數量後，將直接向美國購買疫苗，余乃將其通告所附之申請書填送該室，申請者為紹彭一人。

4月24日　星期四　晴

職務

繼續進一步從事對於 George Fry and Associates 之 Quarters Allowance 中的 Repairs and Maintenance 內容加以進一步的分析，計將所查兩年度之全部支出分類為水塔幫浦修建，器具購置（少數，因大數另有器具科目處理，早已不認為支出以資產抵充現金，易言之，即認為全部價值尚屬存在，不在計算該項 Quarters Allowance Limitations 之列），地毯購買，電器電線按裝，紗窗紗門換新，地板天花板換新，熱水爐換新，盥洗室修建與換新，門鎖購裝，以及純消耗之修理等項，總數與帳列相符，以上各項數目雖甚具體，然甚少有增加資產之價值者，即有之，亦因不能由住房內拆回而化為烏有，如水塔一項最似新建，然未有於洋人回國後拆回者，亦即毫無價值可言也。統計完畢後即到分署會計處面交劉允中主任，但據云在分析表中除各項數目之屬性單純者可以循名知實外，其他則不能全知者尚有修理費與其他費用二者，前者二十六萬餘，茲已分析清楚，後者十六萬餘，劉君亦囑加以分析以明內容云。

瑣記

到國民大會秘書處取來所定買之分期付款電鐘，即日開始使用。

4月25日　星期五　晴

職務

從事分析 George Fry & Associates 之經費支出，目的在明瞭余所作粗略統計中所謂其他費用十六萬元究何所指，此在一九五六年中較易，蓋該年度帳內分有子目，余按其他支出之子目就帳上所記摘要加以分析足矣，而一九五七年度則全部為一科目，非將全部加以分析，不能知之，由於傳票摘要之不能包羅無遺，今日在審核中乃發覺其他支出十六萬中不屬於其他有形科目者不過七萬餘元，其餘九萬餘元則關於按裝電話，支用水電費，及美人到台時之臨時住所等項。在今日重新核對時，發覺昨日所統計之房租總數七十餘萬元尚有漏列者三萬餘元，余因恐滋混淆，故不復加以更正，而將此數列入其他支出中最後仍不能將屬性一一列舉之費用內。又余所作之初步統計，其中之水電一項為便利計只列入一九五六年度帳內，而實際上一九五七年所支亦復不少，而為方便計則已包括於其他支出之中，於是乃進一步加以劃分，得一更精確之分析表，於下午到安全分署送劉允中主任核閱。據云 Gould 與 Johnson 兩人已先決定將超此限度之 Quarters Allowance 支出予以豁免，理由為契約為時較短，而耗費不免增加云。

4月26日　星期六　晴

置產

羅斯福路二段八巷四號房地前因地積與房屋建積不符，台北市地政事務所將申請移轉登記之書件退回，上週即送土地銀行公產代管部更正，當約定於星期四前往取件，今晨往洽，尚未全妥，經辦之會計課登記股王君乃向關係部分查問，將原件找出，其更正之事項為：（1）房屋之建積加大，由該部加備囑託登記書一份附簡圖請地政事務所改正登記，（2）建物公畝數已折算補填，（3）原所有權人辻辰次誤為過辰次，加一附籤更正；王君將此項等加以改正後，即囑余再至四樓測量隊訪酆君，經查分割處分手續已於二十五日完成，地政事務所業已接洽云；余乃持原聲請文件再度至市政府，先經地政科地籍股將已改各項加以核對，加簽核訖之證號，然後再至地政事務所收件處，將前次換回之收據檢交余再度收執，並謂四天後再往探問消息。今日在地籍股核對各項時，辦事人曾囑余將移轉土地之法定價值填明，但彼所指者為移轉成交價，及余填入，始發現有誤，若在普通情形勢又須改正並到代管部蓋章，詎知此人立即加以改正，並在已有之改正處加章眉端再加「改若干字」字樣，即輕描淡寫帶過，真神來之筆也。

娛樂

晚到植物園看文華樂社彩排，跑城、教子、登殿，尚佳，末為金牡丹武戲搖錢樹，刀馬旦武功尚好。

4月27日　星期日　晴

寫作

全日用於寫作「山東省重建方案」財政部分，此項方案之財政部分本列出細目為田賦、糧食、地方稅務、貿易、金融等項，當時推定負起草之責者余只為金融一項，但因貿易與稅務二者之起草人不在，故一併歸入名下，至於糧食則由鄭雍若君起草，彼似能繳卷，故余只在財政內之田賦一項略作文筆，今日已將田賦及稅務與貿易等項寫好，主要參考資料為財政年鑑一、二、三編，中華民國憲法，財政收支劃分法，宋志先兄抄示之資源委員會山東特產與農產統計數字等項，余之寫作準備工作為詳細參閱各書刊內已有之數字資料而加以貫通，以期有引用時不必東翻西檢，只就記憶之印象即可知其大概，惜乎各項資料可用者絕少，而匪區內之各項稅務實情則不能得知耳。日昨王立哉委員寄來光復大陸委員會住台中委員從事山東重建方案研究者所作重建山東財政之意見，文字甚多，但經詳細核閱，發覺解釋意見及敘述國家地方劃分之一般原則者占去不少篇幅，針對山東情形列出具體意見或數字之處則竟完全無之，可見資料欠缺不能引用，以及用論說體裁發揮空論，恐將為此次各部分設計所不能免之通病矣。

4 月 28 日　星期一　晴

職務

上午，續上週未完工作，將 RETSER Forestry 之查帳報告寫完，今日所寫為 Project Fund Status 一段，共五個 CEA，雖實際上林管局接到美援會之援款與美援會所記相同，而列數時則有出入，CEA 6065 與760.65 在林管局帳上前者多二百元，而後者少二百元，因二者皆為一九五六年度款，故二者綜合觀察認為相符，7052 與 7091 兩 CEA 則均有在四月間繳還之款，而 CEA 尚未修正，故數目不同，因其不同非屬實質，乃在查帳報告上寫明此二個 CEA 之修正工作正在美援會處理之中，以免前後不能照應之弊。寫好後將以前所寫之 Accounting System 一節及胡家爵君所寫 Project Implementation 一節加以核閱，作為定稿，並將全部 working paper 加以排列裝訂。此報告之特點為 Satisfactory，而全無 Recommendations。

集會

晚，出席區黨部委員會議，討論新黨員案兩起，此外即為劉壽朋常委報告其近來被請擔任省黨部設計委員會召集人及應聘兼任國史館職務，以致區黨部事務多有荒蕪，又報告市黨部主委即將往台中擔任交通處主任秘書，何人繼任尚不之知，區黨部改選工作又將遲緩數月云。

4 月 29 日　星期二　晴

職務

今日以日昨所寫之 RETSER Forestry 查帳報告草稿與胡家爵君交換意見，渠意有兩項最宜補敘，余即照辦，其一為一九五七年度造林採脂計劃用款四百餘萬元，在一九五七年底屆滿 Deadline 時尚有未支數二百九十餘萬元繳回美援會，而實際上則款已支用，故於一九五八年度請准追列此數，目前為舊款已由林管局墊繳而新款則尚未發出，故余雖在查核各支用單未支帳時已將此部分支用情形一併查過，因慮及無的放矢，故在報告中未有提及，胡君意為提及一筆，即可避免將來續查，而此次之報告結論亦較為周延，其二為林管局對於林業兩度援款計劃皆有與援款為數相似之自備配合經費，第一度已有決算，第二度者則與松脂計劃援款相配合，若干款項尚未轉請，故一時尚無確數，余乃將第一度之數照實寫入報告，而將第二度之預算數寫入，並說明待至六月底可有決算數字云。

寫作

晚續寫山東重建方案之金融部分，此為財政部分內之一部分，因余於情形較熟，故未加若何參考，即就體認所及，秉筆直書，三小時而竟，約二千字。

4 月 30 日　星期三　晴

職務

到公路局東西橫貫公路工程處查帳，今日所查為東西橫貫公路測量經費之 Follow-up Audit，按此項經費係去年受池魚之殃，由余與胡家爵君二人查後報告本已寫就，而在同時辦理之建築費查帳報告則因會計長 Baranson 與經手寫報告之 Johnson 不睦而一併另行派人查核，結果查帳報告由胡君與徐正渭、黃鼎丞二人合寫，事已近年，現在又須查核該報告之建議事項執行情形如何矣，今日之 Follow-up Audit 得悉公路局對一切剔除款全數繳還，而出於意外者則另有輔導會轉來三萬餘元之新開支，係輔導會組織一農業資源複勘團，在撥款時以單據抵現由公路局列帳者，可謂驢頭不對馬嘴矣，除已經設法查詢此事有無公事之根據外，當先將其單據內容加以審核，發現內容凌亂，次序亦多顛倒，費時良久，始獲悉單據缺少一萬餘元，當交會計人員與該會再行核對。

集會

晚，出席革命實踐研究院小組會議，由劉愷鍾報告行政改革委員會之工作狀況及對於改善行政體制之擬議工作，王一臨報告黨營事業之現狀，並提出其優劣各點，建議改善意見，報告後對於劉君一題目頗有討論，因時間所限，未能盡興。

5月1日　星期四　晴

職務

續到公路局查帳，今日開始另一 Follow-up audit，即 East-West Highway Construction，此一 project 本亦為去年春季由余與胡家爵君同 Johnson 查過，後因 Johnson 與 Baranson 鬧意見而派人另行查核者，當時查過為一九五六年度及五六轉五七年度之用款，當時查至去年六月底。余首先應明瞭者為查帳報告中之六月底數與帳列者是否相符，知其相符後始能確定尚有若干數額為應繼續查核者，此一工作由原來賈君（製票與製表者）與余一同核對，至晚尚未能將所發現之差額完全釋明，但由大致觀察，知六月底以後並無甚多之支出，故此項 Follow-up 之內容當以注意前次 Recommendations 之已否執行為首要，而繼續查帳至結案時止則並不重要也。今日浪費甚多之時間於解釋該處所製費用總表何以不等於各單位來表之總和，記帳人員云係由於各單位有誤將政府經費作為相對基金之情形，比及發覺又須沖帳，沖帳由總處為之，乃發生差額，其實各單位之帳上餘額應屬事實，表列者則多須更改，此種情形即證明該處所屬單位之會計人員不夠健全，增加帳目之繁瑣，而又加多稽核之困難也。

5月2日　星期五　晴

職務

在公路局東西橫貫公路工程總處查帳竟日，今日所查之內容如下：（1）一九五六年度橫貫公路修建經費包括 CEA No. 6088 及轉五七年繼續使用之 76088 截至去年六月末之經費，均已在去年查帳時由黃、徐二君查過，但查帳報告之查過數額與六月底帳面餘額並不相符，除其中一部分由於各支用工程單位表報列數不確已經沖正外，尚差二萬餘元，余為找出差額發生之由來，首先將總處及各工程處之列數逐一與表列者相對照，結果發現其差額在兩個單位內，一個多列，一個少列，相抵後適為此差額，知此範圍後乃囑該處主計室費君再行按該兩單位之科目核對，至晚賈君告余已找出，其一為（1）帳在七月間繳還，但六月底已列入查帳報告，另一為九月末之開支二萬餘元，不知何以為查帳報告所漏，實際所採乃五月數字云；（2）由以上確定之六月底支用數為基本，進一步查核總處帳及傳票之繼續支用或收回數，大體上多為沖帳，無何重要支出；（3）核對查帳報告剔除數是否一一收回，經查明已經一一收回，只有一筆榮工總處之管理費尚在爭論中，懸而未決。上午，參預 Gould 召集之榮工總處用費查帳報告討論。

交際

晚，公路局主計處張沛然處長在美而廉請吃飯，在座尚有胡家爵及該處邱副主任與王課長。

5 月 3 日　星期六　晴

置產

羅斯福路房屋登記事，今日復至市政府內地政事務所查詢，收發人又將原件交余，收據取回，原件之封面上又寫「不備」，原因為土地銀行分割登記尚未辦好，經先後與第四股郭君及地籍股許君談話結果，知問題在分割之手續，雖已由公產代管部之測量隊送至該所，但據云尚須送市府地政科核算地價，又須通知代管部繳納土地分割登記費，然後始能記入台帳，故至少尚須一兩星期始有結果，囑余收原件帶回等候一、二週再來，余問可否先將此件囑收發照收，遲亦無礙，余實無如許時間來辦手續也，許君初謂不可，後又願將原件代余保管，余乃委其代管，又不宜索取收條，經囑其將文件之號數寫一紙條交余備查云。

師友

上午，到教育部訪鄒湘喬氏，求寫條幅，經將三年來近作交余賞鑑，確有進步，尤其所臨聖教序，若干字極其神似。

娛樂（補昨）

晚與胡家爵君到三軍球場看產職業黨部文化康樂競賽決賽給獎典禮及晚會，多數節目為舞蹈歌唱，然較出色者只有郵政之口琴合奏，公路黨部之春雨舞（全用足尖但為中國情調），及吳寶瑜與關文蔚之平劇清唱等。

5月4日　星期日　晴

閱讀

為交給楊揚君撰寫山東重建方案總說一段，根據會議決議須將本縣重要概況寫寄，上午到中央圖書館查閱影印山東通志，其中形勝、物產、風俗等等均屬抽象之論，惟所載明清兩代進士，為昔所未及前知，摘記於下：明代五人：王頤、解延年、孫祿、郝潔、郝晉，清代二十人：李唐裔、孫鏡、衣璟如、牟國須、牟國玠、牟國瓏、牟恆、李日更、牟慇、林嶸、牟曰笏、牟曰篈、牟貞相、牟昌裕、郝懿行、欒堅、牟雯、姜桐岡、馬桂芳、李應壽。又金石志，所載碑石皆金元物，金有建廟學記、修廟學碑，元有金山寺碑、伏曦廟碑、長春真人道行碑、奉議大夫慕信碑、尊經閣碑、勇略將軍牟全墓碑，此通志為光緒間纂修，計分為輿圖、通紀、疆域、職官、田賦、學校、典禮、兵防、河防、藝文、人物、烈女、什志等志，此書余本有之，喪失於大陸撤退云。

師友

下午，李德民君來訪，據談刻服務於基隆台灣殷格斯造船公司，在此公司未由台灣造船公司租用設備以前，本曾引起軒然大波，立法委員對經濟部提出嚴厲質詢，但終因契約已定，只得執行，經此將近一年來之實際體認，始知洋人來台無本生利，立委質詢完全中肯云。晚，蘇景泉兄來訪，閒談。

5月5日　星期一　晴

職務

今日開始查核橫貫公路工程總處帳目中之一九五七年援款部分，首先核閱其預算所定實況並加以摘錄，以供核對，然後將公路局由美援會收到援款之每次日期數目與支撥至各單位之總數加以摘要記錄，以供到各單位時對帳之用，核畢後即以該總處本身之支用為對象加以查核，並首先以其所編結束報告數字與帳列者相校對，發覺有一科目帳上所列比在表上所列者多二萬元，詢之各主辦人員亦皆深以為異，及後在帳上尋出係滾計有誤，始知錯誤所在，據該處人員表示係因去年底急於趕編結束報告，未及記帳即先編成，待後記帳完畢即未加核對，致有此誤云。與胡家爵君安排此次查核公路局東西橫貫公路工程帳目之程序，除上週與本週在其工程總處外，下週將赴四季工程處，再下週赴梨山工程處，回台在總處續查一週後，下月二日起赴合流工程處。

交際

本省籍新聞界國大代表劉竹舟因肝病逝世，今日上午開弔，余往致祭。

娛樂

高明一君贈票，晚赴三軍托兒所看李湘芬、張語凡合演鳳還巢，李作派甚穩，白口尤佳，嗓亦甜潤，美中不足為頭部有搖擺之病。

5月6日　星期二　晴

職務

今日繼續查核東西橫貫公路工程總處之帳目，全日用於查核材料帳目，此材料科目雖在該總處帳上期終無餘額，然其購買支配全在總處，且為總處撥款至分處方式之一，故不能不查，該處材料科目之明細帳為多欄式，按重要品名分欄，然在購買來源與分配至何單位則並不加分記，余為便利核對分處之料帳，乃另行自製分析表二張，一為購置表，分該局本身與退除役官兵輔導會代購之兩部分，另一為分配表，分成合流、梨山、四季及移轉至一九五八年度之四部分，此四部分均按品名分欄，然後兩表各相當欄相加，購買數與分配數適為相等，故總處帳上無餘額也，又此項材料之記帳，均按預定標準加入運什費之數，在材料帳內另設一明細子目曰「攤支運什費」，凡在攤支之時即在該帳記相反方面帳，以待實際支用時始記入借方之帳，如此在決算時有何差額再作處理云。下午到光復大陸設計研究會還書，去時只五點三刻，距下班時尚有一刻，然會內已闃無人煙，可見會內職員雖多，但皆尸位素餐云。

集會

晚到經濟部參加經濟座談會，係由周友端君報告其擔任外匯貿易審議會輸入審核組組長一月來之觀感云。

5月7日　星期三　晴

職務

續到公路局查帳，今日所查為材料科目之購買情形，及所附憑證是否完備，結果除汽油價款包括一元四角每公升之防衛捐與公路捐外，尚無其他不合之處，此項購料帳目雖筆數不多，然甚費時間，其原因如下：（1）定貨時率先付款八成，後又付給二成，在預付材料內記帳，發票亦即附後，及收料後憑驗收報告再行製轉帳傳票轉入材料科目，而預付款筆數繁多，亦無編號，欲知某筆材料係由何筆（大概皆不只一筆）轉來，只能由預付帳內之摘要漫無範圍的加以尋找，（2）進貨價格並非即為材料之最後價格，尚須包括公路局所定之分類百分比計算而得之攤支運雜費，此項數目如何加算，非看轉帳傳票不可，因而欲知此筆交易之完全經過，非將有關全部傳票寓目莫辦，（3）材料有為退除役官兵就業輔導會所代辦，則只憑該會所開付款通知辦理，原來購買情形無由得知，此點尚不及立即辦理，希望凡此案中輔導會供料皆已經過胡、徐二君之輔導會 Material Stock Fund Special Audit，即不須再與輔導會對帳矣。

交際

今日于右任氏八十大慶，籌備會柬邀在台北賓館酒會慶祝，余五時半往，已近尾聲矣。

5 月 8 日　星期四　晴 有陣雨

職務

續查一九五七年度東西橫貫公路援款帳總工程處部分，今日先將購料部分之第二類情形即由退除役官兵輔導會購買者逐筆查核，見所附單據只有輔導會之一紙通知，只得記入 working papers 凡有疑點者將與輔導會核對。繼將該處材料帳之一個子目「攤支運雜費」內容加以審核，此帳在照比例攤列時記入貸方（因帳簿為多欄式，每科目只有單欄金額，材料科目平時為借方餘額，故借記用藍字，貸記用紅字），實支時記入借方，現在所注意者為其借方實支情形，大部分為所屬儲運總所之報銷單據，照例先行記入預付料價帳，隨時轉入材料科目，轉列時並不一定照原付時之每筆總數為之，故核對甚費周章，尤其發現一筆列帳不附單據者，為恐其預付時已經附入，乃一一查預付傳票，由全部預付推算全部實付，以證明無單據者究為若干，結果始獲判定為何筆應補單據，經即與製票之賈君接洽，囑其補具，至晚尚無端倪。由於此等轉帳程序之多週折，故查帳時難免多耗卻若干時光，以致工作效率極其減退，今日所查之帳實際只有數筆，經前後翻檢對照，始知何帳由何帳而來，其演變由來與後果如何，全不是一目可以了然者，查此等帳，深有事倍功半之感也。

5月9日　星期五　晴有陣雨

職務

今日續查公路局橫貫公路一九五七年度撥款，今日所查為攤支運雜費之支出帳項，其收入帳項為根據百分比所估計，無可審核，實支數則多有複雜內容，故全部單據均加以查核，結果發覺有傳票後失落單據者，已囑經辦人員加以查詢，此帳查畢後續查固定資產科目，內分醫藥設備、交通設備、其他設備、家具設備等項，單據均逐一查核，亦有缺少單據者，通知查詢，此項固定資產之使用狀態為由胡家爵君查核，故不多詢問，惟於其中甚多由總處入帳而事實上歸各工程處使用者，在各工程處之財產帳內勢將分成數部分，據經辦人云，凡歸總處統籌核定購買者即歸總處記帳，乃有此項處理不一之情形云。

參觀

下午到中山堂與美而廉四樓參觀慶祝于右任八旬華誕書畫展，作品極多，佳作有于氏屏條，李向東行書，張維翰行書，中國女子書畫會百壽軸，譚元徵行書，賈景德楷書，王展如畫松，王高一山水，呂佛庭太白喬嶽圖，溥心畬行書（此軸為昔所不經見，逐一玩賞，無一敗筆，真有出神入化之妙）等，又有應景之作，如馬木軒、陳芷町等八人合作祝壽圖，吳詠香、陳雋甫合作海鷗添壽圖，王白谷、季康等八人合作上壽圖等，亦皆別有風趣。

5月10日　星期六　晴

集會

下午到光復大陸設計研究委員會出席山東省重建方案小組內財政分組會議，討論余所草擬之財政、金融、貿易三部分方案初稿，由王立哉氏主席，討論時除本分組委員五、六人外，尚有應邀參加之來賓計有前財政廳長趙季勳、石毓嵩，現在魯籍財政部同人于君等，主席致詞後余報告此項方案本係推定鄭邕若、張敬塘、余與王興西分別擔任地方稅務（鄭為田賦糧食尚未草成）、金融與貿易，後因王委員回南韓，張敬塘委員曾進行蒐集資料囑余彙寫，余乃為之總寫，待鄭委員部分加入即可彙成一個整體，在起草之時所能參考之資料只有財政年鑑初、二、三編，尹文敬山東財政年刊及有關匪區中央財政之刊物數本，同時看過數種外省所擬同類方案，皆感於不能觸及問題之具體面，只能為原則性的隔靴搔癢的敘述，今此次草案亦不能例外，故自以為甚不能滿意，希望今日來賓及各委員不吝賜教，就所認為不足之處加以補充，於是趙、于二來賓相繼發言，但亦無裨於實際問題，最後決定將此項草案印發各委員來賓，並請趙、石二來賓向山東來台同人中進一步蒐集有關資料，加以充實，然後散會。今日之會因余與王立哉氏皆為召集人，故係由二人出面通知者。

5月11日 星期日 晴

瑣記

連月事忙，晚間又極倦，故累積一個月之自由人三日刊於今日補看，其中有若干言論為此間所不見，然其所評之事實則為人所共知，例如批評出版法修正案提及立法院內有若干委員另有秉承，使一部分同情言論自由之言論不能在院內抬頭，又如自監察院提出俞鴻鈞內閣不推行該院糾彈案後，有數十名監察委員對黨部簽名效忠之舉，實為此間民意代表自覺尊嚴大受損害之事，而當局者不聽諍言，悍然行之，其結果更增加黨的離心力，而最高領袖不知也，此種瞞上欺下之行為，與該刊所載「戊戌談往」一長文內摘錄光緒帝變法一階段中所下上諭再三強調疏通上下之隔閡，甚至因不達下情不轉條陳而將數大臣革職，以古視今，則六十年來竟能無有若何進步，豈不大可駭怪？胡適之氏最近由美回台就任中央研究院院長，外間曾發行匿名小冊「胡適與國運」，警政當局認為違背出版法，予以取締，現在又在書肆以新面目出現，著作人與發行者均印在後頁，更有法律半月刊以一期載全書文字，而當局又聲言取締，實則更引起一般好奇，恐不及再閱，提早購買，余即如此買來一本，人謂此事有有力背景，觀此種擒縱之計，信然。

5月12日　星期一　晴

旅行

上午九時與胡家爵兄由台北乘火車東行，目的地為宜蘭之獨立山，原計劃為由宜蘭下車，此次申請安全分署所買車票亦為宜蘭，但因入山須在羅東申請發入山證，故在車上臨時補票，改在羅東下車，十一時到達，乃下車並就近先行預定本星期五之回程車票，是時有公路局東西橫貫公路四季工程處會計課長鄧先德君帶車前來迎接，同到羅東該處儲運所洽取預先辦理之入山證，然後再開至宜蘭在群英樓午飯，飯前途中並遇工程處處長蘇書田，因須於下午二時由宜蘭乘火車赴台北，故亦便道來接，午飯後余等與鄧課長乘車入山，所行路線仍為羅東，此線為由羅東至天送埤，現在公路局有車營運，自天送埤再上則為河灘運木材之卡車便道，亦即橫貫公路利用之以接運材料之路線，此線與林場之鐵道大致平行，至馬崙稍休息，此處有公路局之保養場，並小規模之接運倉庫，馬崙亦有火車站，由此分路循河灘更往，方向略變，即入獨立山，此地距土場為二公里，乃循濁水溪稍稍上游之地，橫貫公路距土場最近之處即為此處，只有工程處所建臨時房屋，飲食起居，均為共同生活，並建有招待所，供來客居住，此處海拔三百餘公尺，入夜甚為涼爽，日間亦無熱意。

5月13日　星期二　晴

職務

今日開始查核東西橫貫公路四季工程處之一九五七年度美援用款帳目，全日只查完材料之購買一項，其要點為：（1）購料原則上由總處辦理，工程處之當地購料只限緊急用途；（2）五千元以下者各單位自買，五千元以上者由會計課會同辦理；（3）此地自購材料最多者為鋁板，全係用於退除役官兵工棚建築，此款不在預算範圍以內，故皆尚懸記，一九五七年所買後皆移至五八年度，如何對帳，至今不知。因查核料帳發覺一極為困惑之問題，即四季工程處所記「相對基金援款」科目亦即由總處撥款之數額，係分現金與材料兩欄，所載發給該處之數額相符，而事實上相差六十餘萬，係一九五六年度帳內木料奉令轉至一九五七年帳，然則五六年之用款勢已繳還六十餘萬，而一九五七年度多奉撥六十餘萬，且立即作材料科目帳，故該處帳上如此記載，當屬合理，然何以總處不作為撥給材料，且該處材料帳之記載亦未經總處相核對，十分令人納悶，經再三與鄧科長及主辦之項君推敲，至晚未有結論，而余對此筆帳項之是否不致滋生實體上之誤帳，亦尚未有結論焉。通知人事管理員與會計課會同填人事費分析表。

5月14日　星期三　晴

職務

續查四季工程處一九五七年度帳目，今日全日用於工程費之查核。此工程費包括三個科目，一為材料，全由存料科目轉來，購買傳票已全看過，此項單純轉帳，不過與耗料報告相對照而已；二為人工，包括兩部分：一為零星工程之點工給資，為數不多，抽查單據相符，二為榮工總隊所領工程費本作為契約支出者，奉令轉入此科目，原因為該隊自公路局代管後已非對等契約關係，然已先在契約支出內支付現金，故亦不須核對；三為契約支出，多數為發包營造廠之工程，抽查均有發票及估驗單等。此三項相加為七百餘萬，然該處預算實支比較表上則列工程費為九百餘萬元，其差額經詢明由於包括項目不同，上述只包括三項，而預算帳內則每一工程分欄為材料、人工、契約支出、管理費、固定資產、其他支出等，後三者共為一百九十餘萬元，亦均攤入每一工程。（管理費完全為工程用之管理費，固定資產只有工具一部分，故此二項在其本科目內仍有餘額，而其餘額與根據總分類帳所列之試算表所生之差額即源於此項分攤之關係。此項固定資產列入工程成本部分有陷於支離之處，即在總帳科目內並未轉帳，仍為固定資產，而預算帳內則不經傳票補入，結果非經說明，甚難明其原委。）

5 月 15 日　星期四　晴

職務

續在獨立山查核橫貫公路四季工程處一九五七年度美援經費帳目，前兩天為材料費、工程費，今日所查其他各項支出，包括固定設備、管理費用，及各項攤入工程費之各種榮民支出，此項榮民支出乃以前與榮工處工程總隊訂約興工時期各該總隊曾扣下百分之十供用者，今則按工程費百分之七計算列支，實支若干則憑單據，然因在支出之時尚不能確知某一工程負擔若干，故係列一待分攤榮民管理費科目，待知應攤若干時，再由此待分攤科目沖出，轉至「其他支出」之正式科目，另在各個工程之預算帳內分別將此項管理費分扣數目記入，連同已列之工料數目而成為該工程之實際費用數，緣此處理之雙軌方式，故造出表報時，一部表報之工程費之項目只有工料二項，另一部表報之工程費則另加入管理費，前者將其差額以「其他支出」表示之，後者則將此差額照數分攤入工程費內，此項處理，自係因相對基金所定會計科目不能與預算科目一致，遂改用兩種方式，產生月報及預算比較表。因工作希望於明晨結束，而作歸計，故晚間加工，始將一九五七年度之帳目查完，其中管理費因為數不大而筆數繁多，故只抽查一個月的單據。

5月16日　星期五　晴

職務

上午，續查橫貫公路四季工程處帳，今日查一九五六年度之結束帳目，亦即對於去年其他稽核所查之部分作 Follow-up。此事本應甚簡，但因去年查帳報告內所採用之六月底數字與帳面有異，帳面數字與上週在橫貫公路工程總處所見之六月底四季工程處月報又有異，費卻甚多時間始核明，查帳後又有支付帳項，四季工程處所存六月份月報底稿與公路局所存者差額適為七月間數筆帳目之和，斷定此項月報曾經改過，由此項差額之明悉始能知去年查帳報告列數與結束報告列數之差額究為若干，然後將實際發生之收支加以審核，知並無何重要帳項，此項 Follow-up 始告終結焉。

旅行

上午十時半由獨立山四季工程處乘該處車出發回宜蘭，十時三刻到馬崙該處儲運所，胡家爵君點查倉庫，十一時三刻續行，十二時三刻抵宜蘭，由工程處會計課長鄧先德君在會英樓招待午餐，飯後又至礁溪沐浴，於四時四十一分上柴油特快車回台北，六時二十四分到達。

集會

晚到教育部參加聯合國同志會演講會，台大教授張果為講「西德成功之關鍵」，歷二小時，大意認為有二大因素，一為工作切實之精神與風氣，二為政策之正確與一貫，甚有見地。

5 月 17 日　星期六　晴

集會

上午，到女師附小參加三年級和組家長會，此為每學期一次之集會，紹因在此班就讀，余已數次參加，今日到者不多，只二十餘人，由級任教師崔信芬女士主持，報告一般學生均屬良好，對於紹因之沉靜表示滿意。紹寧與紹彭之家長會均於下午舉行，余未前往，由德芳前往參加。

參觀

過新聞大樓參觀海軍四尉官聯合畫展，孫瑛展出水彩，尚好，馮鍾睿為油畫，全無畫題，只以 ABCD……標之，曲本樂油畫作風甚特殊，不易了解，胡奇中作品最引人注意，油畫中之「警戒」，畫兩貓背影伸長頸軀，耳豎似有所聞，又一幅「祈禱」，畫一幼女合掌仰望，精神充滿無窮之渴望，最是佳品，軍人有此，可為贊嘆。

交際

晚到國際學舍參加國大代表同人熊國清之子結婚典禮，因熊君在財政部服務，故來賓以財政部者為多，計共三十桌，八時始散。

瑣記

上午到市府將繼續進行地政事務所所辦之房地移轉登記事，因經手之許君不在而罷。下午到國民大會秘書處接洽因配售衣料所選樣品缺貨之調換事宜，經決定換達克龍。晚到螢橋參觀區黨部所辦擴大晚會，因人眾太多，未過橋而折返。

5月18日　星期日　晴

選舉

政大校友會來函通知舉辦通信選舉理監事，並將章程修改，定名額為董事五十一人，監事二十一人，徵求同意，此項選舉票係印一參考名單三倍於名額，余在監事候選人列，經即圈寄，計理事圈上官業佑、石鍾琇、吳延環、李慶泉、周天固、姚朋、倪摶九、馬兆奎、張中寧、張金鑑、董成器、鄔繩武、劉耀文、謝持方、于懷忠、王鴻儒、王秀春、任維均、吳望伋、李先良、李耀西、周靈均、胡瀚、高登海、張子揚、張志智、陳開泗、陳長興、虞克裕、王慕曾、方青儒、朱建民、牟尚齋、吳春熙、汪茂慶、郝遇林、高應篤、張淑寶、楊樹家、葉尚志、趙葆全、王保身、尹樹生、朱如淦、侯銘恩、徐君佩、馬星野、彭令占、溫麟、葉叢新、蕭繼宗，監事為余井塘、李鴻音、陳岩松、趙蘭坪、劉大柏、田克明、谷正綱、郭福培、程天放、朱興良、陳大齊、劉振東、鄭天牧、魏壽永、郭學禮、王建金、何人豪、吳邦護、張道藩、賈宗復、劉哲民等。

娛樂

晚，同德芳到空軍新生社看戲，由大鵬劇團演出，除墊戲外，一為哈元章之宮門帶，尚佳，二為趙玉菁之得意緣，由朱冠英配演小生，惜乎只有教鏢而未演下山，配搭甚好，觀眾皆有不足過癮之感，大軸為孫元彬之拿高登，戲內只有孫元彬一人可看，武戲而壓場，如此殊嫌分量不夠也。

5月19日　星期一　晴

旅行

上午，八時半由安全分署乘自備車出發，赴橫貫公路西段查帳，同行者胡家爵君，於十二時到台中午飯，遂折而北行，過豐原、東勢東行，經天冷、谷關一帶至東西橫貫公路梨山工程處，此地為新建築之辦公房屋與宿舍，一在岩上，一在岩下，距谷關二公里，設備方面與四季工程處相似，其異點則前者有電，後者係自磨電，夜十一時即停，前者房屋緊湊，招待室即在宿舍一起，後者則招待所於稍遠之距離，余等到後即承招待於宿舍中之一間康樂室內，臨時布置，適為二人之用，會計課高列陶課長亦如四季工程處之鄧先德課長，接待甚為殷勤。

職務

下午四時起開始查帳，由一九五七年度用款之總帳看起，首先核對其決算表報與帳面餘額之異同，發現在工程總處所攜來之結束報告又經修改，由退除役官兵就業輔導委員會退回以前多算水泥運費一筆，經分別攤列於數個工程內降低原列之成本，乃造成收支總數之同量的降低，此情形為不可免，惟該處沖帳手續太繁，多餘之轉帳週折太多耳。

5月20日　星期二　雨

職務

續查梨山工程處一九五七年度援款帳，今日所查為自購材料之每筆超過一千元者，此項材料科目本為過渡性的，在決算之時均已轉入工程總價內，所餘者則記入次年度，收回現款，而無餘額，然構成工程費重要部分，其購買程序與憑證至為重要，故須為較周密之抽查。至於材料課之收發保管帳目則由胡君為之，今日余已將全部材料查完，較之在四季工程處時為迅速，其原因為今日查帳地點窄狹，會計課未能將全部傳票移來，乃派一同事沈君助余檢查，余將須查之傳票號數開出，沈君即行代余尋出，尤其在有預付料款之情形時，其傳票並未寫明係由何時何號付款轉來，亦非整筆沖回，設非其原經手人查對，第三者事倍功半之情形不堪想像，此問題在四季時甚費周章，在此則皆迎刃而解也。今日查帳所遇之問題不多，其一為汽油價內仍然含稅，據云已抄報總處彙向石油公司洽退，尚無結果，其二為總處撥發材料數應與該處材料帳內所列撥料數相同，然其中屬余由一九五六年度轉入此年度之部分，則總處未列本年度材料，亦未對該處作移撥手續，該處則作為現金由上年度買入，此項處理據云甚可能雙方材料帳上發生差額，但與實際則並無影響。

5 月 21 日　星期三　微雨

職務

續查梨山工程處一九五七年度援款帳，今日所查為管理費用與固定資產兩項。管理費在該年度之實支數超過帳列數遠甚，其中約半數轉至普通基金即中國政府配合款內列支，經查核文卷，工程總處訂有劃分標準，大致為在公路局本身員額內之人員均仍由公路局支給，在工程總處及工程處員額之人員，始由相對基金援款內支給，又有少數之與路工有直接關係員工則攤入工程費內列支，至於辦公費則為數不多，且曾經該局明文規定招待費等援款不准動支之款，須由普通基金負擔，故內容平妥，可以確知，且筆數繁多，金額寥寥，故只抽查一兩筆即為竣事。固定資產所置器具一批均為同時入帳，故半小時即已看完，惟關於處理方法問題曾與高列陶課長有詳盡之討論，彼初認為所採為政府會計之方式，雖會計制度內有一「固定資產」科目，然預算科目並無此數，故科目未用，所立固定資產帳乃一加記之官廳式之財產統制帳，及余看其總分類帳始知並不如此，而結束報告之固定資產一項亦由上項科目而來，而預算計算帳上則均按預算科目列出，上項固定資產則融會於工程費科目內矣，此法與四季工程處所採者固大同小異，彼謂完全不同，非事實也。

5月22日　星期四　雨

職務

全日在梨山工程處查核一九五七年度援款帳目，今日為最重要之部分，但因時間所限，只能為粗略之抽查，此部分亦即主要用款之工程費，包括耗料、人工、契約支出，及其他與工程有關之支出，此項工程費之耗料全由存料科目轉來，存料前已查過，故不必再查，人工與契約支出則為數甚多，但因情形尚屬單純，故只抽查傳票數張，所不能不注意者為其他支出，其中有不屬其他三科目之工程支出，有屬於應歸每個工程負擔之間接費用，而間接費用又往往由預付科目轉至待分攤科目再轉至其他支出（工程費大科目下），欲將來龍去脈以至傳票憑證詳細看過，斷非時間所能許可，乃擇現金支出傳票理應附有憑證者加以抽查數張，至於每個工程之名稱及已付款若干，則囑會計人員另行抄表一份以備查核矣。續查該處之一九五六年度與五六轉五七年度繼續使用兩部分自去年六月底查帳後之帳目方面有何變化及繼續收支款項，但因多屬材料轉帳及並無現金支用，加以查帳時間不夠，經先將去年六月底以後之變動增減數列表求出，並囑會計人員為余作一說明資料，該處帳面與總處代製表之餘額有差，待北返核對。

旅行

下午六時由谷關梨山工程處乘自備車出發，赴台中，陪行者有該處高列陶課長，晚住青年旅社。

5月23日　星期五　大雨

旅行

橫貫公路工程屬於梨山工程處者除幹線外，尚有一補給線由霧社至合歡埡口將於今夏完成，同出查帳之胡君須實地察看工程，余則帳務部分已告段落，乃亦與同行往游，並由該處高列陶科長陪同前往。上午九時由台中出發，經草屯、埔里而至霧社，為十一時半，由駐該地之曹副處長接待，此地距埡口四十二公里，但因昨夜大雨，五公里處有坍方，故車只前行五里即返，地甚高亢，俯瞰萬大水壩，成一碧湖，四周雲霧瀰漫，景色甚佳，聞再上行二十公里即為全省公路海拔最高處之南峰，三千二百公尺，冬日冰雪鎖途，惜不能前往，又日治時期之橫貫公路線上由霧社至廬山亦通車，此線只霧社前往八公里即可步行九百公尺而至溫泉，惜亦因雨而不能往矣。一時半下山，在獅子頭招呼站轉彎處突遇一電力公司運米車直衝而下，余等之車見該車時立即煞車偏左，該車同時亦偏左，但下為路側之小崖，急馳而滑下，側臥於下面五、六尺高之農田中，司機及所帶兩女客竟未受傷，余等亦在瞬間未遭生命之危，亦云不幸中之大幸矣。五時返台中。

參觀

下午過北溝看故宮展覽第八期，書法無，畫以五代宋為最多，徽宗者多精品，銅器有毛公鼎等，瓷器宋多，清則套瓶甚奇，玉器多佳品，他則象牙塔、象牙球為奇。

5 月 24 日　星期六　晴

旅行

上午，由台中乘自備車北返，同行者有胡家爵君及署內出差臨時參加之卓君及公路局陸工程師等，路過後龍時買西瓜，此時屏東已無出產，應市者皆新竹以南之後龍，又在台中出發時曾買枕形小西瓜，據云為台中產，又買芒果，人云係嘉義產，不知確否，下午一時到台北。

閱讀

兩日來利用公出旅中及晚間餘暇讀「醒世姻緣」，於今日讀畢，此書為西周生著，胡適之考證為蒲松齡作，但亦有反對者，惟係淄川、章邱一帶人士所作則無問題。書中前半寫一頑劣子弟晁源無惡不作，率妾狩獵射死狐精，其後因姦淫被殺，轉世為狄希陳，所娶妻室薛素姐為該狐轉生，對狄百般虐待，殘酷離奇，出乎想像，而作者寫來絕不有虛構不自然之處，迨後晁源之弟修持有果，而正僧胡無翳在素姐以箭射狄希陳欲置死地時，前往救援，且素姐逐漸改移常性以至於死，而全書以終，其中穿插故事極多，描寫全用章邱土話，非習於此語之準確含義者，每不能領會，書中故事採用果報絲毫不爽之理，以證書名「醒世」之旨，似乎一片苦心，全書一百回，約八十萬言，極具價值。

師友

晚，隋洪林君來辭行，謂明日即啟程赴美留學，因出境申請余曾作保，特表謝意。

5月25日　星期日　晴有陣雨

參觀

下午，同德芳率紹因、紹彭到國立藝術館參觀葉醉白畫展，作者專畫馬，潑墨為之，境界天成，其書法臨魏碑似甚有功夫，但不能把握，故題畫之字有佳有不佳，然又有倩人為題者有于右任、鄭曼青等，則生色不少。又到國立科學館參觀聯教組織科學巡迴展覽「能及其變化」，及該館自行展覽之工礦交通及農林漁業等模型圖片等，因為時短暫，不及細觀，此科學館最近始落成，建築方式自成一格，樓梯為螺旋式，盤旋而登，極為別緻。

娛樂

晚，同德芳到國際戲院看電影「小鳥依人」（The Shiralee），由彼得芬治與童星丹娜等合演，描寫一女童父母仳離，隨父流浪，飽經艱辛，且為汽車而撞而險些喪命，但終於吉人天相，獲得治愈，於歡欣中劇終。此片極富人情味，童星之演技極為純熟而自然，故雖係一黑白片，而觀眾仍受極深之感動也。

體質

月來牙未有劇痛，然右邊下臼齒有一絕對不能用者，即食豆腐亦作痛疼，現在食物全恃左邊之牙，但因左邊曾拔去兩枚，亦不敷調遣，食物常不及細嚼即須下嚥焉。

5月26日　星期一　晴

職務

上午到安全分署，與劉允中主任略談兩週來查核東西橫貫公路帳目之經過，並詢以尚未往查之部分是否將延至下月再行辦理，據云因本年度旅費預算將次用罄，乃規定每人每月只許出差一次，原欲將太魯閣段帳務延期再查，因已經開始在先，又改定仍照原計劃進行，亦即下週仍可赴花蓮云。與胡家爵君編報兩週來出差旅費之清單，送之總務處。下午續到公路局東西橫貫公路工程總處查帳，暫尚未開始續查單據，今日只就半月來在四季、梨山兩工程處所發生帳目上之疑點與此間交換意見，並詢明其總分處間不能對照之撥款帳目係何因素。

師友

晚，孫福海君來談，忽接景美代書通知，明日上午九時半將分割測丈以前共同購買陳忠義之放領地，孫君云自數月前醵資託代書交涉縣府提前繳價，前已用陳忠義名義將地價繳清，但過戶遲遲未能辦妥原因為：（1）改變地目甚不易核准，其實當時提前繳價之原因為轉讓用於建築，何竟不許變更地目，殊為不通；（2）查過景美都市計劃該地為學校預定地，政府不許買賣，不許建築，但何以在申請提前繳價時不按都市計劃之規定予以駁回，而以改為建築用途為目的允許提前繳價，亦不可能云，明日之事余託孫君轉達吳崇泉兄請其一行。

5 月 27 日　星期二　晴有陣雨

職務

續到公路局東西橫貫公路工程處查帳，今日所查為榮民安置費，而實際內容則為醫藥費，此項安置費在通常情形下為最初工作階段之生活費裝備費等，現在該項公路尚無新參加者，自然情形不同矣。數月前所查榮民臨時醫療計劃中，曾有埔里榮民第二療養大隊四月份重支特別營養費三萬餘元，更在查帳報告中剔除，整理帳目之退除役官兵輔導會會計處經辦人周煥廷根據傳票檢查，認為並未重支，余亦納悶，當就會計處理情形憶及當時查帳程序，為根據該處所整理之分科目分月份單位明細表所列者逐月查核，因該處之總分類帳只分科目，往往一筆帳內包括數個單位與月份乃至數個科目，依據總分類帳及傳票無法下手也，此項代用明細分類帳之明細表及其分析彙總之工作表上，曾將該項單據七萬餘元之下半冊另作一冊列支，而該表又完全以人為之方式使其與總帳相符，今日加以核對，始知在局部為重列，在全部則否，帳有誤也，當囑聲復後予以變通，然輔導會此種生吞活剝之會計程序固可一不可再也。

體質

晚在薛嘉祥牙醫處拔除右下第三臼齒，因破成兩半，久不能用，拔時略痛，然因快，兩月後裝新。

5月28日　星期三　晴

職務

續到公路局查東西橫貫公路一九五七年度美援款帳目，今日所查為其他支出科目，內中有兩子目為待分攤工程費與待分攤工程管理費，前者為該工程總處之榮民管理小組，其經費係分配於各工程處，因榮民均在各工程處工作也，後者為醫師一人之待遇，亦分攤於各工程處，此兩帳雖未結餘額，但憑證均在傳票後，各工程處只憑列帳通知單記帳，猶之乎總處代買材料並不自用，買時之憑證在總處，雖無餘額亦仍須加以查核也。其他支出科目尚有一「其他」子目，全為不屬於工程費與管理費之支出，經將全部傳票一一核對，尚屬相符。其他支出科目在總決算報告上列有項目，而在預算比較表上則否，此因預算科目中只有工程費管理費及工程準備費等三科目，最後一科目指為興工而作之固定性的設備而言，在總帳科目則用「固定資產」名之，然其範圍不能容納工程設備費及其他支出之全部，於是發生一項困難，即「其他支出」之餘額須分配於固定資產各科目之內，乃發生削足適履之現象，尚不若各工程處之攤付於各個工程之中（總處本身無工程），此問題乃會計制度與預算科目脫節及收支會計與營業會計混淆之結果。

體質

拔牙經過尚好，因右頰腫脹，在分署醫務室診斷服消炎片，晚並至牙醫處洗淨上藥。

5 月 29 日　星期四　晴

職務

全日在公路局東西橫貫公路工程總處查帳，今日查管理費，其中包括薪津、辦公費及醫藥費等，薪津一項只抽查其一項即六月份，但發覺薪俸只列支二十六人，而本月份實物代金則有九十二人，詢其原因，輾轉洽問，始終無人知之，亦云奇矣，津貼一項除將六月份數目加以抽查外，並注意內容性質，大約共分為職員定額津貼（比照公路局效率獎金），工友效率獎金，子女教育婚喪等補助費，及加班費等，並將其支給辦法要點錄下，辦公費中之文具紙張，印刷消耗等均無特殊支出，只有什費中支出汽油公路捐與防衛捐為美援款所不許者，當經一一記下，準備剔除，醫藥費則只有一筆，即去年二月太魯閣大地震受損員工之醫藥支出，僅數百元而已，至此全部一九五七年度之總處帳目即為已經查完，雖若干支出只為抽查，然相信可以代表其全般內容也。

交際

晚，東西橫貫公路主計主任張沛然在梅龍鎮請吃飯，在座除余與胡家爵兄外，尚有退除役官兵就業輔導委員會王紹堉主計處長及其副處長，東西橫貫公路工程總處機料組組長方君，主計室副主任邱傳祥君及會計課長王君與主任課員賈清君。

體質

左頰腫未消，續服完消炎片連昨共 12 片。

5月30日　星期五　晴晚陣雨

師友

上午到省立第二女中訪王德垕教務主任，介紹徐正渭君之女公子曼雲下學期到該校任教，因徐小姐係今夏在師範大學畢業，須擔任教職，王君云增班事在七月間可以決定，彼當極力設法，余因見王君極為誠懇，當請只在可能範圍內為之，不必過分勉強。晚到廈門街訪徐正渭君，將以上接洽經過相告。下午，宋志先兄來訪，約一同到比鄰訪汪焦桐兄為其公子擔任在海軍總醫院服務之保證。

集會

晚，到廈門街第七區黨部出席委員會議，討論例案兩起，一起為區黨部經費虧空如何捐募補充事，又常委劉壽朋氏報告兩月內有改選可能，彼本人須至省黨部及國史館供職，不接受提名，但希其餘各委員均能蟬聯，但在座無人同意，余亦表示出差太多，不願再行參加。於是進而討論如何運用提名及簽署，使過去內部派系糾紛不再重演，實際只交換意見，並未獲致結論。此案為當前區黨部最費周章之案，因過去派系中人物在將來選舉中勢不能得到上級提名，但規定可以按當選名額簽署候選，屆時競爭必烈，好人多恥與為伍，將來難免又落入彼等之手云。繼開基層幹部選拔會議，就已送資料全部通過。

5 月 31 日　星期六　晴曇

閱讀

看方丁平作「寒梅曲」下冊，寫女主角姜寒碧之風塵興衰，穿插以若干電影戲劇界中人物之醜惡行徑，多用真名實姓，而姜寒碧究指何人，則煞費推敲也。此冊之特點在性慾描寫更多，而頭緒甚雜，惟結尾以姜與李青光之落魄，從二人事中寫出此一時代之女性病態人生觀，略有份量，至於全書只主角能前後照顧，陪角多數只曇花一現，結尾省略，漏洞極多也。要言之，此等作品之特點在其暴露性，其書中人物雖有若干種類，有真名實姓者，有影射真人物而用假姓名者，或亦有完全穿插，出於作者之虛構者，然其存在於此一動亂之時代，則屬毫無疑義之事，故此等作品雖不能不隨時間之演進而被人遺忘，然其足以代表一個時代之泡沫，五彩變幻，則無可置疑也。

娛樂

晚，同德芳率紹寧、紹彭到台灣戲院看電影，片為日本出品「海誓山盟」，描寫一段姻緣經過若干波折而終於圓滿達成，片之特點為彩色鮮明，男主角演技不失之於誇張，故事亦入情入理，缺點為兩個女主角之造型均甚平庸，演技方面則賣弄小動作，面部表情失之於誇張，未能不瘟不火，故此等影片雖已到水平以上，然比之日本出品古裝片「地獄門」或與西方合作片如「蝴蝶夫人」、「秋月茶室」，則不如遠甚。

6月1日　星期日　晴

閱讀

讀五月份學生英語文摘，D. Sarnoff: "Knowledge and Wisdom"，中有句云："I distinguish between knowledge and wisdom. They are two different things. I believe that knowledge is not necessarily a guarantee of wisdom. Some people who have very little knowledge have a great deal of wisdom, and some people who have a very great deal of knowledge have very little wisdom. That doesn't mean that knowledge is unimportant, or that wisdom would not be helped by knowledge, but wisdom is the combination of experience with life, the attitude of man towards man; it is human understanding; it is character; it is a combination of many things. To know how another person is going to react to a given situation is a product of wisdom, not of knowledge. We have retrogressed in wisdom in the last 2,500 years, although we have gone forward in knowledge......"，繼述蘇格拉底柏拉圖與亞利斯多德所放之光芒，緬懷不已，於以精神生活之今不如古，東方西方固無何差異也。

6月2日　星期一　晴有陣雨

旅行

上午八時十五分由台北飛機場搭乘復興航空公司小型客機赴花蓮，於上午九時到達，在卡來萬機場降落，由東西橫貫公路合流工程處會計課徐登仁課長及黃定三君來迎，當乘車進城，住博愛街一百四十號該處租用之招待所，為一日式木造房屋，精雅有加，庭園寬敞，花木扶疏，僅該處辦公在相距二十五公里之太魯閣，往返須費時耳。中午為時較短，該處在新城亦有招待所，並供午膳，距太魯閣五公里，亦即去年二月間前來查帳時寄住之所。

職務

上午同胡家爵兄到東西橫貫公路工程處訪胡美璜處長談工程及財務一般情形，胡處長特別提出一點，即工程預算攤支之間接費用係照該工程總處所定計算方式而得，但因工程進展至山內，補給隨路線之延長而逐漸昂貴，實支情形比諸預算之情形有逐漸放大距離之趨勢，照現況推測，將可有七、八百萬元之累積數，由於美援經費之確定最後限額為三億元（加政府配合款四千萬元），現在上級嚴責控制預算，結果將有無從挹注之苦焉。下午開始查帳，先核對總帳與明細帳及報表之餘額，繼即由「存料」科目看支出傳票，尚未見有何不符之處。

6月3日　星期二　晴有陣雨

職務

全日在合流工程處查帳，今日所查為存料科目，其中大部分材料為木料、水泥、鋼筋、炸藥，均由工程總處供給，其他材料則由工程處自購，故本科目對於前者須核對其與總處發料是否相符，對於後者則須檢查其購買程序與收料付款等手續，此部分已於上午完成。下午查核其中另一子目「攤支運雜費」，此科目有此子目，在總處係先假定一比例加入料價，記入此子目之貸方，支付時由此子目記入借方，其目的在轉出之料價得以穩定，且可以與實支比較，以覘運什費之實際情形，此間則並不先行攤支，而係於實支時列此科目，及期中再將餘額總轉入「其他支出」科目內一子目「待分攤工程費」，然後與其他間接費用分別轉入各個工程之內，與總處之因先行提高料價而不作為間接費者不同，故事實上徒然多此一道手續，無何意義，聞新年度已逕行記入待分攤科目，存料科目內不復有「攤支運什費」一子目矣。下午將此子目內之實支傳票滿一千元以上者一一查核傳票及憑證，一千元以下者則只看帳上摘要，此中列有築路用之資產性的機具車輛，則隨時告知胡家爵兄備核對財產記錄時參考。

交際

晚，合流工程處楊課長約余與胡家爵兄吃飯。

6月4日　星期三　大雨

職務

續在太魯閣合流工程處查帳，今日所查為各工程直接費用支出部分及各項預付款部分，並固定資產科目內各項支出，工程直接費用包括耗料、人工、契約支出，耗料全由存料轉來，購買程序均在存料帳內，故只抽查其所附之日送「工程耗料單」而已，人工包括付給榮民單位（總隊與隊為管理機關，分隊為工程及領款單位）及零星點工付給工務單位者，均抽查其估驗單，收據及點工單等，契約支出為對於橋涵隧道之發包工程，則抽查其契約與估驗單與收款發票，各項預付款部分在決算表上並無餘額，因其支付過程有無問題及結束時軋平方法由於移入次年度者為若干須加明白，故亦略加抽查，固定資產一科目為不屬於直接用於工程之建築購置等項，原預算在 PPA 上稱為 Preparatory work 者，內容甚簡，而事實上隱含於工程費或運什費內之財產性的支出亦復不少，胡家爵兄認為其決算表內未將此部分財產加以表明為一缺陷，當與徐登仁課長討論補救之道，囑於下年度在決算附表上列明工程間接費內之財產為若干，或彷彿政府會計作法將財產另列一表，不與正表在數目上對照。

交際

胡家爵兄之前港務局同事現在合流工程處之張工程師晚在寓約宴，共七、八人在座。

6月5日　星期四　晴曇

職務

下午，在合流工程處查核一九五六年度與一九五六轉移至五七年度繼續使用 CEA 6088 與 76088 自去年六月底查帳後至最後結束之支用情形，此期間亦如其他工程處只有材料轉帳並無實際支用，故不費若干時間，反之此處六月底報表餘額（在總處抄）本與查帳報告所列相同，不若其他兩處之尚有差額有待解釋，理應不須再加核對，孰知竟大謬不然，表列（查帳報告）之總餘額乃係抵除一筆無法解釋之二十餘萬之預付款貸方餘額而得，其各科目餘額無一與帳列者相符，合流工程處再三思索亦不知此二十餘萬元由何而來，但知此項六月底餘額應為七月底，此時帳面尚有一四十餘萬應由 76088 轉至 6088，如作為已經轉出，則帳面數之 76088 部分適與查帳報告相同，然 6088 則未轉入，故查帳報告（係將兩CEA 加成總數）之總餘額較之帳面者少列此一百四十餘萬，果係查帳報告漏列，必係當時總處將資料開給查帳人員者只列其一而遺其二，余乃將此數之原委解釋於工作表上以備再與總處核對。

游覽

上午，同胡家爵、徐登仁、楊經蘊入太魯閣，車行二公里，大雨後有坍方，步行再二公里至不動天王廟而返。

交際

晚，合流工程處胡美璜處長約宴於嘉賓樓。

6月6日　星期五　晴

職務

上午，到合流工程處續查一九五七年度援款帳目，今日所查為「其他支出」科目待分攤工程費及一般費用，又管理費用，均因限於時間，只將細數加以分析並抽查一部分單據，於十一時全部結束。

旅行

十一時到花蓮卡來萬機場乘十二時半之班機回台北，於一時一刻到達，當時送行者有合流工程處徐登仁課長、楊經蘊科長及黃定三君等。

瑣記

五天來在花蓮太魯閣之生活，深值回味，花蓮為一花園城市，所住合流工程處招待所環境又極幽靜，庭前蓮霧樹、木瓜樹，以及此刻未著花之山茶、杜鵑等等，均有引人入勝之妙，太魯閣內則雨後溪水大漲，吼聲驚人，懸崖上又添若干短暫之瀑布，使人為之神曠心怡，入夜四鄰無喧聲聒耳，睡眠極佳，雖神仙中人不過如此也。余昨晚與胡家爵兄在街頭閒步歸寓時，欲買木瓜，而胡君認為不必而罷，今晨渠未赴太魯閣，余一人前往，過街市時便中自買一籃，及中午到機場會面，知胡兄在城內無事時又往買兩籃，以一籃為代余辦，余知其大半為余也，深悔作上項判斷，顯見人情不夠，亟向胡兄解釋，然始終不無芥蒂，渠或認為余故意如此焉，人與人之相與，稍一疏忽即難免有不周到處，後當知戒也。

6月7日　星期六　晴

家事

上午，到中和鄉探望姑母，送日昨由花蓮買來之木瓜三枚，並商將衍訓戶籍設定於姑母家，將村鄰號數開來，適衍訓晚由基隆艦上來，即交其向官校辦理遷出手續。

集會

下午，到中山堂前信用合作大樓訪李洪嶽律師與吳崇泉兄，因昨晚接通知為景美共同買地其中一段為他人輾轉賣出，最近分割測丈，發覺余等三人應有地積共少去三十四坪，商量如何對策，據吳崇泉兄云，當時買地吳麟律師與余等三人共八百坪，餘由陳詠紘買去，吳、陳二人均已轉讓，現在餘留之余等三人六百坪已不足數，據接連余三人地之吳麟部分承受戶云，其所買不連道路，道路本公議除出，各人除道路外自不滿二百坪，如吳君賣出二百坪不連道路，自然侵入余等之地。余在大樓時因經手之孫福海君尚未到來，故面託吳、李二氏代為處理，初步辦法不妨通知陳、吳二人請其答復，觀其是否有一面之詞，以便作為進一步行動之根據云。下午到漢中街出席山東重建小組財政分組會議，由余主席，先將余所擬初稿「地方稅務」、「金融」、「貿易」三部分全文通過，並議決融會台中部分寫成「重建原則」，此間所寫作為「重建要項」，上項原則由余加以併寫云。

6月8日　星期日　晴

參觀

中央研究院明日為三十週年紀念，報載今日起開放展覽，今日下午乃赴南港舊莊里該院參觀，由南港公路局車站復前行數十步右轉，即為赴該院之專用柏油路，約步行二十分鐘到達，時已四時半，乃簽名入內，先看其歷史語言研究所之所藏器物展覽室，其中有安陽出土之殷商石刻、銅器、甲骨等，此部分最名貴，蓋因在年代上為中國最早之現存器物也，又有金石拓片與墨蹟，包括盂鼎、毛公鼎各奩，以及其他小型銅器，碑刻則有瑯琊台刻石之李斯篆並附釋文，此為石刻現存之最古者，又有乙瑛碑、爨寶子碑、圭峯碑、麓山寺碑等之全幅拓片，墨蹟所存不多，皆清人之作，有王懿榮致陳簠齋書論金石文字者，頗有意趣，又有宋司馬溫公神道碑、蘇東坡書之拓片，及西夏文與契丹文等文獻，亦均為昔所未見，此部分甫看完，時已五時，該院搖鈴下班，乃匆促更赴近代外交史研究室與民族學研究室走馬觀花，見有江寧條約與馬關條約等外交文件，又有若干文卷檔案，由此再至圖書館略一瀏覽而退出，該院門前為南港至山內煤炭礦台車必經之路，歸途乃乘台車，十餘分鐘即達，然後換乘公路局汽車回台北。

閱讀

選讀蔣夢麟作英文"*Tide from the West*"，讀最後一章論中國西北之途徑與抉擇，最為有見地。

6月9日　星期一　晴

職務

今日起繼續在退除役官兵就業輔導會辦公，先行從事整理東西橫貫公路查帳所得資料，有須加以計算者，則加以進一步之計算。今日首先處理者為一九五六年度經費之 Follow-up，其中有合流工程處用款部分所作之 work sheet 共八欄，當時限於時間，並未完全填明，今日乃加以計算補填，並推敲其中若干數字何以前次查帳報告所列及帳面所列有所出入，仍不能完全了然，只得改日再到該總處予以核對解釋矣。上午，到安全分署與劉允中主任談數週來查帳經過情形，渠告余以最應注意之點為報告愈簡愈好，設稍有繁瑣，即有被擱置之虞，又剔除數字在二萬五千元以下時外籍人員得考慮作罷，惟查帳人員仍須列舉出來以資保障自己云；劉氏又談 George Fry & Associates 之 Follow-up Report 其中所列若干尚未作到之處已經另函美援會轉向退除役官兵輔導會予以豁免，包括稅款及顧問 Quarters Allowance 之超額，與財產剩餘滅失之賠償，除財產滅失一項須加附證明外，其餘已成定案，經即查出原案，將據以重作此項 Follow-up 云。分署自本月起辦公時間改為七時半至十二時，一時一刻至四時三刻，余等為便利計，仍採輔導會時間云。

6月10日　星期二　晴

職務

從事整理一月來所查東西橫貫公路工程總處與三個工程處之查帳資料，並將尚須收集之資料開列以便向該總處再進一步的接洽，同時將各單位之剔除款加以統計，共計為二十二萬餘元，其中除極微細數為腳踏車牌照及飛機票之航空建設捐外，全為汽油稅，至於尚有兩筆未結帳之進口器材，則只能籠統的催其結帳，尚不能斷定有無剔除數也。

娛樂

晚與德芳率紹因紹彭到國都電影院看電影，片為「孤雛血淚」（All Mine to Give，廣告上亦譯名為 The Day They Gave Babies Away），由葛蓮妮瓊絲、卡馬倫密契爾、雷湯姆遜、蓓蒂瑪柯麥等主演，述一對赴美國投親未遇之夫婦，開闢草萊，撫育子女六人，不幸夫婦相繼去世，所遺最大之子女為男孩羅伯，年甫十二歲，遵其母遺言，將兩弟三妹分別分送至友人家撫養，此實為一最有思想最有果斷而又最能擔當之兒童，可愛之極，導演手法能不放鬆每一大的轉變，亦不馬虎每一小的點綴，均充分發揮充足之人情味，而絕不牽強，故事發展極平凡，然每一小節均能緊抓觀眾之心弦，動人處每使人熱淚盈框，而為此劇中之六小雛深深祝福也，彩色並佳，配樂亦深入淺出，甚少見如此完美之影片也。

6月11日　星期三　晴

職務

上午到公路局東西橫貫公路工程總處料理月來查帳未完成之工作，並將上星期在合流工程處所查須在此間總處予以核對之處加以核對，計所處理者有：（1）一九五六年度經費 follow-up 中總處部分自去年六月底查帳後之收支數的解釋，亦仿照前次在各單位所作之 work sheet，由「查帳報告列數」起分別列出「去年六月底帳面數」及今年一月間「結束報告」列數，求出其增減額而解釋其原因，以備作為查帳報告所下斷語之具體依據；（2）一九五七年度所查出之汽油稅剔除數總處部分，已由該處列出向石油公司申請退稅，乃以余所查出者與該處核對，結果只有一筆在辦公費內列支之少數者余未包括在內，其餘完全相符；（3）向該處索取以前所列之薪俸表及一九五六年度之結束報告等，惜均未辦就；（4）四季查帳最早，在查帳後又有一筆材料運費沖回，將來該總處須將此數改過再行製結束報告修正本，余未將四季數目獲知，今日持舊表將新數改加入內。下午在輔導會辦公繼續整理資料。輔導會辦公室內一月來堆藏雜品更多，今日下午始漸漸移去。

師友

下午，樓有鍾兄來訪，談六月下旬將繳還旅費二千元，望由共同存綸祥款對撥，余允屆時代還。

6月12日　星期四　晴

職務

春間所查陸根記營造廠承建彰化肺病醫院大樓工程因中止補償損失一案，當時對於退除役官兵輔導會允付金額內曾剔除五十餘萬元，該廠與輔導會來函希望只剔除三萬餘元，其餘數目則申述甚多理由，胡家爵君因近兩日無他事可為，昨日與該廠會計約定今日上午送帳據前來複核，至時以電話催促，又云不能前來，余認為此為輔導會事，應由該會再行通知其再來，胡君不允，主張逕至該廠複查，乃會同輔導會丁稽核前往，該廠明白表示此為輔導會事，拒絕受查，歸後胡君又急於寫報告，乃將經過寫出，謂只好繼續以前次查帳報告所列者堅持到底，寫好至分署請調查部分主管陶聲洋君核閱，認為如此不能解決問題，於是又回至輔導會重新調查文卷寫其中一部分，另一部分由余續寫。上午，公路局橫貫公路總處高列陶、賈清二君來送資料，並談五六年度因一部分退回木料稅列帳困難，尚未正式轉帳，希望早日解決，以免帳表兩歧，蓋此款已經在表上調整而各單位則正感無法記帳也。

寫作

為光復大陸委會寫山東重建方案財政部分內之說明與重建原則二部分，並將重建要項歸納余之地方稅務、金融及貿易與鄭希冉之田賦糧政、王克矯之公產而成第三部分，另參考台中分組意見，以準備事項成為第四部分，即寄王立哉氏提會。

師友

晚與德芳訪宋志先兄夫婦，不遇，留贈衣料一件。

6 月 13 日　星期五　晴

職務

上午，到署接洽瑣事，劉允中主任將已經修改數月現方打就待印之魚殖查帳報告交余，囑帶至退除役官兵就業輔導會交會計處長王紹堉，詢其有無意見，因謂現在新任署長郝樂遜作風改變，對查帳剔除事項十分慎重，動輒豁免，農復會派駐稽核幾因此無法再行入駐，美援會亦以此為由對於查帳結果不予重視，在昔查帳報告送一 copy 至該會即為執行之依據，現在非有郝樂遜核行之公函，彼等可以愛理不理，此事對於我國雖充分表現友善，然事情難做，即對於我國各機關之風氣亦將發生不良影響，言下甚為感嘆。此報告余交王紹堉處長看後，認為可以照辦，乃送回交劉主任與 Section Chief John Gould，二人如釋重負，另在報告加一段云 "Remarks: This report has been submitted to Mr. S. Y. Wang, Controller of VACRS. He considers the findings as factual. There was no objection to the recommendations." 寫成 Highway Survey 之複查帳務報告，並先與美援會會計處核對 CEA 數目，並探詢帳戶應由第一號轉第三號一節之情形，經悉本在第三號，前次徐、黃二人之查帳報告經二人認為誤列，而 CEA 數目則因餘款在繳解轉帳手續中，亦有差額存在，經囑再行調整，為報告中唯一建議。

6月14日　星期六　晴下午大雨

置產

上午到市政府地政科地籍股訪許君，詢關於羅斯福路二段八巷四號現住房屋承購後之申請過戶是否尚有其他未完成手續，緣兩次送聲請書於地政事務所，第一次退回由於土地銀行公產代管部尚未將複丈分割情形先行登記，待洽該部將手續補辦，又因該科之手續不能立即完成，承許君將余之聲請書代為保管（第二次退回後），允隨時注意，待詢明分割核算地價完成後即行代為送件續辦，如是者又往詢兩次，今日預料其必已有眉目，乃再度往詢，許君茲已交地政事務所核算登記費，一俟交費，即可等候發給書狀，當囑余至地政所查詢，不得要領，適許君亦至，經辦人謂未接到聲請書件，洎再三查詢，始在一經管之女職員櫃內查出，渠乃開具繳費單交余至市府左側台灣銀行派駐之公庫人員處照繳土地登記費與罰金（似係土地銀行代管部聲請分割之手續，已經設期故有罰鍰），余因共只三十餘元，亦不暇深究其內容，即如數照繳，返後據告兩星期後可來取書狀，余並至收發處將以前退件時繳回之收件收據取回，以便來取權狀時有所憑據云。

師友

樓有鍾兄來訪，余未遇，係送共同在綸祥所存款之利息，並將研究加建房屋事。

6 月 15 日　星期日　雨

師友

上午，樓有鍾兄來訪，據談日昨曾來訪，意欲託余介紹營造廠商為其設計在其尊翁所住省府宿舍內空地加蓋一臨時房屋，但因所住之房為省府所管，其尊翁現在行政院任參議，無法請其允許使用地基，故此事仍感無法進行，昨議自應作罷，聞安全分署現正籌劃為職員籌建房屋，或續在此案內加以解決云。下午，與德芳到和平東路九十六巷廿四弄九號訪紹彭之級任教師徐沫怡小姐，贈送衣料一件，僅遇其太夫人，略談即辭出。

集會

下午到內政部參加黨校同學茶話會，報告時事者有方青儒、馬星野、吳望伋、張金鑑、傅雲諸兄，涉及範圍甚廣，而最重要者為今後將如何自認其出處，蓋吾人皆三十年前之朋友，對黨及國家多少均有相當之建樹，現在以青年團為核心之黨內，基本視余等為化外，而又不能不注意自身之出處，最近將發出一種對黨效忠之志願書，類似重新登記，不參加者將必參加其他政團，或將無與黨保持連繫之機會，現所乘雖一破船，幸而不沉，當不致有淪亡之痛，如此則跳至他船，或未必倖免云，六時半始散。晚參加區分部小組會議，由余主席，僅報告公文數件，並將六、七兩月之黨費繳納，又捐區黨部經費每人三元。

6月16日　星期一　雨

職務

本週內之工作為完成一月餘以來所查橫貫公路所用援款情形之各個查帳報告，其中之一於上週完成，即公路測量經費之 Follow-up，其中有一特別情形，即 CEA 數額與援款 Release 之數額不相一致，蓋最初 CEA 及撥款數各為一百廿萬元，去年查帳時確定支出為九十六萬元，該報告及建議美援會將 CEA 修正為此數，並囑公路局繳還24 萬元，後又發生支出一萬五千餘元，繳還二十二萬餘元，而 CEA 仍為九十六萬元，實際上則實支數並不如此，故報告內又建議改照九十七萬餘元修改 CEA；今日之工作為核對一九五六與五六繼續使用建築費之Follow-up 數目，如各單位數與總數核明相符，復獲得最後之總支出數與去年六月底黃、徐二人查帳之數比較其增減，以作說明之張本焉。今日另一工作為準備寫一九五七年度之用款報告，為確定其數額，經先訪去年之辦法將總分單位四家綜合成一總表，與預算數目相核對而比較其增減焉。

體質

近日左肩內肌肉在招手時略感痛疼，左腿有時發麻，迄未因長期注射 Vitamin B Complex 而完全痊愈，上週注射之護士陳小姐謂最好與 B1 同時注射，余乃於今日起改以 B1 與 Complex 二者混合注射，所用 B1 為美製 Metro 牌。

6月17日 星期二 晴

職務

上午，撰寫東西橫貫公路一九五六年度用款之Follow-up查帳報告，除對於黃、徐二稽核之去年原始查帳報告各項recommendations一一加以說明執行情形外，並將自該時起至全案結束時止之變動數目加以分析，由於報告文字極力求簡，故只列總數，並將其重要之變動原因加以敘述，至於各科目細數，則在working file內附有分析表四張，按各單位數加以分析焉。下午，寫一九五七年度東西橫貫公路援款查帳報告，內各款內容附有詳表，且因劉允中主任一再叮嚀文字須簡，故只寫Fund Status、Analysis of Disbursements兩段，將與胡家爵君所寫之財產管理與工程進度等項彙合成一全文，又所附預算實支增減表本應尚有二欄列明Auditor's recommendations: For Acceptance及For Non-acceptance，但因剔除之款多為材料帳內所付，而材料帳則在決算時結清，或轉入工程費，或轉入次年度，以致此項剔除數不能確定歸屬於何科目，故表上只得從略焉。

集會

晚參加經濟座談會，聚餐後由所請之國防部蕭君放映其所輯原子能電影，惜因部分錄機損壞，只演美國發射人造衛星紀錄片一本。

6月18日 星期三 晴

職務

上午，整理昨日所寫之東西橫貫公路一九五六年度用款 Follow-up 查帳報告與應訂入 working file 之資料，又整理該公路測量經費之 Follow-up 查帳報告與一切資料，於下午一併送劉允中主任核閱，順便與司 Desk Audit 之沐松濤君核對測量經費之 CEA 數額問題，經查明美援會月報內所列之 CEA Amount 與 Released Amount 皆月為九十六萬元（見前日日記），而公路局確已繳還二十二萬餘元，二數相加只一百一十八萬元餘，該會欲將 CEA 修改為九六萬元而始終不動，必在他帳有所表示，乃在月報表後所附之應收未繳還款明細表內查出公路局尚欠一萬五千餘元，由此證明在修正 CEA 時另將差額轉入應收款計二十四萬元，後接待繳之二十二萬餘元，於是結餘為一萬五千餘元焉。下午與胡家爵兄同退除役官兵輔導會會計處長王紹堉討論陸根記營造廠解約補償金該廠對於查帳報告申復各點之再審查問題，決定數項予以接受，數項仍予批駁，但允許照前次查照報告之所建議酌量給以合理之利潤，如此實際上等於查帳結果只能獲得該廠所承認三萬餘元之剔除，其所不承認部分只好改以利潤名義予以變相之核銷矣。

集會

晚，到廈門街出席第七區黨部委員會。

6 月 19 日　星期四　晴有陣雨

職務

上午，寫作陸根記承建彰化醫院中止契約補償金案之第二次查帳報告，此報告係用簽註意見之方式，對於原報告各節之經陸根記提出意見各項提出反意見，余所寫者為工資、管理費與其他支出等共三項，胡家爵君所寫為材料與工棚等兩項，最後由余綜合之，根據查帳報告內之表列數字與重新核定之數字相互比較，計追補核銷二十餘萬元，仍舊剔除三十餘萬元，並主張各該營造廠確有實際上之損失，可由輔導會予以核定利潤之方式加以補貼，此項後門一開，實際上查帳亦等於不查矣。下午繼續寫作東西橫貫公路經費一九五七年度審查意見報告內之支出分析一段，此段本只有三段，一述預算與實支之比較與流用之分析，二述各項不合之支出應予剔除二十餘萬元，三述有兩部託中信局在日本購買之儀器應從速結帳，今日又加第四段，述建築工程之管理費雖因榮民工程總隊直接歸公路局指揮監督，有實際上之節省，但其具體之百分比則無法分析，因工程費之間接部分並未按直接工資與原料之實支工程數予以攤分，只就每年度預算總數加以記帳，就已有之資料不能分析清楚也，此點所以必須一提，因一九五六年度曾於查帳時引起管理費之最大爭辯，有關方面記憶猶新，恐不忘懷也。

6 月 20 日　星期五　晴

職務

上午，將日昨所寫之陸根記承建彰化肺病醫院工程解約補償案查帳報告修正意見草稿用打字機清稿一次，用 Memorandum 之格式送由陶、劉二主任轉送稽核股長 John Gould，其中余所寫部分佔四分之三，胡君所寫部分占四分之一，打完後見總表所列仍剔除三十萬有餘，比前次放寬二十餘萬元，但恐退除役官兵輔導會及陸根記仍不肯滿意，故最後拖一尾巴，即如陸根記確有損失，不妨由輔導會酌量補償其利潤，如此解決方式係日昨與輔導會會計處長王紹堉商談之結果，又恐 Gould 對此等案件顧慮輔導會不能同意，無法貫澈新安全分署長郝樂遜之親善政策，故在末尾亦加 Remarks 一段云：The foregoing points have been discussed with Col. S. Y. Wang, Controller of VACRS on June 19, 1958. He has no objection regarding the above suggestions. 以減少其處理之困難云。

師友

本星期一李洪嶽、吳崇泉發起的景美地現在各使用戶商討彼等占地太多余等所餘太少之補救問題，本擬定為星期六，余主改為星期五，今日以電話詢李氏，據云已晤及彼方數人，原則上允予補償，並改為星期一在景美開會，屆時將託孫福海君代表處理云。

6月21日　星期六　晴

瑣記

今日為舊曆端陽節，上午到姑母家送家製角黍，因兒女輩均須辦公或上學，故過節在晚餐時舉行，除家人外，並約七弟及其女友黃小姐一同參加。

閱讀

日間無事，閱讀學生英語文摘，有 Quotable Quotes 數段，錄下以資警惕：“The world is a looking glass, and gives back to every one the reflection of his own face. Frown at it, and it will in turn look sourly upon you; laugh at it, and with it, and it is a jolly kind companion.” 又云：“The man who insists upon seeing with perfect clearness before he decides never decides. Accept life, and you must accept regret.” 又云：“Happiness is in the taste, and not in the things themselves; we are happy from possessing what we like, not from possessing what others like.” 又云：“Sincerity is an openness of heart; we find it in very few people; what we usually see is only an artful dissimulation to win the confidence of others.” 均有入木三分之妙。

6月22日　星期日　雨

瑣記

鄰右王一臨同學介紹其同鄉甘君來談，王同學將遷住於溫州街口，讓房人須在中和鄉覓一地皮建屋遷往後始能騰房，聞余有地皮自己不用，希望同往一看，並約定需地人關君於四時半在中和鄉公路村附近晤面，及至，始知彼誤以為在溪洲附近，洎知在潭墘保健路，乃云地位不甚相宜，並不往看，余乃與甘君自往，甘君希望有其他受主，但余目前並不缺款，故亦不急於讓售云。習語有所謂「欲速不達」之說，余今日有一事，殆真為此語設一適例也：晚間余在書室亦即紹南等之臥室熨衣，因天熱，電插頭一為電扇、一為熨斗，畢事後將就旁邊之寫字枱寫日記，故電扇未取下，而熨斗雖取下仍因熱而未收去，余乃至廚房炊茶，見爐內之大煤球已將無火，乃用大剪取下其上邊所覆之一個，置於爐旁，再用原火剪取出下面之一個，立即送至垃圾箱，箱為進口蘋果箱所改，因雨在箱蓋下另用洗衣舊搓板一塊托之，以成斜坡令雨水不致流入箱內，是時余右手以大剪夾煤球，左手開蓋，搓板內覆，所餘之空處不足以將煤球順下，乃將火剪放鬆用右手再移去搓板，不料火剪因倒置而滑出，黑暗中用右手拾取竟為所燙，幸用萬金油擦拭而未起泡，此時紹彭見電扇未關往關，又為熨斗將手燙痛，亦所謂禍不單行矣。

6月23日　星期一　雨

職務

上午到分署送交上星期所擬之陸根記營造廠承建彰化 TB 醫院停辦案有關補償爭執之意見，劉允中主任將有關東西橫貫公路測量費與一九五六年度建築費兩件 Follow-up 報告發還，認為前者只須簡述其前次應行補正事項業已補正已可，不必將內容逐一說明，後者尚有一項爭議中之五十餘萬元管理費剔除數未能解決，不能作為結案，此爭議不久有澄清之可能，暫存以待可也。下午與胡家爵兄同往訪公路主計處長張沛然，告以橫貫公路一九五七年度建築費已經將查帳報告寫出，建議事項共六項，詢其有無困難，其中多為財產與材料之記帳與管理問題，只有一項為款項問題，此即余所剔除之汽油稅二十餘萬元，並告以在查帳期間曾因此款本在一九五六年度用款內有同樣之剔除，如能自行將款收回，查帳報告內不列最為上策，但主其事者認為尚有困難，故只得列入報告，張君談頃認為該處若干事項主計處不能獲得其他單位之配合，以致處理時不能免於掣肘，現既有此查帳結果，甚願延余等同訪其總處副處長林家樞當面說明，庶可推動其他各單位以求振作，於是乃同往林副處長處說明一切，並交換意見，大致該處均認為合理，並願盡力做到云。

6月24日　星期二　陰

職務

上午將最近已完成之查帳報告需要整理之處加以整理，於下午再送劉允中主任，計報告凡二，其一為 East-West Highway Survey，前日劉氏認為不必將該報告內所寫之前次報告認為應執行事項之執行情形一一述明，只須一語籠統寫明，謂前次查帳報告所列事項俱已執行，另外則將繼續使用經費之情形加以說明，認為並無不合規定之處，並將前次查帳報告之核銷數加以修改，認為須照此數將 CEA 予以修改，作一建議，仍為 Incomplete，其二為 East-West Highway Construction FY 1957 用款之查帳報告，因同時與用款機關公路局主管人晤見，故在報告後加 Remarks 一段：This report has been discussed with Messrs. C. S. Lin, Deputy Director THB, and P. J. Cheng, Controller, THB on 6/25/58. They consider the Findings contained herein as factual and recommendation has to be implemented. 下午到榮民工業中心安排明日起開始查帳，並請其準備資料。

師友

晚，樓有鍾兄來訪，由於安全分署仍須將預借旅費於年度終了前繳還，彼將其在綸祥之存款撥余一部分，請以同數借給償還此款，至於此案本已決定不還，現因記帳單位之折合率將於七月起變更，乃又規定並須先還云。

6月25日　星期三　晴

職務

開始榮民工業中心之查帳工作，上午與該中心之會計主任楊君談一般情形及歷年使用美援之梗概，楊君對於將近兩年之美援用款二千四百萬元所發生之效果，實覺不如預期，目前所屬內壢二水兩個工廠容納之榮民工作情形大致分為草繩、草袋、竹簍、木器、衣服等之製造，最高收入每人每月一百五、六十元，最低只百元左右，而自七月份起尚不知有無美援續撥，設無之，即將勉強自給自足，恐榮民將有不能一飽之虞，尤其草繩、草袋，用機器生產，成本反比一般家庭製造者為高，前程殊為黯淡，下月起生產與銷售均廠內為之，昔之中心有數十人，現在只留三人，尚不知經費如何挹注，中心同時以自備款經營淡水沙礦，此沙每噸出售三百餘元，榮民挑至交貨處，每噸工資七十元，有月入一千五、六百元者，此項經營頗有固定盈餘，或即將由此中開支，亦未可知云。下午先翻閱帳簿之一般內容，其一九五六年度部分與五六轉五七部分係用一套帳簿接連記錄，而結束報告則按兩年之 CEA 分別為之，故余據帳先製一表，將兩 CEA 數目分成二欄，以便與報告核對云。

師友

下午到杭州南路訪樓有鍾兄，面交四千元請其明日代還分署旅費預支款，渠借余二千元在內，此款係由德芳會金及紹南之存戶內湊成借用者。

6 月 26 日　星期四　晴

職務

整日在台灣榮民工業中心查帳，已將一九五六年度用款部分查完，此年度共用款一千四百萬元，今日所查為一九五六年年底以前部分，占其半數，其餘半數則轉為五六繼續使用，一九五六年度部分付款雖多，然傳票甚少，因其大部分為所付建築費八成，每筆輒數以百萬計，故金額大而筆數少也，在查核中亦發生若干手續欠缺之處，如發票不全之類，惟大致係另有其原因耳。在查帳中發覺在年終移轉繼續使用時，其移轉數表現於現金日記簿者較之銀行往來科目所列多三萬餘元，經查詢及核對證明係移轉時以作正開支之項目為限，預付款則抵現移轉，此預付款既已付現，帳上現金自少，然現金帳對於預付項目仍然作為現付，自然有差，幸立即加以調整，至一月底即不復有差矣。在查帳中，楊會計主任詢余預付款可否由相對基金墊支該中心所管之沙礦工程用款作數日之周轉，余以此項沙礦雖為中心所營，而與相對基金所援助之工業無關，故認為不可，其實余見其帳內前曾有類似之周轉，據楊會計主任云，前任中心主任王則甫對於手續全不在乎，會計處理感甚困難，現在新任主任對此態度不同，且兩廠正開始自給自足，會計控制甚為重要，故須建立良好習慣云。

6月27日　星期五　晴

職務

全日在建設廳榮民工程總隊查一九五七年度帳，此部分仍為五六年度繼續使用，時間為自一九五七年度元月份起，今日已看至六月份，此部分自六月份起因有單據粘存單之設置，故單據體積較大，同時帳項亦較多，故六月份之一個月即用去半天時間。半年來之單據凡大數者常有缺乏，其原因大致為輔導會代辦部分常不移交原據，只以供應組之 Transfer Note 代替，又有工程費係由建設廳工程總隊代為與包商訂約承辦，因而只有收據表示該總隊已收到，至於轉發情形則不知矣。今日又發現一種情形，即六月份共有單據三大本，所排之冊數號碼寫於封面之上，余初按第一冊核起，迨見有預付款轉正之紀錄，而未見預付款何時付出，始知此第一冊實為第三冊，乃亟將此冊放棄，然已看過半本矣，此情形乃由於傳票逐冊核閱而發生，按傳票順序審核之法為余向來所不取，余大致係用以科目尋傳票之法，俾有系統，此次則因該中心傳票登入日記簿然後再過總分類帳與細分類帳，過帳時所記之序時帳簿頁數不能直接尋得傳票，不得已乃改用此法焉。

置產

下午到市政府地政事務所取得羅斯福路日產房屋之土地所有權狀。

6月28日　星期六　晴

師友

上午，到羅斯福路119巷訪安全分署同事樓有鍾兄，同至附近三台營造廠訪高九峯君，委託為其所住之房屋加建附屬房屋一幢，因高君忙於到板橋藝術學校開工，故定於明日再行洽辦。下午訪王慕堂兄，送還其借閱之「醒世姻緣傳」，據王兄云月來患染風濕神經痛，來勢甚猛，刻已不斷服用維他命B，正在好轉之中。

集會

上午，到漢中街開光復大陸設計研究委員會財政分組會，由余主席，將上星期所寫之山東重建方案財政部分中之說明、原則兩部分及重建要項之田賦糧政與公產兩部分亦加以通過，其中若干地處為邀請參加之來賓前財政廳長石中鋒所提出意見加以修正者，開會前余先對於上星期所歸併整理之草案內容加以說明，然後由記錄宣讀，二小時完成。下午，再到漢中街出席魯省重建小組會議，先提出教育文化重建方案，一小時餘而通過，繼即提出上午之財政重建方案，先由余說明分組成立以來起草之經過，然後由記錄宣讀，其中略有文字上之修飾，亦歷一小時餘而通過，遂散會。

娛樂

晚與德芳到大華看話劇「風流世家」，由田豐、崔冰、張茜西、張方霞等主演，四幕五場共歷時二小時而散，演出甚佳，惜戲場太不清潔也。

6月29日　星期日　晴

閱讀

在讀者文摘中得讀以下之名句：(1) “Trouble, like the hill ahead, straightens out when you advance upon it.” (2) “I have saved myself a great deal of trouble”, a friend once told me, “by always following this precept: When you have anything to do, do it.” (3) “Indecision is fatal. It is better to make a wrong decision than build up a habit of indecision. If you’re wallowing in indecision, you certainly can’t act and action is the basis of success.” (4) “We are tired by the work we do not do, not by what we do.” (5) “During a very busy life I have often been asked: ‘How did you manage to do it all?’ The answer is simple: Because I did everything promptly.”

娛樂

下午，率紹寧、紹因到愛國戲院看電影，片為「七小福」（The Seven Little Foys），為派拉蒙出品，五彩新藝體，由Bob Hope 主演，描寫一個父親率一群無母之兒到舞台表演，人情味與輕鬆味均極為充分。

6月30日　星期一　晴

職務

續到台灣榮民工業中心查帳，今日審查一九五六移轉一九五七繼續使用部分七、八兩月之支出，此時期之情形不同於過去者為半年中籌劃之兩廠已組織成立準備生產，由中心撥款交其運用周轉，然並未劃分清楚，只在由中心繼續統籌之狀態下混同經營，另一不同為人事費用，方開始用政府規定之待遇方式發放，而其實支數目視美援預算內之支領標準亦無形符合，故余以為其編定預算所使用之標準雖按月寫一總數，但其達到此數之內容，必仍係照政府規定之標準，然則六月底以前之待遇辦法，初係薪津合併，即照預算數支領，後又分成薪俸與實務代金兩部分，代金亦為固定金額，以湊成預算數，皆為不思之甚者。胡家爵君今日亦來共同查帳，並云已申請下週出發視察其所屬之彰化工廠，余因一九五八年度帳目難望於本週內一併查完，本未作下週即行出發之準備，彼既已申請，亦只好改變辦法，先查完一九五七，再對五八作一般之了解，俟回台北後再查。

交際

晚與胡家爵君應公路局林家樞副局長之邀在美而廉吃飯，在座尚有該局之張沛然、邱傳祥、高列陶等。

集會

晚，出席研究小組，由高化臣書面提出辦理台大總務五年之實踐成果，孫鼎紱報告台灣水利，並選出朱同慶為下屆召集人。

7月1日 星期二 晴

職務

全日查核一九五六轉移五七使用之工業中心援款帳目，今日查自一九五七年八月至十二月連帶的至今年五月止之帳目，除六月份尚有數筆轉帳者外，大體全年度均已查完，其中最複雜者已斷定為建築費一項，由於委託建設廳工程總隊代理發包，以致內容情形完全隔膜，甚至直至最後發覺有溢付情形，經向該隊交涉後始獲收回餘款十餘萬元，可見其中難免有不實不盡之情形焉。

交際

上午，到台灣航業公司賀新任總經理陳舜畊就任，台航值不景氣時期每年須純損二千餘萬元，如何轉賠為賺，實非易易，故陳氏見余即謂此事大不易為，君為會計師，迨本公司 bankruptcy 時當請教一切也云。上午，到台灣書店賀新任經理高化臣就任，高兄現仍任台灣大學總務長，今日晤面又提及其昨晚不及參加研究小組，但曾宣讀一篇實踐心得，余告以最獲我心處為辦理營繕工程時由工學院教授設計，而由工學院同學監工，計數年中省卻設計監工費二、三百萬元，蓋建築師習慣須收代價百分之五，今如辦理一億元之工程即須五百萬之設計監工費，為數可觀，渠在台大任內以此點為最足自豪，而審計部、美援會、安全分署亦對該校此點最有口碑也云。

7 月 2 日　星期三　晴

職務

上午，在工業中心續查帳目，今日為詳細核閱其最近將一九五六及轉五七繼續使用之固定資產項目分轉於桃園、彰化兩廠的分錄及其清單，費時良久而不能全部核明究竟已否將應轉者全部轉出，及是否轉出者均屬相符，詢之經手人，據云現在只轉一部分，尚有不能即轉部分之原因為：（1）進口機器至今未全部結算價款；（2）建築部分與營造廠間尚有對合約之解釋未臻一致，以致結算價款未足遽認為最後定局云。

師友

下午到合作大樓與李洪嶽、吳崇泉兩兄談景美共買之地為人佔用一部分之應付方法，緣以前與吳麟及劉卓炎、陳詠紱共買地1,223 坪，余等多得二百坪，劉陳合得423 坪，後吳麟出讓，劉卓炎、陳詠紱則共賣出240 坪，又為鄰地行路方便闢路40 坪，劉自用155 坪，現發覺上項買主共兩家實用252 坪，統計全部用地447 坪，計超出24 坪，吳麟之售主則共使用二百一十坪，超出十坪，共超出34 坪，適為余等三人所短缺之數，經決定託吳麟兄與彼等接洽還地，否則退錢，始定為二百元，聞此中陳詠紱死亡，劉卓炎將一切推之陳所經辦，有不肯了結之意，李洪嶽律師意陳、劉係共有關係，不能任其推諉，故如其不肯講理，即將不惜興訟，決定後並留字吳麟兄，請其居間解決云。

7月3日　星期四　晴

職務

全日在工業中心查帳，為核對其在本年六月中移轉各廠之資產數目，費去預料以上之時間，蓋此等資產在最初買入時並未在帳上註明係發至何廠，亦有多種資產只作為一筆總數入帳者，現在改採分帳制度，須將一向在中心帳內記載者改入各廠新立之帳，於是中心會計人員將各年度數目一一加以分析，由本來之資產科目移至彰廠資產與桃廠資產二科目，余為確知其究竟何項資產移至何廠，由於上記之原因乃煞費周章，經一再耐心的加以分析，始略有眉目，然仍有一問題十分困擾，蓋記帳人喜將數科目合併分錄，如將建築、水電設備及設計監工三費按兩廠分為二筆，總數借入上記兩個資產科目，而某廠某項資產究為若干，則因其貸方係按三資產科目總數列帳，從而無由得知，於是根據原始記載重新加以記載，分析而得，由此可知記帳人員之不能細密從事，其所貽人以加倍之繁瑣，實為不可避免，此皆為有經驗之記帳人員所應避免者也。上午，到分署填寫預支旅費之申請書，因余在外辦公，下午未及再往支領。

師友

晚，同事黃鼎丞君來訪，談其周轉困難，知余今日預支旅費（其實尚未），請借六百元，余當允其請，由昨日所領薪支付，其實彼亦於昨日領薪，不知何以困難。

7 月 4 日 星期五 晴

瑣記

今日為美國獨立紀念日，安全分署休假一天，余在寓無事，只好乘暇料理家事，諸如燙衣用熨斗，余為三十八年到台灣時所買，其時台灣無此項出品，故所買為上海貨，現在台灣有製造者，但質料不佳，故不願買，然常常損壞，即須修理，尤其所用電線，本為花線，因太短且常壞，年前換用電燈吊線，而常有燒斷之虞，於燙衣時電流時有斷續，十分困惱，今日出於無奈，到寧波西街一帶換新並查詢如何始可以經久，不得要領，有謂電流太強，非用皮線不可者，此實為一不通之論，因向來未見有此方法也，又有謂只好任擇一種花線試用，壞後再換，無更好辦法者，最後始到一家，渠云只可以用花線之稍好者，然無法保證其不斷，又云花線出品有一種白銅絲者，比紫色銅絲者為軟，或不易斷，余乃購來試用，第一日效果尚佳，惟不知其耐久度如何耳。

娛樂

同德芳到國泰戲院看電影，為三部日本短片，一為黑谷造高壩之紀錄片，二為女子相撲表演，三為美容之進步的方法等，均極有意趣。

體質

右拇指指甲外肉數日來即漸覺痛疼，本以為用鉛筆太久而起，今日覺發炎，知不簡單，乃作熱敷，塗 Biomycin 藥膏，並服消炎片四小時二片。

7月5日　星期六　晴

聽講

下午，到植物園台灣科學館聽演講，由台灣電力公司工程司戈寶樹講原子核能發電之原理與一般之原子知識，戈氏演講為對於一般之聽眾可以不感困難計，頗能深入淺出，且有若干圖表幫忙了解，在不習科學者如余，亦覺趣味盎然。大體言之，原子核能之發電原理與火力發電大同小異，其區別即在原料一項而已，此燃料在目前以鈾235 為最適用，會後並放映最近美國所裝之第一個原子發電所之經過情形，頗收互相印證之效。茲記圖表中之一段如下，以明核能發電之在世界資源方面的重要性：

世界熱量資源估計

A、礦物燃料	媒	72.2 Q
	油及天然氣	8 Q
B、核能燃料	鈾及釷	1,800 Q
	重氫	568 億 Q
C、天然能量	水力	2 Q／年
	太陽能	57 Q／年

$1Q = 3 \times 10^{14}$ KWH $= 10^{18}$ BTU

至於目前台灣之發電量為十萬分一 Q，又能之消耗量至 2050 年時將達百 Q 以上，礦物不復可用云。

7月6日　星期日　晴

交際

下午三時，即將卸任之安全分署會計長 Stanly Baranson,The Controller，在五常街寓所舉行茶會，招待會計處全體同仁，準時前往，Baranson 對於來客幾逐一周旋，禮貌甚周，彼向余寒暄時，其開始所言，余凡兩次不能了解，為免窘局，乃即其茶几上所置之一種白色糖品詢為何物，余初不知其為糖食，原因為半月前曾至美國大使館補領薪俸，其窗口放置此物，同去數人，皆不知為何，蓋雖疑為糖品，而因其在辦公室內置此，不敢信以為真也，今 Baranson 說明為係薄荷糖，此為英國製最佳品，即食一顆，味甚爽涼，謂係夏間用品云，繼有葉于鑫同仁在旁，乃特別說明為國大代表，余乃告以代表之職權，渠謂是否如美國之 Electoral College，余謂信然，始將窘局打開，溯余至分署服務業已年半，因極少機會與西洋人接觸，說話與聽話之能力可謂毫無寸近，是真大可哀也已。

體質

右拇指發炎鼓膿今日已達最惡化之狀態，白膿在甲縫內，而始終不破，昨日取來之消炎片至今日已服用五次計十片，下午覺甚輕鬆，蓋已自破出膿矣，寫字執筆均已不甚痛疼，今日共作熱敷二次，均用熱水加灰錳養，似頗有效。

7 月 7 日　星期一　晴

旅行

上午八時，胡家爵兄乘分署車由何司機駕駛來接，乃一同出發至彰化榮民工廠查帳，中午抵彰化市，午飯，續行經由幹線之北斗轉東南，經田中、二水而折返下水浦該廠，繼由彰化至廠凡行 55 分鐘，在廠逗留至五時半，據云此間有捷徑直達北斗，無庸繞經二水，乃循新路回彰化，果然只費時四十五分，晚宿第一旅社，悶熱不堪，勉強入睡。

職務

今日在榮民工廠晤面者有總務組孫組長、主計室曹住任、生產組陳組長、人事室彭管理員等，曹、陳二君漫談該廠將來處理帳務之方式，蓋該廠過去只有非正式之製造紀錄，帳內不作盈虧之計算，新年度起將走向自給自足之途，故須作成本控制，而美援補助仍然繼續，工業中心對此指示為不將管理費計入盈虧，余認為不然，主兩面同時記載，以顯示縱無美援仍然為必不可省者云，談竟參觀各廠房工作情形建築情形等。

交際

國大代表同人連退庵母八十壽，同人發函徵文，余應徵之件今日寄出：「華岳峰頭萬葉蓮，結石盤根不計年」，並注云：「昔歐陽文忠公一代名臣，論者多稱太夫人鄭氏母兼父職晝荻之教，今張母連太夫人後先輝映，不讓歐母專美也。值太夫人八秩大慶，爰集歐陽公句為期頤之祝。」

7月8日　星期二　晴

職務

全日與胡家爵兄同往下水浦榮民工廠查帳，今日工作仍為對其帳務之一般了解，所發現之重要情形如下：（1）該廠自去年七月開始記帳，至十一月底止，所有費用全用「開辦費」一科目記載，十二月份起奉工業中心通知改用行政費記人事支出，業務費記辦公支出，而子目則完全相同，此等費用至一相當時期即轉入「中心往來」科目之借方以沖銷之，而將正式支出轉至中心記帳；（2）六月一日起改為單位會計，自負盈虧，余初以為係於五月底將固定資產項目轉至各廠，而過去一年之損益項目則既已由中心統籌，自然認為已成過去，故廠內五月底勢須盤存一次，以當時實際資負損益項目綜合軋結，轉至新帳，今日研討之後始知不然，中心之辦法乃將過去兩年來該中心付款全部移於兩個工廠，但又不合於五月底或六月底決算一次，可見並未統盤籌慮周詳；（3）七月一日起已開始五九年度，援款尚未撥到，中心墊發少數供人事辦公之用，按理該款既由五八年度結餘或尚未動用數內轉來，可以在年度之間作一墊借記載，但該廠則否，七月份行政業務等費仍列於一九五八年度帳內，謂待五九年度款撥到後即將五八年度所墊支數轉入五九帳內，余詢以採此法利弊，彼等亦無見解，余則謂應自行加以劃分，勿記入一本帳內始較妥善云。

7月9日　星期三　晴

職務

全日在下水浦工業中心彰化工廠查帳，所查為其一九五八年度之管理費及與工業中心之往來帳。此項往來帳余本預料其與中心所記者能互相對照，及見帳冊記載者始知有甚大之距離，中心方面撥付工廠款有以預付款項科目入帳者，亦有以彰廠往來科目入帳者，反之亦然，工廠方面則收到中心撥款有以中心往來入帳者，亦有以其他科目如零用金周轉金等科目入帳者，在中心既未明定往來帳之收付程序，自然難免有此情形，因此余即放棄勞而無功之核對，據主辦人云，雙方往來帳曾經核對相符，此語之可信度甚高，因在五月底改統帳為分帳，科目全然不同，此時有不容其不相核求符之客觀要求也。至於一九五八年之行政費帳，則分為二個階段，自一九五七年七月至十一月稱開辦費，十二月至五月稱行政費與業務費，六月份則又改用相對基金報告表之科目，列於購置建築之後，而稱為「其他」，但三時期之子目則完全相同而得以銜接，因其中換帳之事，為工作便利計，乃按三階段之順序先後加以審核，今日已將「開辦費」一階段之支出情形核訖，所採審核方法為抽查，抽查對象乃由明細帳之摘要內選擇，遇有數額較大，或內容特殊，或摘要不夠詳盡者，則檢查傳票並將結果記入work paper 內焉。

7月10日　星期四　晴

職務

繼續到下水湳查核工業中心彰化工廠之帳目，自上午九時至十一時終了，所查為全年度之管理費，此為美援款之憑證，放置於工廠中，而帳目則歸工業中心登記者，因單據太多，只能用抽查方式，幸未發生單據不符情形，不必因而有詳查之必要焉。查完後向該廠索取營業帳，略加翻閱，據云尚未登齊，蓋該帳所記者雖只為六月間以來月餘之帳，然因須追溯至成立以來之全部購銷與費用，由中心將總數轉來，故內容甚繁瑣，當即略加省閱，並將所用科目記下，以作參考。

旅行

上午七時半由彰化乘自備車赴二水下浦工業中心彰化工廠查帳，十一時離該廠，於中午回抵彰化午餐，飯後北行，於五時半返抵台北。

交際

晚到國際飯店參加安全分署同人歡送會計長 Stanly Baranson 與稽核組長 A. O. Johnson 之宴會，參加者為全體同仁，凡五席，為向來所未有之踴躍，席間各被歡送者夫婦均有致詞，主人方面由 S. Y. Dao 代表致詞，所請陪客則有副會計長 Vicedomini 夫婦及 John Gould，亦皆有致詞，頗極一時之盛，余因英文談話本不習慣，因與 Gould 在一席，渠說話甚緩慢清楚，故尚能應付。

7 月 11 日　星期五　晴

職務

上午，到安全分署料理雜務，如寫領物條及寫出差旅費單與報銷預借旅費等事。下午到榮民工業中心繼續查帳，今日側重於有關桃園工廠之準備工作，並代胡家爵兄查詢建築材料事。關於建築用木料係由中心向林產管理局買進三百餘立方，價款五十萬元，後由中心對每廠轉二十萬元為新建工程之用，並以所餘十萬元作為工廠內訓練原料之用，但上週發覺此項工程實不能容納如許之木料，余今日為明其真相，乃將該中心買入林產管理局之計價單加以核計，得知此五十萬元實買入三百餘立方，然後查閱新建工程之包工合同內所估計需要木料數尚不及一百立方，是若非訓練低列而為建築原料多列，工廠方面因未經手發給木料，且經手付給林務局款項者亦多離職，以致不能全般了解，即中心方面亦已無原經手人可以查詢，故言人人殊，幸今日桃園工廠張維新會計主任來此，據云木料撥至該廠者，在訓練原料均有詳細撥送單證，單價數量均為可考，其總數或在十萬元以上，故此項木料之用於訓練者究為若干，可由工廠知之，則建築上有無走漏，可以推知也。

師友

下午到極樂殯儀館弔奠趙季勳氏，並至帷後瞻其遺容，不禁淚下，趙氏三日前死於腦充血。

7月12日　星期六　晴

閱讀

假日閒讀，所讀為今年一月份美國艾森豪總統之 Economic Report of the President Transmitted to the Congress 內之 Letter of Transmittal，此函不但對於經濟之一年狀況及展望出以十分扼要之描寫，且文字簡賅，為最適於學習之應用文，抄錄一段以作寫作之參考：

"There are critical questions here for business and labor, as well as for Government. Business managements must recognize that price increases that are unwarranted by costs, or that attempt to recapture investment outlays too quickly, not only lower the buying power of the dollar, but also may be self-defeating by causing a restriction of markets, lower output, and a narrowing of the return on capital investment. The leadership of labor must recognize that wage increases that go beyond over-all productivity gains are inconsistent with stable prices, and that the resumption of economic growth can be slowed by wage increases that involve either higher prices or a further narrowing of the margin between prices and costs."

7月13日　星期日　晴

師友

上午，樓有鍾兄來訪，對於高九峰君代為估價建築五坪房屋事以估價單就商於余，余主張其另行託其他方面亦作一估價，然後比較決定云。

閱讀

讀「協志工業振興會」印行張起鈞著「老子」，全書分總論、思想、選讀及附論等四篇，總論在說明老莊思想之時代背景、道家的書與人，第二篇在說明對道家之基本認識、行為準則、幸福真諦、政治原理、老學得失等，第三篇選老子一書之章句，按性質分為天道、形上學、世道、社會哲學、人道、人生哲學、治道、政治哲學、君道、帝王學，第四篇在說明道家與道教之區別，全書之說理極清晰，選讀部分尤能將晦澀之原文以深入淺出之白話表達之，殊為難得。

參觀

再度參觀科學館之聯教組織科學巡迴展覽，計分九組，一為什麼是能？二為機械能，三為熱能，四為電磁能，五為化學能，六為核子能，七為能之連續轉變，八為能的資源，九為結論，每組均有圖表、有實驗，實驗均有專人管理並說明，惜乎管理人員完全一種應景的態度，以預備之台詞背誦一遍，對於觀眾提出之問題即有不知如何作答之缺點，參觀後並看原子能醫學用途之電影及能的卡通片等。

7月14日　星期一　晴有陣雨

職務

今日開始會同胡家爵君查核工業中心桃園工廠之帳目，上午到內壢時因胡兄從前來過不復記憶及其道路，乃至魚殖管理處請莊副處長陪同前往，先與廠長宋建寅晤面，然後往與上週已在工業中心相晤之主計室主任張維新接洽進行方式，然後到四個廠房參觀，廠內生產計有縫紉、木工、盒片、印刷、紙袋等五個部門，縫紉本用舊式縫機，新到之勝家電動機已按裝即將動用，製品以裁製軍服為主，熟練者尚不甚多，木工正做木器，鋸木設備尚較簡單，正在擴充，印刷亦在試驗中，且不能鑄字，印製技術亦尚欠佳，盒片則為火柴盒所用，只製品而不糊盒，此廠門類太雜，廠內感覺管理經營並皆不易云。下午就主計室提出之報表核對帳上之餘額，此本為極簡單而照例之工作，然發現有不十分相符之處，其原因或在於五月底將一切收支轉至工業中心列帳而又於六月間轉回，迂迴曲折，難免錯誤，今日已不及詳細與主計人員談商，只將異點記出，以備明日核對。

交際

前山東財政廳長現任監察委員趙季勳氏本月八日作

古，今日大殮並開弔安葬，余因職務關係，遲至十二時始前往弔奠，又因啟靈時須在下午二時後，余須趕回桃園，故不及等待執紼，然心殊不安也。

7 月 15 日　星期二　颱風豪雨

職務

全日在榮民工業中心桃園工廠查帳，今日首要工作為明瞭並考核其制度與收支概況，發覺其特殊之點如下：（1）五月底以前該廠原則上均將一切帳目轉由工業中心記帳，故五月底以前即已有餘額，非如彰化廠之截然劃分，所有帳項皆為六月一日以後者；（2）五月底以後，將美援部分記入其本身帳內，而又用年度結轉方式將此美援部分移出記入次年度七月一日帳內，然六月帳內所作之表已將此數劃出，六月份美援已自成一張月報表，於以知該項結轉並非事實，只為轉出，應於同日在美援帳內記載，故所用七月一日之期實為大誤；（3）美援劃分記載之時尚未將銀行專戶劃分，直至七月間始另行開戶，故六月底之銀行結單須作為兩部分會計之共同附表始可云。

交際

ICA Deputy Controller John Vicedomini 今日在寓為 Baranson 與 Johnson 回國開酒會，因颱風未往。

師友（補昨）

王慕堂兄日間來與德芳談為陳舜畊兄受台省主席之託物色新主計處長，渠有意為余推薦，余於晚間訪王兄面談，表示婉謝，其原因：（1）與省主席周至柔素昧平生，能否相處不無顧慮；（2）余向來服公務不受薪俸外之招待，本此原則而往，余將不能謀生；（3）余於政府會計甚隔閡；（4）現職待遇尚好，雖忙而不需逢迎，不傷腦筋云。

7月16日　星期三　陰雨

記異

颱風於昨晚登陸，夜分時過境，只聞風聲，不聞雨聲，而風聲極猛，門窗被吹嘎嘎作響，余以住房極舊，慮或有天花板或窗門被吹落，為之心悸，一夜無眠，至二時後風聲漸緩，始漸漸入夢，然因近鄰常有石綿瓦吹落而被聒醒，晨起至街市，見到處為吹落之招牌或竹籬，至桃園之沿途亦未見有何大的損失，亦云幸矣，惟報載花蓮災重，宜蘭且有頭城高二學生三輪車夫與乘客一同落水之慘劇，風災中之極不幸事也。

職務

續與胡家爵兄到榮民桃園工廠查帳，今日所查為其一年來之行政費與業務費，前者為人事費，後者為辦公費。查核人事費較費時間，為明晰其動態，每月份均將人數及支付金額加以記載，以便統計總數，遇有某月為數特大者則考核其原因，又對於年終獎金之計算採全部待遇一律計算在內為基礎，而六月間加發一個月則只以統一薪俸為計算標準，二者之區別原因則查卷以明其原委焉。查核辦公費則按某筆之為數較大者或帳上摘要欠明晰者加以抽查單據，大體上無甚不法之支出，只有少數交際性支出如贈送其他機關之錦旗等，又有少數稅款開支，本為工業中心營業帳所列，現在轉至該廠，該廠又列入美援帳，與中心反其道而行，異哉。

7 月 17 日　星期四　晴有陣雨

職務

續到桃園榮民工廠查帳，今日已將行政費與業務費查完，進行查其營業帳，其實此只為余之一種分法，前者為美援所撥給，後者則美援只供以流動資金，有如資本主之投資，其運用項目則變動不居，故亦加以查核。該廠之營業帳與美援帳在本年五月底以前為一本帳簿，至六月間始將美援部分劃出，另立帳簿，然其六月底之計算表上仍列兩種混合數，同時則另製一六月份相對基金月報，對於美援數目之亦列入營業帳，正為余所主張，余主張美援部分之支出數除以一套美援帳記載外，其每月實支數應在營業帳內以轉帳傳票將資產或費用數記入借方，同時由於此種支出不需付出現款，故在貸方記入「撥入資金」科目，此科目之性質為資本，惟該廠目前只對於固定資產項目如此處理，至於美援之行政費與業務費則尚不作同樣分錄，余意如缺少此一部分，廠內計算成本與盈虧仍不能達到完善之境，故告該廠對此一部分亦加以同樣之處理云。

交際

勝利後在濟南所識之張水淇君喪偶，中午在桃園見報刊所登訃聞，二時發引，不及送禮，乃由桃拍交際電一通致弔唁之意。

7月18日　星期五　陰曇

職務

上午續到桃園榮民工廠查帳，經查其營業各科目並記錄其主要內容，並對於六月間工業中心將一年來營業帳內有關桃廠之各科目餘額全部列表轉來之內容加以審核，隨即將重要內容加以記錄，以便與美援固定資產部分內容加以綜合觀察核對，由此項轉帳之內容發覺該中心帳務之積壓甚為可觀，若干購入材料加工出售者，成品早已交至顧客，然帳上尚分列於材料與預收貨款兩科目，諸如此類，若不查明轉帳，則帳上數字永難與事實相符。今日分別與宋建寅廠長及主計室張維新主任談話，宋廠長對於主張速作盤存一點極表同意，張主任對於廠內不講手續之習慣深惡痛絕，而又無法可想，余告以速將過渡期間帳目查清轉訖，乃最急之務，渠亦同意。

瑣記

連日均與胡君乘榮民工廠三輪汽車赴桃園中飯，今日只有五噸卡車在廠，欲送余至桃園，余詢悉此車至桃園往返六十公里需費油二加侖餘，太不經濟，乃改在內壢將就用餐，飯間見一榮民調廠工作，正在問路，乃約其搭車，而歸程又遇司機之弟妹下火車後步行來廠探訪，乃約其上車，此種使人同蒙一種便利，只由於余為該廠省油之一念，和氣致祥，此之謂歟？

7月19日 星期六 晴

職務

安全分署會計處稽核組長Audit Division Chief A. O. Johnson夫婦調職波里維亞，今日乘飛機赴香港，上午十一時會計處同人在聯合大樓前集合共同到飛機場送行，同去者數十人，於見其登機後即行回署。在等候期間同人中談論會計處內各美籍人員之得失，說者以Stanly Baranson為最聰明練達且富於感情，昨日為週末，渠特於下午散值前到辦公室內與各同人一一握別，不勝依依，其對於會計處同人之能打成一片，為向來美籍人士所無。又談其副會計長Vicedomini，皆認為其固執不化為不能得一般同情之最大原因，蓋處理公務原不能希望每人見解為全相同，如辦理其事者以其所擬定之方法可以達到同樣之目的，彼固可以不必干涉，而Vicedomini則非是，渠往往為一等閒之問題與部屬爭辯，久久不決。又談今日出發之Johnson，則又是一種粗枝大葉之作風，凡事愈簡愈好，而有時又極任性，是以與Baranson二年來無充分合作之可能，此種不能相處之現象，議者或以為美國人不致有此缺點，孰知實大謬不然也。

家事

紹中今夏初中畢業，今明兩日到建國中學投考北市省中聯合招生，據云應付尚佳。

7月20日　星期日　晴

師友

上午，楊天毅兄來訪，託介紹至李祥麟兄處轉請其擔任彰化女中校長之葉淑仁夫人採用其任職之復興書局之教科書，據云此刻各書局之競爭雖甫在暑假開始，距下學期尚有二月，然已臻白熱化，而所採手段則無所不至云，又談及英語教科書，目前採用最多者為遠東書局之梁實秋所編本及復興書局之沈亦珍所編本，然歸根言之，均不如開明書店之林語堂所編本，後者僅出版較早，若干新字無之耳。上午，孫福海君來訪，謂景美與吳崇泉兄及李洪嶽律師所共同買地被其他共有人多所佔用事，對方允每坪找出一百元，李、吳二人認為不足，並主張告訴侵占，請求民事賠償，孫君意果能勝訴亦只能照公共地價每坪得償九十二元，且須費時耗財，余允再加考慮與二人交換意見云。上午，丁暄曾君來訪，謂前日由金門回台北度假，其所任職務為金門台灣土地銀行辦事處會計組長，謂已任一年，工作甚忙，尚有一年可以調回台灣云。

娛樂

下午率紹中、紹寧、紹彭到台北戲院看電影，為日本彩色片「黃色烏」（黃色いからす），以九歲童星為主角，演來精湛動人，且極富教育意味，於天下為父母者啟示若干不可忽視之教育方法，無怪此間各報一律發表評論，皆褒無貶焉。（童星名「設樂幸嗣」）

7 月 21 日　星期一　晴

職務

上午八時，因本署會計長 Baranson 調任啟程先行飛往香港，全體同人均來送行，在飛機場均一一握別，於飛機引擎發動後始行回署，自今日起由 Shamburger 為 Acting Controller。上午起到工業中心繼續查帳，緣兩週前已將一九五七年度部分查完，因同時工作之胡家爵兄先行告竣，乃提早赴彰化、桃園兩單位查帳，刻已事畢，乃重回工業中心繼續查一九五八年用款帳目。今日所從事者有二項，一項為半月前所查之一九五七年度用款內有憑證不全或預付款其尚未結帳者，先行開出交周明道專員逐一查補，二項為先求明晰一九五八年度用款之全貌，乃先行索閱本年六月底之月報表，根據此表以核對其帳目，並據總分類帳科目製一試算表，兩方平衡，足證大體尚無特殊之錯誤焉。該中心自六月一日起已採分帳制，即將一切資產負債損益均分別轉至兩個工廠，囑個別處理，而月報表之編製在余想像中為將中心與兩廠之月報表相加而得總表，洎見其帳內記載情形，始知完全相左，該中心仍根據兩廠所送月報之本月收支數目轉記於中心帳內，然後根據中心之帳載數目自然產生總表，且不用再附分表，此法雖事實上頗為清楚，然重複記帳，且與分帳之精神不符，是其缺點。

7 月 22 日　星期二　晴

職務

全日在榮民工業中心查帳，所查為一九五八年之支出內容，查帳方式由於前查一九五七年度時之經驗而略加修正，第一步工作為先將固定資產性之支出先照帳冊所列加以抄錄，由於筆數不多，所需之抄寫工作不多，此法可以採用，比之一筆寫好即查傳票，然後再寫一筆，比較省事，第二步工作為每筆之傳票號數依據日記簿所載加以註明，以便據以抽查傳票，蓋固定資產科目皆因只在總分類帳上登記，總分類帳之引證欄係寫日記簿頁數而不註傳票號數也，第三步將為俟各科目全抄後按傳票次序審核，遇有不妥或特別情形即在已備好之抄件內加以註明，今日所作為第一、二兩步工作。

閱讀

續讀美國艾森豪總統本年一月之 Economic Report Transmitted to the Congress，第四章展望一段，內有 "The Challenge to Economic Policies" 論物價與成本不可脫節，設不合理的提高價格，或不合理的要求提高工資，均將導致通貨膨脹，"If this opportunity is to be fully realized, however, growth must take the form of increases in real output, accompanied by a stable price level. This can be achieved if weight is given to long-run as well as short-run considerations in policies and practices that affect our economic welfare."

7月23日　星期三　晴有陣雨

職務

續到台灣榮民工業中心查帳，今日所查為一九五八年之各項支出。上午將日昨已進行大半之抄錄工作完成，凡固定資產與原料之購進類皆為數較大，故皆一一逐筆抄下，至於管理費用則預先將 working paper 上寫明分類數字，下面將抽查之帳逐筆寫上，人事費用則按帳上所記者按月份記一總數，此種種 working paper 全部備就後，下午開始檢查傳票，其方式如下：（1）傳票按裝訂之次序翻檢，逐一查視其重要性較大者，即在預先備好之 working paper 上末欄寫明是否有發票，經過估價手續與否，驗收情形如何；（2）開支費用常極瑣碎，但亦有整批購買者，如醫藥即係整批買入，則亦抽查其購買程序；此項方法比查 1957 年時所採用之隨查隨記方式顯然較為快速。囑工業中心專員周明道速將一九五七年易貨進口之器材洽中央信託局結帳，並轉入各廠帳內，以昭覈實，周君趕辦，已有眉目，但又有特別用品尚難定價者，則須另外設法記帳，其一為輔導會曾撥來一批 PIO/C 進口之柳安木，尚未作價，其二為輔導會曾墊款購買自由美匯由美進口縫衣機等二萬餘元美金，中心至今並未付款，且依規定相對基金不能購買外匯，在帳上尚未有明白記載，如久久不查，愈久則結案愈難也。

7 月 24 日　星期四　晴有陣雨

職務

本月份之出差旅費前已向主管部分報支，日昨並將會計部分所製傳票上收款人欄內循例簽字送交主辦之林悟生君，後接胡家爵君來電話，謂簽字不合規定，囑余前往更正，今晨前往，林君告余因新年度之 Travel

Authorization 上所用係 Initial，而余仍照往例簽全名，不相一致，必須更改云，此等事極為微末，然足見凡事稍不注意便不免有漏洞也。全日在榮民工業中心查帳，檢查一九五八年度之傳票與憑證，昨日已查完十一月份（本應自七月份起，因該中心去年十一月間始開始領款補帳，故十一月份以前無傳票），今日續查十二月份至今年三月份，以傳票為主，逐一翻檢，遇有固定資產性之支出即在預先寫好之 working paper 上加註付款憑證情形，遇有費用性者，即對於大數者加以記載抽查，寫於 working paper 上，如此進行甚為迅速，並對於預付款而有憑證附後者立即依據預付帳所記沖回日期追尋正式出帳之日，在 working paper 上寫明憑證附在預付傳票，以免將來見到正式帳時又須倒找憑證之煩，至於查出有憑證不足者，立即將其所在夾出，通知會計人員查補，有當時可以解決者，亦有須待主辦人員來到始可查詢者，其中以周明道君較為負責，辦事亦迅速，往往可以立即明瞭。

7月25日　星期五　晴有陣雨

職務

全日在榮民工業中心查帳，今日查四至六月份之傳票，並將憑證是否附在傳票之後，在 working paper 上預留之空白上加以註明，其中五月底以前之兩廠費用傳票皆為按各該廠表報列支數轉帳者，並無單據，此因單據均存於廠方，余等曾至兩廠就地抽查完畢，至於六月份則兩廠獨立記帳，一切支出皆憑兩廠表報記帳，只有中心本身之費用仍憑支出單據製傳票付款，凡此皆經核對無何問題，至此中心之查帳的 Field Audit 已經完成，在本星期為時間配合較易，先將一九五六及五七兩年度之預查補憑證事項開出交經辦之周明道專員設法查補，而本週所查之一九五八年度帳目則於隨時發生之問題隨時通知解釋或查補，由於周君之辦事認真，大致均已將應查之事項查出，有甲傳票隨附於乙憑證之後者，亦有付款時未取得正式憑證，迨後補列之時又為經手人另存他處或附卷歸檔者，均須憑相當之記憶力始可有線索查詢，因該中心轉至兩廠之帳目有若干廠間分配數與實際不符者，廠方致起疑問不肯照轉，由此次查帳亦為其解決若干問題，此種連帶的收穫，在該中心認為望外之事，且自責過去帳務之處理不夠嚴密也。

7 月 26 日　星期六　晴有陣雨

師友

下午，到合作大樓訪李洪嶽律師與吳崇泉會計師談從前在景美合買之地被人占去部分正處理問題，前數日孫福海君來談占用各戶中有表示肯出價每坪一百元者，二人之意此數太少，將託孫君往與說明請再略加，當時余提出暗中不妨以一百五十元為標準，二人亦同意，並云將先辦一信，請各人退出所占之地，如長此不理，即告訴侵占，李律師云對方有立法委員與國大代表，如被告侵占罪成立，即有褫奪公權之後果，於彼等殊為不利，云云，此乃完全書生之見，蓋彼等可以用狡辯之詞否認其有侵占之故意，況三審始可定讞，彼時受長期訟累者固不僅彼方已也云，余未明言此點，乃認為能和平解決始為上策，此點或可對二人之意見有所影響也。上午，到仁愛路訪丁暄曾君，答訪其由金門來台之訪問，據云此次來台休假只有一個月，半月後即須回金門，再服務一年即可依規定請調回台灣，又談其在金門服務情形，大致同事中皆係以赴金門為條件所用之人員，出身至不整齊，諳於實務者至鮮，曾有副主任利用支票盜取行款放帳牟利，月初支出，月底歸還，均透過台灣銀行為之，台銀每月抄送對帳單時只對餘額，年餘以來未見漏洞，可見其中無一略知實務之士，亦可哀也云。

7月27日　星期日　晴有陣雨

瑣記

余所睡為木板床，時聞有蟲噬木板之聲，但未見有蟲之影蹤，今日將床翻倒，亦只見有極多之蟲眼，集中於一塊顏色略紅之木板上，無計可施，乃在蟲眼上遍打DDT若干，不知效果如何。榻榻米下之木板為橫樑所托，橫樑下有若干木柱，木柱腳用磚木所墊，常有鬆動現象，因而臥床之時，床側行走者經過即顫動甚據，久久未加整修，今日乘假期下至地籠予以整理。下午，同德芳率紹寧、紹因、紹彭到國際看電影，未買到票，乃在肆上梭巡一過略買物件而返。

閱讀

查帳見有美國發票 CIF Price 而另加運輸保險費，乃就國際貿易書籍加以參考，知有此種列舉內容之特殊情形，連帶的見有 FOB 的定義，反不可解，誌此以備以後進一步之查詢：“On board may be on an inland carrier, on a vessel, or at an inland point in the country of importation. Provision may be made for freight being prepaid or allowed. The seller must pay all charges up to the point named, including costs and charges pertaining to documents.”此與一般之所謂起岸時船上交貨似大有距離也。

7 月 28 日　星期一　晴下午雨

職務

開始在退除役官兵輔導會整理一個月以來之工業中心查帳所得資料，並隨時將有關事項與同時前往調查一般情況之胡家爵君互相核對，今日所整理完畢者只為建築用款一項，余先將帳內陸續付款之若干筆帳加以彙記，然後與負責監工之建築師所作工程彙總表核對，再與胡兄所得之一般工程所附包商工價加以核對，復將所用材料核對，以明工料全部情形，大致均能相符，僅有水泥一項發生差額，其原委亦頗曲折，蓋水泥係由輔導會供應組代辦，第一批照軍用水泥價記帳，尚無問題，第二批215 公噸照民用含稅水泥記帳，但輔導會發覺此含稅問題後乃將稅款部分另行折發水泥，並將尾差款找回，但實發水泥數又比會計部分列帳數少3/10 公噸，價值只百餘元，而造成帳目不符，殊感幾乎多此一舉也。此案內又有一特別情形，即輔導會與工業中心呈准行政院為桃園廠買電動縫紉機四十二部，以自由美匯由美進口，款由輔導會墊付，謂經安全分署同意以相對基金內供作周轉金之部分撥還歸墊，余初不置信，因相對基金不能結購外匯，此案何能例外，洎胡兄將卷調來始知果然不出所料，安全分署所備函申述者為此案乃美援所扶植，今由中國政府款請購外匯，希望財部准予核給，故與現在所查帳應不生關係云。

7月29日　星期二　下午大雨

職務

安全分署會計長自 Baranson 去職後，即由原派在美援會為顧問之 Shamburger 代理，今日上午為事先約定與派外人員補行見面，至時到者有胡家爵、樓有鍾及余，在辦公室等候其前來一一握手晤面，但亦只寒暄，並未深談也。全日仍從事於工業中心查帳資料之整理核對，今日已與胡家爵兄將建築工料及工廠製成銷售之物品對清，發覺有數項問題：（1）建築用水泥初係由 PIO/C 內撥用，迨後知工業中心內並無 PIO/C 之水泥，乃改為以台製者出帳，然此前已將一部分進口 RSD 費用約二萬元由中心付訖，現悉此款係忘記收回，雖泥價甚低，然終與規定不符；（2）銷貨情形中心係用營業帳登記，余均抄出其數字，而胡兄又由工廠獲得一部分資料，並不相同，有售貨不入帳之嫌，因此更增貨品盤存之迫切需要，至於過去弊情雖未必由盤存而完全發覺，但將來之控制似屬極為可能也。

家事

長女紹南今夏參加留學考試，今日放榜，在一千人錄取名額內居於前茅；次女紹中參加高中升學考試，亦於今日放榜，照第一志願分發第一女中，且於即日接到成績通知單，得三百一十餘分，亦居前茅，此為頗不易易之事，聞省立中學錄取比例高中女生不過百分之四十餘，亦可見競爭之劇烈矣。

7 月 30 日　星期三　晴

職務

全日整理核對工業中心查帳資料，上午整理材料帳內所列各款，將前後由援款收支帳內及款援周轉金內所列者按品類分別彙記總數，交胡家爵君與其實地調查者相核對，發現有以下各項特殊事實：（1）第一批之大規模建築用柳安木五百餘立方公尺，因係 PIO/C 物資，由其他計劃內挪用而來，並未計價，致建築費內完全未有木料支出，而新建房屋工程內應列用木料不過十萬元，誤將訓練工作用木料多轉入三十萬元，而建築帳乃與事實大大不符；（2）原料內有自備材料估工承製水泥瓦一千二百坪，據云用於新建房屋工程內，而此項工程包字並無業主供給水泥瓦之規定；（3）原料帳內買布不過六百餘疋，而事實上廠內已用去之數視此尚多五百疋，且另有卡其布二百餘疋，亦未支帳，據云係輔導會由其他計劃挪移而來；（4）以上各項除水泥在外，均由一九五六年度或一九五六轉五七年度繼續使用帳內之事，此項年度用款早已將餘款返還，今如將應歸入者歸入計算，又將感到撥款之困難，類此特別情形，除輔導會外為其他計劃用款所絕無者也。

體質

近日每四、五日注射維他命 B Complex 與 B1 各一個 cc，注射之當日往往左腿之麻木感反而顯著。

7月31日　星期四　晴

職務

上午，與胡家爵兄同到分署應劉允中主任之約談退除役官兵計劃之一般情形，備明日 Staff Meeting 時提出，余等對於該輔導會接受查核之態度認為尚夠合作，成問題者為各種計劃本身之評價多不夠見全，此並非本會計處所職掌，故毋庸提及也，胡兄又認為為免誤會對於查帳結論不肯同意，主張該會派稽核一同出發，余未置可否，蓋此舉無何用處，凡有真憑實據之事項，彼不能否認，況稽核之秉承與目的不同，余等有時涉及該會本身，此則非稽核所能置辭者也，余為免胡君不悅，故未拂其意。今日繼續整理工業中心查帳資料，並將一九五六與五七年度之支出與預算比較表製成，其中有各年度之特殊困難，一九五六與五七須二年度合併與預算數比較，扣減數較多，五八年度則尚未結帳，只能照六月底之月報表總數為基礎，但表上並無累計之明細科目數額，須照查帳結果所得之細數列出，因有沖帳關係，亦費若干核對之時間。

交際

晚到鐵路局禮堂參加市黨部主委羅正亮、市長黃啟瑞、議長張祥傳之宴會，三百餘人，以區黨部委員為主。

師友

晚，由李公藩之女公子陪同往訪王厚增主任，為初次之拜訪，因紹南在其主持中信局產險處營業科服務中。

集會

晚，出席研究小組會於經濟部，一小時散。

8月1日　星期五　晴

職務

全日仍用於整理工業中心查帳資料，今日重要工作為彙列剔除款項細目，以備作為查帳報告之附件，在余預料中之筆數不過三五，而羅列之結果則二、三十筆，可見約計與實計有時大相逕庭也，此外進行數事：(1) 與辦理工業中心出納事務之輔導會財務科核對該中心之營業帳內現金與銀行往來餘額，尚屬相符；(2) 查核在本計劃內輔導會經付之二萬七千餘元籌備費，並詢問已否將原領三萬二千元與此項實支之差額四千餘元繳還美援會，在查核此部分單據之時，發覺少數不能支付之稅款等，將予以剔除，(3) 上項二萬餘元內有三千餘元之固定資產，經向就業處詢問其下落，謂已交總務處接收，問總務處時因經手人外出而須待下週再核矣。

師友

昨接張景文兄由經濟部來信云，其子女皆在龍安國民學校，成績不佳，將轉省立小學或較好國校，詢余家住之所在是否女師附小學區，余於今晨以電話作復，謂余不在女師附小學區，附小不收轉學生，只對於其他省立小學轉來者為例外，余之區內有可分發之國民學校三所，皆不甚佳，其子女如欲轉學，只有兩法，一為轉戶口於西門國校區內，聞此校升學比例特高，二為轉入較好之私立小學，如復興小學等云。

8月2日 星期六 晴

集會

下午到光復大陸設計研究委員會出席山東專題小組會議，討論關於山東重建方案之「概述」一段應如何確定，據報告此段本推楊揚委員草擬，且已完稿，後接到台中研究組寄來託莊仲舒氏起草另外一件，曾將兩件並提召集人聯席會議討論，認為莊稿簡賅合度，體裁亦易於一致，楊稿文字太多，但其中有獨特之見地者甚多，故決定作為附錄附於方案之後，云云，於是開始討論，因楊氏即席說明其起草精神在闡揚我山東文化政治之貢獻，不免有開罪於南方主政者之處，似亦不可偏廢，一般意見乃主就莊稿為主，加以整理，尤其莊稿前段所述之人文概況雖極美備，而後段重建要旨則多無重心，主盡量將楊稿之資料插入，於是一致通過交綜合小組加以整理，此小組包括五個召集人與許先登委員，共計六人云。

娛樂

晚與逄化文兄到新生戲院看電影「戰爭與和平」，由歐黛利赫本、亨利方達、米爾法拉，及其他名演員多人合演，五彩派拉蒙 Vistavision 出品，全片場面偉大，演技精湛，腳本為托爾斯泰鉅著擷其精華，長短適宜，音樂動人，對話清晰，就目前為止所看過之電影比較以觀，已可謂十全十美者矣。

8月3日　星期日　晴

師友

上午，在寓將六、七兩月報紙剪存，無他事可為。下午，楊孝先氏來訪，據談已在頭城中學放假，暑中來台北小住，已由其外孫在台北設法租賃房屋中，至於下學期是否仍回中學則尚不能預定，頗有友人允為奔走在政府中謀一實職者云。晚，李公藩兄陪同王厚增主任來訪並將約期招飲，余遜謝，並謂將先作主人，但渠堅執不允，王君為在濟南圍城中之故人，雖十年未晤，然如隔昨云。

瑣記

閱報有摘錄古人修養語句者，雖為昔所曾見，然未曾省憶，茲抄記如下，以供披閱：「月到梧桐上，風來楊柳邊，吾人不可無此襟懷；海闊從魚躍，天空任鳥飛，吾人不可無此度量；珠藏穿自媚，玉韞山含輝，吾人不可無此蘊藉；玄酒味方淡，太音聲自希，吾人不可無此風致；秋月揚明輝，冬嶺秀孤松，吾人不可無此節操；二儀常在手，萬化不關心，吾人不可無此氣魄。」以上數語或以比喻表達，或以遭際衡量，均可謂一語中的者也。（余為背誦此語句，已三天而仍未能全無遺忘，尤其玄酒味方淡句，初不能憶，憶後又忘「方」字，假定用「本」「應」，非平仄不協，即上口不順，查核數回，始將此「方」字記起，然寫作日記間又忘最後一句之第四字，姑用「動」字，然不佳也。）

8月4日　星期一　晴有陣雨

職務

預定自今日起每日至中國生產力中心，查核其一九五六與一九五七兩年度查帳報告後對於糾正事項之辦理情形，今日所查為相對基金部分，余初為證明其帳上已收回剔除款數已經收回，將其結束報告由支出總數與美援會帳上最近餘款相互核對，初見不符，迨詳加檢討，始知差額之造成除其結束報告未在繳還剔除款後修正外，另一原因為該中心繳還餘款時同時將其他收入之數一同解繳，致美援會帳列之 CEA 最後數額於減除解繳剔除款外，尚較帳列數為多，經核其差額適為剔除款數，證明餘款已經繳還如數矣；其次查核其醫藥費用之支用情形，悉去年冬日將報告送達後，該中心在新年度即依報告所核，不再支付，但今年四月又經請准支付；最後查核其原用會計科目依然沿用，並未照規定使用，其會計徐君云因接到報告時年度已將過半，故準備於五九年度開始使用云，徐君對於帳務情形竟不甚熟，可見其出國一年大受影響。下午同胡家爵兄到公路局調查六月底之橫貫公路預付款與預付材料內容情形，此由於懷特公司對六月底暫記數達五千餘萬，該公司主張須加以清理，Audit Division Chief John Gould 囑加以調查，俾作主張，今日已將資料取來，將據以分析研究。

8月5日　星期二　晴

職務

本星期同時處理數件不同事務，感覺十分忙迫，其一為從事中國生產力中心之一九五六與五七年度 Follow-up Audit，台幣部分昨已核完，美金 PIO/C 部分今日開始查核，但因進口物資甚多，今日只核對其半，未能照預料於今日完成之，須明日再行繼續辦理，幸各 PIO/C 在去年幾乎無價格可查者，今年因年度已過，已有 PIO/C 之 Closing 修正本，知其總結算額，雖尚未能完全明瞭其或有增減之內容，然已可據以作為最後之數額，較之去年之茫無頭緒者大不相同；其二為分核公路局東西橫貫公路工程總處之預付工程費與材料款，以便寫一說明提供 John Gould 之參考，今日略加核算，尚未達成熟之境，但余已通知劉允中主任本週可完成；第三為已經查完而尚未寫成報告之榮民工業中心，余已將疑點列出交辦理會計之周明道專員查補，彼已一一加以處理，於今日前來說明，大體上均能將疑問破除，只有買進水泥部分，既無供應組之 Transfer Note，乃只有國款部分之收入傳票，表示所付實已收入國款帳內，而買進之憑證又無從稽考，實不能認為滿意，好在一同查帳之胡家爵兄另將建築實際需要之水泥加以查核，如實需不比此數為少，則縱無完備之憑證，亦可信其並無浮濫也。

8月6日　星期三　晴

職務

今日上下午皆係接續昨日所為。上午到生產力中心繼續核對 PIO/C 之到達情形，器材部分較為簡單，最繁者為書刊部分，計有一千餘種之多，只能就其庋藏是否有條理編目是否有系統以判斷其是否管理合理與充分，實際點驗則不必矣，即照此種方式，亦係勉強結束，因本星期工作繁多，不容在此項 Follow-up audit 上費卻太多時間也。此次由生產力中心之 PIO/C 查核，得知若干美援進口貨物之情況，其一為美國政府所辦者往往只有書籍物品運到，舉凡 Invoice 或 Packing list 皆無，只有等待此一 PIO/C 全部結束，華盛頓通知金額總數，而實物久久不再運到，即證明已經結束，此為 PIO/C 內控制最弱之一環；其二為中央信託局標購，開標後即有標單通知，貨到自然知其價額，何時到齊亦能知悉，故後者遠較前者為佳也，余在生產力中心卷內見有書刊接到凌亂，該中心分函安全分署與美援會查詢，結果均答復請向承銷商接洽，完全不著邊際，此事之不易上軌道，從可知也。下午開始寫關於東西橫貫公路預付款與預付材料懸帳問題之查核報告，因各工程處分類之標準不一，欲彙成總表須先將其內容加以劃一，故比較費時，今日只完成其半。

8月7日　星期四　晴

職務

草擬並用打字機清打為公路局東西橫貫公路預付款與存料太多，所引起之疑問經余與胡家爵兄加以調查後之說明。此項調查乃由於公路局請發東西橫貫公路一九五八年度未發援款三千五百萬元（預算二億二千五百萬元，已發一億九千萬元），懷特公司提出意見認為該項工程之進行有須重加斟酌之處甚多，其中一項為該工程總處在六月底帳列預付款與庫存材料多二千七百餘萬元，為數龐大，須從速清理，此項懷特公司函件之副本送至安全分署，主管退除役官兵計劃之富來利君乃就此點請會計處加以研討，Gould 乃交余與胡君加以研究調查，資料於前日取得，乃於今日起草分析報告，首先預付款按性質分成八類，繼即逐類說明其內容，材料款則按材料種類分為七類，彙總為五千餘萬元，然後說明各類之何以必須作為暫記帳項，在會計制度上並無不合理之處，所成問題者為各支用預付款及使用原料之單位不能適時將帳目轉帳，最後述公路局曾於五月間催結懸帳，現雖有減少之趨勢，然欲降至懷特公司所建議之一千萬元，則事實上恐不可能，惟公路局必須貫澈清結之行動，以使帳面餘額足以表示工程費與原料存額之實際狀況云。

8月8日　星期五　晴

職務

上午，到分署持昨日所擬之有關東西橫貫公路工程總處預付工款與庫存材料問題之意見，請劉允中主任先行核閱，彼大體贊同，且認為完善，惟末頁行文內容略有改動，余於下午將第三頁重新用打字機打出，並送其轉 John Gould。撰寫中國生產力中心一九五六與五七兩年度經費查帳報告 Follow-up Audit 之報告，認為以前查帳五項建議或已照辦或已作廢，此案可以視為結束，此報告格式簡單，費時不過二、三小時，即行完成，所多者為查核與對照之時間，例如在原報告內建議事項內有一項為關於美金進口貨物 PIO/C 者，故在 Follow-up 查帳期間未涉及用款中之 PIO/T 與 PIO/P，洎草擬報告時更知在 Project Detail 一欄內須將各項用款核定數與實支數加以列舉，而實支數係照六月底之餘額為之，於是乃到 Program Accounting 部分逐一查帳上之餘額，並照所謂 1311 號報告內容將是 Valid 或 Invalid 加以查核，但不寫入報告耳。

記異

月前衍訓兒由高雄帶回曇花一株，不久即在葉旁含苞，一週來更迅速發展，花梗變長，且花頭彎而上向，大如鵝蛋，今晚飯後漸漸吐孔見蕊，十時怒放，潔白無瑕，香如芍藥，態似白蓮，嘆為觀止，至就寢猶然。

8月9日　星期六　晴

記異

余於今晨一時始就寢，曇花方在盛開，置於室內，時有微香飄動，有類牡丹及芍藥，而花之嬌豔則遠勝也，余十年前在濟南曾見曇花一次，似有數朵，亦於薄暮始開，午夜不謝，與今茲正復相同，今晨起身先看花枝，瓣雖不落，而梗已萎垂，且花頭復合，如作日下午之含苞未放時然，因思此花得天地之菁英，方其發育滋長，一派向上煥發之精神，正所謂花未正開月未圓，迨力盡氣衰，則亦只能退藏於密，或與古今一切草木同腐，而有待於繼起者之步武光大，於以見造物之神奇與奧妙，人力焉能增損其分毫哉。

娛樂

下午，率紹寧、紹因、紹彭到大同戲院看電影，片為美高梅出品卡通片 Tom and Jerry，凡十本左右，為五彩新藝綜合體，寫一貓一鼠之故事，均富於兒童趣味，惟此戲院之聲光均不見佳，亦無冷氣設備，殊談不到娛樂享受耳。

交際

第七區黨部職員張羅，上週來喜柬定於明日結婚，余因其交遊殊鮮與余相知者，不欲前往觀禮，乃於今日在南昌路定做花籃一個，約定明日下午送往，以為應酬，至於區黨部其他委員如何表示，因無接觸機會，故不相謀也。

8月10日　星期日　晴

閱讀

全日在寓，既無賓客，亦無應酬，炎暑中以讀書自遣，所閱者有 *History of Modern Colloquial English*, by Henry Cecil Wyld，為一英國出版美國發行之書，最初為一九二六年初版，一九三六年出第三版，一九五三年重印，余因其內容頗為深入，且非為英美以外人士所能完全閱讀，故只看其序文與第一章，此中漫談語言文字，亦有標準語與方言之別，中國亦是如此，諒任何語言文字皆無不如此也。此書提及 Modified Standard 與 Received Standard 之區別甚有趣味，謂此等修改 “They may, and often do, use a type of pronunciation which is quite alien to Received Standard. These deviations from the habit of Received Standard may be shown just as readily in over-careful pronunciation, which aims at great 'correctness' or elegance - as when it is pronounced in 'often', or when initial h is scrupulously uttered before all personal pronouns, even when these are quite unemphasized in the sentences - as in a too careless and slipshod pronunciation - as when 'buttered toast' is pronounced 'buttered tose', or 'object' is called 'objic', and so on."

8月11日　星期一　晴

集會

晚，出席第七區黨部委員會議，所談皆為有關即將舉行之全區代表大會事項，現在新規定之代表產生辦法已非如往昔之每小組一名，而為每區分部總人數每百人一名，不滿一百之尾數照算，故全區四千餘黨員可產生五十名左右之代表，視以往有三百餘代表者大異，至區黨部委員產生方式，在昔為每若干人可以簽署候選人一名，又上級黨部亦可提名半數，問題在簽署中引起會場秩序難以維持，新辦法為上級提名一半，又在區黨分部全體委員聯席會上以投票方式產生半數，合共為名額之一倍，印票由全體黨員圈選，選舉於代表大會席上為之，按此方式遂發生普選設立投票所之經費問題，以及投票所職員之工作分配等問題，均於今日會議上決定，經費一節則多得今日列席之曹重識區長之幫助，十一時始散會。

閱讀

讀蔣彝著「中國書法」（*Chinese Calligraphy: An Introduction to Its Aesthetic and Technique*），全書用英文撰述，分述中國文字沿革與結構、書寫之方式、中國書法之美點、書寫之技巧與入門之方法、書法與其他藝術之關連等，余因其文字並未觸及較深刻之理論，故只大體涉獵，但於所插各碑拓與手迹則多足資觀摩，印刷精良，猶其餘事。

8月12日　星期二　晴

職務

全日撰寫上月所查 Industrial Center 及其所屬兩工廠之查帳報告，已寫完三段，一為 Project Fund Status，二為 Comparison between Actual and Budgetary Disbursements，三為 Non-Acceptable Items，尚有 Accounting System 一段則須明日繼續矣。此報告寫完後之次一工作為去年所查 Interim Hospitalization 須作 Follow-up Audit，胡家爵君主下星期出發往看去年看過之各醫院，昨日會同往分署與劉允中主任商洽，渠云下星期將赴中部查案，在彼公出時不希望徐正渭君亦出差，以便代為照料事項，而徐君為去年共同往查各醫院者，余極盼其能參加也，於是決定順延一星期，今日劉主任以電話相告，謂彼中部之行作罷，余等原議可不變，今日下午乃會同胡家爵君往辦申請手續，申請人除余二人外並代徐正渭君（適其時外出）亦加入，不料劉主任簽字轉送 John Gould 核批時，彼認為 Follow-up audit 不必三人共同前往，只需兩人即可，再三說明，仍執己見，無法可想，只好將徐君取消矣，劉主任云近來申請出差者常常遇有挑剔之事，此 Gould 在昔本甚圓通，自 Johnson 去職後彼為 Audit Division 之 Acting Chief 後，作風大異云。

8月13日　星期三　晴

職務

全日續寫工業中心查帳報告中之 Accounting System 一段，此段文字不多，但最費苦思，蓋因須用最簡要之文字將該中心之制度加以描述而舉出其補救改進之方法也。余首述自前年十月間該中心設帳起，至今年五月止，係採中心統帳制度，一切收付皆由中心記帳，設備建築機器開支，無一例外，今年六月一日退除役官兵輔導會令採分帳制度，且採用中心所擬之成本會計制度，中心已將兩年來所獲自美援之設備移至工廠，但至查帳時止，尚未見工廠照轉帳內，同時中心自開辦至今未有辦過營業決算，未辦過盤存，盈虧不知，存貨實量不知，於是認為中心須速即令工廠將帳目補齊，實行成本會計制度，實行永續盤存制度，及按期決算，此其大意也。生產力中心之 Follow-up Audit 報告劉允中主任云已核定交印，其中有該中心改用建議之會計科目一項，余本謂正在實行之中，Gould 改為已經實行，為免萬一有何偏差，劉主任主通知該中心務於本年度照改，經即電話通知該中心徐君，據云已經自七月份起改矣。衛生處祁君來談臨時醫療計劃查帳報告之 Follow-up 問題，據云帳在台中，乃決定下星期一續往台中衛生處查核。

家事

紹寧應徵國語日報暑期兒童作業三十天，今日完成寄送，余為核閱一過，見尚清通，或有膺選希望。

8月14日　星期四　晴晚雨

職務

整理榮民工業中心之查帳資料，按照 (1) Budgetary Information、(2) Non-acceptable Items Summarized、(3) 1956 Disbursements、(4) 1958 Disbursements、(5) The Recipient's Reports，分別編定頁數，寫成目錄，其中 Non-Acceptable Items 一章則又將各項剔除款之來歷加以頁數之註明，以備查考。報告寫成後依新近之慣例為與受援機關交換意見，如無歧見，即在末頁加一 Remarks，謂已與某某討論，彼認為報告內事實確鑿建議事項亦有根據，表示一切同意，於是上午與輔導會之會計處長王紹堉、就業處長劉誠約訂下午晤談，余並通知工業中心以前主辦會計之周明道專員屆時亦來，目的在便於對查帳事項向其主管處長加以說明，一以免除余等冗長之談話，一以依據不同之立場表示並無歧見，至時胡家爵君所提事項較多而零碎，余則只提兩點，亦即載於報告中 Recommendations 之兩點，一為 Refund 剔除事項共十萬零五千餘元，彼無意見，二為實行健全之會計制度，王紹堉處長主張訂一種不完全之成本會計制度，固定資產折舊不計入成本，以免太過提高成本，余對此項自欺欺人之作法當即不表贊同，談有頃並無結論，實亦不必有結論，因余並未對其制度之內容十分硬性建議也。

8月15日 星期五 晴有陣雨

職務

榮民工業中心之查帳報告最後整理完成，今日下午送至分署編列報告號碼，交劉允中主任核閱。今日開始Interim Hospitalization之Follow-up工作，進行事項如下：（1）根據原查帳報告之各項Recommendations屬於上次余與徐正渭二人經查者之項目一一在文卷內查出其執行情形，至於剔除款繳解數目則與CEA之最後修正數額加以核對，證明為數相符，此皆屬於一九五六年度經費由輔導會經支者；（2）衛生處部分一九五七年度經費並無剔除事項，只有截至去年八月十六日查帳截止之日的尚未報銷的撥支各單位款項六十餘萬，須核對實支情形處理，毋使缺乏憑證，此項須待下週赴台中省政府衛生處細查其五七年度八月十六日以後帳目時連帶的加以審核，為準備充分起見，今日先將卷內之各項撥支與實支對照數加以複閱，以便喚起舊有之印象加以繼續審核，下週赴台中將與經辦會計人員偕行，為彼便於接頭，經應彼之請，將卷交其先閱並帶至台中；（3）在審核中發覺去年徐正渭君所查部分之單據仍有缺少，前次並未指出，因係範圍外事，故不觸及云。

交際

以前辦理東西橫貫公路資源調查會計，現任水資源規劃會會計主任趙君在泰新請客，到二十餘人。

8月16日　星期六　晴

體質

近來為左腿仍有麻木現象，乃每五、六天繼續注射維他命 B1 與維他命 B Complex 各一個 cc，今日注射一次甚痛，甚至走路有所不便云。又昨日下午全家均至分署醫務室注射第三次破傷風血清，此次為半個 cc，其效力將自現在起繼續四年云。

參觀

下午，同德芳率紹中、紹寧、紹因、紹彭到植物園內歷史博物館看建築特展，全部為北平故宮之各項建築照片及圖說樣式等等，均極精美，並有天花山花柱頭等之彩繪，豔麗絕倫，此外新加入固定展覽者有隋唐之出土陶器，雖不若宋以後瓷器之精美，然亦有其特殊之點，引人發思古之幽情，歷一小時始看完，館外荷花盛開，在塘邊小坐移時始返。

師友

上午到合作大樓訪李洪嶽、吳麟二律師及吳崇泉兄，僅二律師在，對於昨日雷震該大樓四樓發生損失，彼等三樓亦受虛驚，表示致慰，並閒談約一小時始辭出。安全分署同事黃鼎丞君日前借去六百元，遲遲不還，上週來訪問余是否急用，余適因決定下星期出差，認為必須支用，乃告以須於本週內還，彼今日始行送來，此事雖不甚大，然此人信用之低落，殊令人難以置信，此後應避與通有無也。

8月17日　星期日　晴

瑣記

今日為各區黨部所屬各區分部辦理本屆各區代表大會代表選舉之日，第七區黨部第六區分部之監選員由余擔任，晨八時有人來通知，謂前來等候投票者已有數人，望余速到，余閱選舉辦法，始知非監選員到場不能開始投票，乃亟前往，主任管理員及兩管理員已先在，遂將票匭加封，開始發票、投票，此項選舉已有前來拉票者，其一為南昌路派出所之劉承勳巡官，另一為朱似剛，竟日在投票所釘住拉票，此外為夏鐵肩等三數人，僅略來周旋，並不釘住，此項投票共有四百五十五人列冊，至午即已有一百七十餘人，依規定如不能過半數即須重選，至下午四時尚只有二百二十餘人，一時頗為擔心，恐難達半數，其後漸有於下班時始倉促趕來者，結果至五時止共投二百四十七票，超過半數，乃閉門開票，因係單記法，故將得票者一一分類歸屬，然後唱票，只唱總數，計劉承勳得九十九票，朱似剛得五十票，其餘只十餘票，未當選者只數票或一票而已，開出後將票數核對相符，即交區黨部職員加封帶回，至六時順利完成。今日有一插曲，即在正辦理中接區黨部通知，謂市黨部通知原規定區黨部委員候選人半數係由區黨部區分部聯席會議開會提名，現改為由代表大會簽署，結果恐將又引起一陣紛擾，代表大會秩序大亂云。

8月18日 星期一 晴

旅行

上午八時由台北動身乘安全分署所派車由司機林殿墀駕駛赴台中，於十二時到達，住青年旅社，先在樓下103號休息，晚宿於202號房，此為該社最安靜之房間。今日同行者為胡家爵兄，及省政府衛生處祁兆琬君，胡兄午後乘車赴埔里並轉他處視察臨時醫療計劃下之各醫院，余須查衛生處之該計劃帳目，約計三天，故住於台中焉。

職務

下午開始到霧峰省政府衛生處查核一九五七年度之臨時醫療計劃用款，此為接續去年之 Follow-up audit，故首先將去年查至截止之八月十六日帳面餘額與查帳報告書上之帳面餘額核對，然後再囑會計人員將最後餘額抄出（結束報告副本尚未抄到），余將兩個日期之差額列成一表，求出在此次查帳所應包括之數目，由於去年查帳已近結帳，故頗有若干項目數字未變，然多數則數目已改，甚至有因轉帳關係而餘額減少者，其詳細內容則逐一續核焉。霧峰為省政府部分所在，只衛生處與教育廳，地點清爽宜人。

娛樂

晚在豐中戲院看電影「玉女招親」（The Girl Most Likely），由金鮑慧兒主演之鬧劇，穿插歌舞，純粹娛樂性的。

8 月 19 日　星期二　晴

職務

續到霧峰省府衛生處查核一九五七年度臨時醫療計劃帳目，今日從事之工作如下：（1）昨日製成之此次待查各科目數額表在帳上並非單純的延續去年查至之期限，八月十六日後之帳目由於轉帳頻繁，必須另加分析究竟何項記入相當於此項 Follow-up 數目範圍內者，此工作似簡而繁，由衛生處會計祁君終日查對開列，尚未完成；（2）由總分類帳餘額核對相對基金撥款數目，此本為照例之工作，然發生該處支用總數比CEA Amount 多列五萬六千元，詢悉係在結帳後又繳還美援會此數，未有補入帳內，當囑補入，以免查帳報告說明內多一枝節；（3）製成全年度之預算與實支比較表，顯露生活補助費與醫藥費兩項之實支超出預算均在一百萬以上，但並未超過百分之十五的流用限制；（4）本計劃內由榮家計劃內撥還二百餘萬元，係由原科目沖回，單據則為代保管性質，經查其文卷，並擇要記錄。

師友

青年旅社同住有陳舜畊經理，由台北來，訪問不遇，留片致意。晨訪本署同人王德壽君及美援會趙萃年君，同早餐，並用彼等汽車送余至省府，路過彼等工作目的地之省立農學院，留片致意王志鵠院長。

8 月 20 日　星期三　晴

職務

全日續在台灣省衛生處查帳，根據會計祁君之每一科目分析表所列自去年查帳以後之收支數目內容，按傳票逐筆查核支付之內容及憑證有無欠缺，今日已查完主食費、副食費、特別營養費及零用金等四項，此四項皆為在去年查帳時有預付款未報銷數，在查帳報告中寫明須查明轉正者，但在事實上則年度終了一切實支數均依報銷轉正，完全無預付性質之款項存在，故只須查核自去年查過後繼續發生之記入以至結帳為止，此項預付性質之款自然在其中矣。今日查帳發現有若干未有料到之事項，（一）主食費完全由衛生處整支於陸軍供應司令部經理署，有單價數量明晰者，有只有金額而不知數量單價者，有無超支須待續核；（二）有若干科目之收入或支出數包含一部由其他醫療計劃轉入，或反之由本計劃沖出而歸其他計劃負擔者，謂為求符合預算數不使超支，乃輔導會所口頭指示辦理者，此等情形為他處所未見及。

游覽

下午由衛生處祁兆琬君引導游覽霧峰林家花園，園傍山路開築，過一溪橋至大門，有聯曰「自題五柳先生傳，任指孤山處士家」，內有古木別業，山上則墓地碑碣等，曲折幽深，引人入勝，折返由另路至林家寓宅，山水亦佳，最外為私立中學，全局雖不甚大，然有不可測之意境，洵不易得也。

8月21日　星期四　晴

職務

續到衛生處查帳，上午所查為病房作業費一子目，此帳內之內容最為複雜，因而抽查之單據亦最多，發覺若干情形不能謂為嚴格的符合PPA之規定，例如本計劃之援款對象原為在各院所療養之榮民，其總數為19,837人，但常有退除役官兵輔導會通知支付其他榮民單位如東西橫貫公路等所送住院病人之事，又如支付之醫院辦公費雖為所應支持之院所，但屬於本年度以外年度月份不在預算年度之內者，亦常有因預撥款報銷不清而由輔導會轉送單據補轉者皆是，下午查水電燃料費及其他零星開支之五、六子目，內容皆甚簡單，故大體均如期完成焉。

師友

在教育廳遇曹緯初股長及劉法賢兄，劉兄在隔壁之私立萊園中學教書，下午往訪不遇，留片致意。

遊覽

同衛生處會計主任戴寶琛及本署王德壽君、美援會趙萃年君同到省議會新舍參觀，建築美輪美奐，庭園有山有水，設備則充分現代化，無怪已成霧峰風景之一，又至坑口宿舍戴君家一行。

娛樂

晚，看電影「夏日春情」（The Long Hot Summer），珍妮華德、安東尼法蘭賽斯、保羅紐曼等主演，片雖甚佳，而不甚合余之胃口。

8月22日　星期五　晴

旅行

上午八時由台中乘自備車出發，北行，同行者本署胡家爵兄及台灣省政府衛生處祁兆琬君，至後龍時經支路赴苗栗，胡兄訪軍方儲備庫，此段距離七公里，為石子路，但甚平整，原路折返於十二時到新竹，住車站對面新竹大旅社，尚清潔，惟環境太嘈雜耳。

職務

下午三時赴下公館竹東榮民醫院（距新竹半小時汽車行程）查帳，重點在查核其一九五七年度結帳情形及一般會計處理，不在審帳目內容，但於內容方面亦有發現：（1）五七年度帳目結束時尚有經費結存三十餘萬元，包括銀行存款十八萬餘，手存現金各戶總計十餘萬元，但事實上在一九五八年度帳上只收二十餘萬元，其中相差十餘萬元，並非上年度結餘經費，而為上年度之應付款，但新年度帳上未列，五七年度帳上又全數付出，銀行結帳單又表示並無另行提出保管之跡象，雙方不相一致，詢之會計主任周君及會計郭仲篪君均係五八年度新調來者，竟完全茫然，只得約定續查後見告；（2）上項銀行結帳單所表示者與銀行存款帳上亦有尾差，因舊年度存款不全，容回台北時再查其所繳之月報表，以覘有無解釋表之類。今日查帳所費時間不多，但已見會計人員之欠缺細密與注意矣。

8月23日　星期六　晴

旅行

中午由新竹動身乘自備車赴北，在桃園午飯，於下午一時半到達台北，路過後龍時買西瓜三個帶回自食。

游覽

上午游新竹青草湖，地距新竹南郊之鐵道邊為三公里半，余先到孔明廟，廟甚小，其實為佛堂之一部分，在佛像前有諸葛塑像著道袍而已，廟後有佛殿一座，較為軒敞，額題靈隱寺，其中張懸字畫甚多，皆為題贈住持無上法師者，庭在廟側，遍植柿樹，結實纍纍，濃蔭渾如天幕，極增游興，由此循小路向寺後行，即至青草湖水庫，乃四十二年興建，四十五年落成，費五百餘萬元新台幣，舉凡溢流堤、攔水壩、水口等等皆在其內，碑誌云可灌田六百公頃，乃水利工程，附帶的點綴風景也。此處雖尚為新設，然已頗有湖山之勝，由此折返寺前在樹下休憩看書，並游覽其寺前之附帶建築，有某僧紀念碑，又有靈壽寶塔，計為七級，乃為人寄放骨灰之所，其中置骨箱無慮數百，游賞共三小時而返。

娛樂

晚，同德芳率紹寧看電影，由三船敏郎與高峰秀子合演「無法松の一生」，故事悽婉，富人情味，演技精湛，彩色鮮明，配樂亦不感噪耳，的是佳片，無怪各報一齊叫好也。

8月24日　星期日　晴

集會

今日為古亭區黨部亦即第七區黨部代表大會舉行之日，余因不欲繼續擔任委員，亦不知何人為最適合之人選，故本不擬參加，後因前來競選者有數人，堅請屆時支持，始又決定出席。余前往時已屆九時餘，進行項目已多，入場時第一件事即為日來持區黨部常委劉壽朋介紹片前來拉票並挽簽署提名之熊慧華女士前來請將簽署書填交，余即照辦，熊君依規定之最低簽署為委員候選人簽署人五人尚缺其一，故連日數度向余處奔走，而余不在家，今晨黎明又來，始因面晤而得放心，第二件事即為應付各各要求投彼一票者，余除熊君外，又答應四人，此即孫吉業、夏鐵肩、曾廣敏、凌紹祖，其中凌君為現任委員，渠對余表示市黨部屬意其續任常委，但事先未徵求同意，且現任各委員市黨部已有意改變意向，而以李桂庭為常委，但大家交換意見結果，認為凌君既獲提名，此為唯一之現任委員，大家一致支持，故投票時照投，余亦照所答應者投下。繼即開票，結果只有熊慧華一人未當選，而只差一票即可得一後補，大失其所望，開票後散會由區長曹重識招待午餐。今日會議中風平浪靜，重要原因為人數只五十餘，且區黨部在事務方面井然有序，未貽人以不良印象，本任委員可謂有始有終。

師友

王舍甫君來訪，云月前已改任新竹新豐衛生所長。

8月25日　星期一　晴

職務

今日照例事務為報銷赴台中之旅費，同去之胡家爵兄所到之地點較多，渠報銷表較為繁瑣，余則自星期一至星期四全在台中，此四天之工作在霧峰，須乘公路局汽車前往，但又有數次係搭乘另一出差過台中之本署車，而乘公路局車共只七次，所費不過十四元，為期簡化報銷，並免所報時間與另一車之乘主王德壽君所報者不同，乃將此部分省略，僅十四元不獲補償而已。著手整理上週所做 Interim Hospitalization 之 Follow-up Audit 所得資料，並將欠缺憑證事項加以列舉，交經手人予以查補，目的無非在盡量將不合規定之支出使得補正之機會，使此項 Audit 之rating 得以用滿意字樣而加以結束而已。

師友

晚，同德芳到仁愛路訪丁暄曾太太，丁君本月前由金門回台休假一個月，假滿即返，數日來金門受大陸共匪之攻擊，每日多至砲轟數萬發，在金工作者之安全，深值繫念，今日往訪在慰問並勸安心而已。

體質

近來體格甚健，尤其自牙齒拔除不良後，飲食大致無礙，但自上週在新竹食極燙之廣東粥後，左面臼齒竟不耐細嚼，且畏冷熱，余恐口腔之困惱將又轉入多事之秋矣。

8 月 26 日　星期二　晴

職務

上星期完成之榮民工業中心查帳報告本已交卷，今晨該中心會計人員告余有剔除之汽油稅六百另二元，事實上一部分後已沖回，一部分並未支出，余為求核實，乃往該中心再度核對傳票，始知其中皆為五六年度之支出，一部分於五八年度帳內沖回，另一部分則並未連稅款一同支出，故此二筆均須免予剔除，余對清後，即回分署向陶聲洋主任將原稿索回加以改正，至於此二筆發生疏忽之原因，完全為接受當時單據之暗示，未經詳加周密推敲之所致，蓋其中一部分支付時有王則甫主任註明曾向分署 AD/O 蘇君云汽油稅可以照支，即不慮及其年度終了後又在其他年度內收回，另一部分則亦因王在發票上註明連稅皆支，遂不細核其傳票內竟不包括，可見在查帳時必須十二分審慎周詳，始免於有意想不到之漏洞也。

瑣記

下午市街鞭炮大作，詢知係共匪米格機向我方投降，俄聞一片號外之喊聲，知為此事，且下樓不便，故未買看，及看晚報，稱係傳聞有米格機二架投降，但軍方未予證實，至六時聽廣播又云，此事完全子虛烏有，軍方且查謠言何來云，此等故作驚擾，反對民心士氣有礙，不足為訓也。

8 月 27 日　星期三　晴

職務

上午續整理 Interim Hospitalization Follow-up Audit 之所得資料，並處理所發生之問題：（1）在生活補助費下支出一百餘萬元用於買運動鞋，但在 PPA 內並未規定，且總支出超出預算一百餘萬元，經詢輔導會梁元鑄科長，據云在生活補助費內之分析內容時有服裝在內，顯不充分，因生活補助費預算係按人數照最高限度計列，現超出預算，無理由可言也；（2）宜蘭診療所缺醫藥費單據二萬餘元，謂軍法方面調去，余囑經辦方面將調取之憑證收據足以表示為單據若干者提示，或將有關文卷之足以證明經調去此數單據者提出以為佐證，衛生處之祁君將於明日前往查對調取。下午參加分署主管退除役官兵計劃之 Fraleigh 所召集之橫貫公路財務有關會議，出席者會計處為 John Gould 及輔導會公路局有關人員，余發言甚少，只對於預付款過多一節表示意見，認為最好不變更會計制度而另以備查簿登記在預支帳及材料帳內，而實際已加入工程費之數目云。

集會

晚出席研究院小組會，除普通節目外，為漫談昨日匪飛機來台詐降，此間信以為真，乃有一場空歡喜與滑稽劇，又談時局緊張，各機關多準備疏散云。

8月28日　星期四　晴

職務

正在準備中之次一查帳對象為 RETSER Job Training 及 Employment Placement 兩個 Project，二者互有關係，今日開始就前一project 加以研究，將退除役官兵輔導會及安全分署之文卷均加以調閱參照，並摘錄其要點，此計劃預算與實際相去甚遠，預算需用款一千三百餘萬元，事實上則只用四百餘萬元。與衛生處祁君繼續研究 Interim Hospitalization Follow-up Audit 中之問題，其一為宜蘭療養院所支出醫藥費二萬餘元而無單據，祁君今日赴宜該院將有關文卷調到，其中有軍法機關之判決書對於該院長侵占款項、藥品判決徒刑，刻在上訴期間，由判決書知該項二萬餘元之藥品係於買到後以集中保管為由，而以一部分被院長據為己有，至於單據則由該院調去審查，似確有其事，余所不放心者乃該項單據之本身是否有不合情形，仍須待下次再作一次 Follow-up 矣；其二為生活費因加發球鞋而超出預算，為確知實物補給之人數（經理署代補，只有金額數量，人數須再補查），而又免於經理署之補查不易，乃將單價及每人需要量開出交祁君加以核算，俾知該署究竟補給若干官兵，而預算超出究因何項原因。

8月29日　星期五　雨

職務

上午，到分署與陶聲洋主任談 Industrial Center 查帳報告事，彼認為須加斟酌處為：剔除款內有彰化工廠費用超出預算數報由中心負擔，中心將款匯還該廠，並未收回原科目而收入營業帳內，因余之說明太簡，陶氏主張補充，余因剔除款表內均只有極扼要之說明，此項說明文字已嫌其長，故不能再行補充，且由於此項錯誤處理之後果並不嚴重，故認為可不剔除，陶氏所見不同，認為另加頁末附註即可解決，且剔除款達十萬元，所查有四個 CEA，不能謂為每一 CEA 不及二萬五千元之所謂 small amount，仍然列入，次為關於會計制度方面，彼主張只將缺點列出即可，刪去甚多，余因既能使閱者不因過簡而不明，文字欲其精鍊自無不可云。

師友（補昨）

晚，廖毅宏、徐嘉禾二兄偕振昌木行孫海來訪，由於存料太多，銀根奇緊，希望將所做之枕木十萬根售之鐵路局，該局因明年始有預算款可用，對於振昌要求只須開給對匯票不必付現一節不能完全作主，有待交通處會知辦理，彼意託余向交通處譚嶽泉處長說明內情予以同情考慮，余原則應允，主將需要之資料詳細蒐集，交余採用，至於係去信抑面商則待另為計議云。

8月30日　星期六　晴

瑣記

今日休假，上午到合作社聯合社買用品，下午到台灣書店為趙季勳委員遺族募捐，並到錦綸麻織廠買內衣。此因該廠曾通知中信局各貨定價，余曾於昨日偕紹南到中信局福利社購買，至則始知係在南京西路該廠之推銷處，乃於今日前往，貨色種類頗多，實難在中信局出售。以種類分，有香港衫與襯衣二類，以袖式分，各有長袖與短袖，以色式分，有素色與湖色、灰色等之分，以質地分，又有加重與單紗，單紗中又有帶條、不帶條與帶花點之不同，以大小論，則襯衣自十四寸至十七寸，港衫有大、中、小與特大四種，故如欲指定購買何類何式何花樣，即此處已難以備齊，遑論其他各代理處，余挑選結果只買港衫與襯衫各一。在錦綸又見有新出品之苧麻涼席，形如大甲草席，但質地稍軟，甚具匠心，價與草席似。

交際（補昨）

晚在中心診所餐廳與七區黨部各委員聚餐並公請劉壽朋常委，吳修漢書記作陪，席間談新委員選出後常委又陷難產之局，因以前糾紛中之兩派系在會中又形復活，市黨部提名凌紹組，雙方似不甚同意，尤其凌君本人堅辭，恐短期內難有結果云，今日與席者除吳、劉及余外，為唐際清等五人。

8月31日　星期日　晴

師友

下午，同德芳到泰順街40巷七號訪王文甲夫婦，旬前二人曾來訪，余未獲晤，王兄在省立法商學院任教，數年來住於楊梅，月前移來市內居住，蓋為子女就學方便計也。下午，同德芳訪張中寧兄夫婦，僅張夫人在寓，為普通問候，閒談子女升學事，渠今年有一子一女投考大學，明日放榜，已預知均取，現七子女已只有二人在中學。

閱讀

讀 *Reader's Digest* 七月號有諺語了解測驗，每問四答，隨己意選用，余選十答皆為理想之答案，該刊謂為 Philosopher 者。十題如下：(1) A tree is known by the fruit it bears, (2) Don't cross bridges until you get to them, (3) The harder the storm, the sooner it's over, (4) He thinks not well that thinks not again, (5) Set a thief to catch a thief, (6) Beauty is only skin deep, (7) Too much water drawn the miller, (8) The thread breaks where it is weakest, (9) He who rides the tiger cannot dismount, (10) A change of pasture makes fat calves. 此為摘自 Gorham 教授之 40 題者，據云 Gorham 以此而得知各種人之性型，類如 practical person, scatter brain, or deeply moral person。

9月1日 星期一 晴

集會

晚，參加黨校同學茶會，報告時事者有方青儒、李鴻音諸兄，並討論對於武文兄之進一步支助，緣武兄已經將體格方面之病治愈，但精神尚未復原，不能說話，洪陸東氏允二月後開畫展為籌用費，此二月面臨斷炊，希望援手，當即認捐，自一百元至二百元不等，余捐一百元，因已捐一次。會於十一時散。

閱讀

昨日所記之諺語測驗，其答案中之理想者如下：(1) A man is known by his deeds; (2) Don't worry about troubles till they come; (3) Our large problems are often solved more quickly than our small ones; (4) The good plan is the thoroughly considered plan; (5) If you have a special problem, consult someone who has special knowledge about it; (6) Character is more important than outward appearance; (8) A flaw in one's character will show up under pressure; (9) A risky venture is often hard to get free of; (10) New experiences stimulate people.

9月2日 星期二 晴

職務

與退除役官兵輔導會會計處長王紹堉談關於此次所查 Interim Hospitalization 所發生不易解決之問題，以交換意見，或有解決希望。其一為生活補助費本係按最高人數 19,837 人列預算，現實支人數不足額，而所支之經費則超出預算，乃在原則上極為矛盾之事，希望能解說真正合理之原因，以便確定超出預算之合理程度究為如何，王君認為此項確有問題，必將加以分析藉明底蘊；二為宜蘭診療所長因案被押，有二萬餘元之購藥單據為軍法方面所調取，而訟案中之藥品又有被侵占之情形，故不易核銷，王君謂將盡可能將單據調回，希望根據單據予以核銷，余允照辦，但如在提出報告時仍無單據，仍將剔除云。今日開始查核退除役官兵就業輔導會所經辦之 Job Training 及 Employment Placement 二個 Project 之帳目，已先將帳列餘額與結束報告之列支數加以核對相符，又將總用款數與美援會 CEA 數相比，發覺事實相符，帳目上則仍有將 Miscellaneous Receipts 解繳時美援會誤作相對基金收入之情形。

師友

上午，到中國農民銀行訪董成器兄閒談，遇廖國庥兄亦到，廖兄向余探詢分署之會計稽核制度，余將去年修訂之 Standard Operating Procedures 交其參閱。

9 月 3 日　星期三　風雨

職務

開始查核 Job Training 1957 年度用款之單據，其帳簿分總分錄帳與明細分類帳二種，明細分類帳係按預算科目分成兩本，一本記載事業費，一本記載管理費，前者有七科目，後者有三科目，今日係由事業費查起，以明細分類帳為綱，然後找尋傳票單據，但為節省時間起見，同時查五科目，此即「學費」、「設備費」、「學員生活費」、「特種服裝費」、「學員租金」等，其中學費分三子目，學員生活費亦分三子目，此五種開支均係付給代辦訓練之機關或行號，於定約時及定約後分期支付，而學員生活費則只付給伙食費一種，其餘二項則不與此等同付，因同付之五科目往往均同時記於一張傳票，故可以五項同時查核也。今日已將全年度查完，所以能迅速辦理，由於帳簿傳票較有條理與順序之故，全部付款為憑合約人之領據，甚至輔導會自辦之兩個講習所亦然，且為數獨鉅，則殊不合理也。

瑣記

以前代于兆龍氏主持第七倉庫利用合作社解散賣房已數年，而今日猶來為產權登記補蓋圖章，全因代書泄沓之過，台灣之代書業均只知事之當然而罔知所以然，誤人不淺也。

9月4日　星期四　雨

職務

續核Job Training之帳簿單據，全日只看完學員生活費內之兩個昨日未看的子目，此即零用金與服裝補充費，每人定額前者三十元、後者二十七元，按情理應可迅速看完，然事有出人意外者，即適有一張特殊傳票即費去數小時，此與昨日得以迅速進行之原因完全相反，昨日因條理清楚，今日則因條理不清之所致，今日此一傳票為台糖公司共辦四個代訓班，除一部分經費在開辦時支用外，其餘則陸續墊支，至年底始不分科目開來一張舊式之清單，訂成一本全本之傳票，須由此中將生活零用金與服裝補充費一一擇出，再加彙算，如此等機關亦可謂誤人不淺也。

記異

颱風格累絲於昨晚掠過基隆外港，由於風力極強，雖未登陸，而來勢已甚凶猛，半夜起距台北最近，至今晨始漸去遠，余房屋尚無大損失，只最西之一間伸出外面之屋角被風將瓦吹落數片，室內滲漏處亦不多，由於風大雨小之故。

交際

交卸之第七區黨部委員劉壽朋氏晚在德興菜館宴客，在座皆彼時之委員，計有唐際清、凌紹祖、徐永富，及省黨部易君，席間談第七區黨部自改選後尚未能選出常委，勢將夜長夢多云。

9月5日　星期五　晴有陣雨

職務

今日全日續查榮民 Job Training 1957 年用款，其中事業費之七科目昨已查完五科目，今日續將臨時急救費與榮民交通費查完，二者之支出雖不屬於同一傳票支領，但為傳票每一束為一個月份，為開拆及捆紮方便計，乃將兩科目同時查核，因每筆金額有極小者，故採用抽查方式，只抽查每筆一千元以上者，將傳票後所附之單據加以審核，如無特別情形，即不複核傳票單據矣。此兩科目之支出尚無何大問題，惟其情形應加注意者為：（1）原預算所定之交通費為進廠報到之旅費與出廠就業之旅費，及在受訓期間每天往返之公共汽車費一元四角，但事實支出則除榮民之交通費照支外，尚有護送旅費，且為數不少；（2）醫藥費本為意外急救之用，但若干代訓班則大小病症皆歸此項醫藥費內開支，難免有取巧之處焉；（3）兩項費用之總數皆不甚多，此因人數之根本未達到預計數目之故；（4）有一單位支領交通費並無證明冊，係由代訓出據代領轉發，此非一般情形，故應囑其補具手續；（5）醫藥費多數為公立醫院收據，極少數私人醫院，亦只好聽之。

9月6日　星期六　晴

師友

上午到古亭區公所訪曹重識區長，不遇，向該公所羅君詢問鄰人嚴金麟、黃財寶等救濟是否不致遭受停止事，據云已將調查結果全案送七分局複查中，可囑其詢問鄰長是否已經列入，如未列入，可以再行申請云。

保險

九月份起全國公務人員保險包括國大代表在內開始舉辦，今日將秘書處送來之五聯保險卡填送，其中所填項目為本人籍貫、生日、身分證號數、住址、受益人（填德芳），隨在任所之配偶父母子女（填劉德芳、吳金堂、王素貞、吳紹南、吳紹中、吳紹寧、吳紹因、吳紹彭，及各人生日）等項，其中甲聯為一小卡片，為類似圖書卡片大小，將交承保機關，乙、丙、丁、戊四聯大約甲聯之二倍半，乙、丙兩聯送承保機關，丁聯存要保機關，戊聯送主管機關，均各填明照列各事項，但只戊聯有家屬之生日，並加貼本人照片，其他三聯則不貼照片，甲聯須加貼照片，而乙、丙、丁、戊四聯則並須蓋章，余意戊聯恐係最基本之資料，故特別詳細，其他各聯互有詳略，獨此聯為具備一切資料，非如其他各聯也，又甲聯面積至少，除本人多項外，只有受益人一欄，諒係為檢查方便而設者也。

師友（2）

上午，到國民住宅興建會訪王保身兄送武英亭兄捐款，又訪佟志伸兄，詢住宅颱風是否有水。

9 月 7 日　星期日　晴

娛樂

上午，同紹南、紹寧、紹因、紹彭到國都戲院看電影，片為碧姬芭杜主演之「惹火女郎」，為一偵探歌舞之鬧戲，法國出品，情節無甚可取，但彩色鮮明，中文英文字幕均甚為清楚，並贈所謂活動透明照片，則影商噱頭耳。

師友（補昨）

王慕堂兄下午來訪，閒談，談及紹南考取自費留美費用尚未籌足時，渠甚願幫忙借款，但事實上今年已來不及，且如無餘力，到美先忙於賺錢亦非好法，故晚一年前往亦是好法也，又談及交通銀行復業問題，余認為復業後余等儲蓄存款存戶當可免於繼續凍結，王兄之意則相反，蓋中央信託局早已在台營業，其大陸存款固繼續凍結至今也。

9月8日　星期一　晴

職務

今日繼續核一九五七年度Job Training之帳簿單據，已將管理費三科目即行政費、督導費與委員會費用三者核訖，本年度經費亦即全部核訖，大體平妥，但發覺有極細小而堪發噱之事實，一為該會買自行車時須付牌照費十八元，在辦公費內開支，與相對基金支付之規定相悖，該會支付後亦知之，於是乃數次改用證明單寫明為買草紙十八元，並將黏存單上本已寫明之牌照稅字樣劃去，然仍隱約可辨，復由此項竄改在已經記帳之後，故帳內摘要仍然說明為牌照稅，記帳員之粗心可以概見，（2）該會主管人於支付有利於己之費用盡量加多，譬如所定主任之待遇為每月二千五百元，惟說明可視用人之資歷深淺為百分之廿之伸縮，於是該會主任即照支三千元，旅費本按七十元支銷，乃仿特任官例，後又不知緣何改為六十元，又未將已多支之數收回，可見狂妄而又粗心。下午與衛生處祁兆琬君研究臨時醫療計劃生活補助費超出預算之內容分析，祁君根據已經支付之主食、副食實物價款按人數求出每人之每月負擔數，發覺所支之每月生活費主副食部分超出預算數目，此為其他計劃所無，因其他計劃之生活補助費係發出現款由榮民單位自理，當然不致超過，醫療計劃則實物由軍方購買代補，大不相同也。

9月9日 星期二 晴

職務

上午，與衛生處記美援帳之祁兆琬君研討一九五七年度臨時醫療計劃內榮民生活補助費超過預算之原因，蓋本計劃預算係按照最高人數19,837人計列，而各醫院之實際支領現金給與者尚不足此數，依理不應超出預算，余預先假定一原因即實物補給部分可能超出預算，但必須將軍部經理署所代辦之實物價款按照定量與單價計算後始可獲知，祁君將此一工作完成後，發覺每月每人實物部分超出八元左右，總人數全年合計需二百餘萬元，自當超出預算矣。今日由此又得一連帶有關之資料，即按現金給與人數以實物補給金額相乘，比實際上經理署所付應少二百萬元左右，可證經理署經付實物在各儲備庫難免有浮列之事，但核對萬分困難，只好不再深入探究矣。下午與胡家爵君到分署接洽下星期出差高雄、台南事，依照規定須代Audit Division Chief John Gould擬一Memo致余二人，寫明查帳之Scope及出差之Schedule，胡君寫一稿，經會同與劉允中主任商改數次始妥，其實乃屬完全形式主義，不必要之自說自話也。

集會

晚參加經濟座談會，林霖教授報告對美國經濟發展之觀感，多屬老生常談，然能抱住要點。

師友

晚與德芳訪田克明、逄化文夫婦，均未遇。

9月10日　星期三　晴

職務

上午，與胡家爵君同往查核大中機器公司代訓退除役官兵經費，因該公司準備不及，改約於二十二日再行辦理，至時能否交出，恐仍是問題，蓋此大中公司已經經營失敗，現在接辦者另有其人，由於前後兩任種種問題不能立即解決，新股東之股款亦未收齊，以致不能變更登記，新任對外尚無權發言，舊任帳目亦未完全交出，故不能立即審查，此只為表面理由，骨子裡所接受輔導會之經費恐難免有移作他用之處，故不能立即將帳交出也。下午，開始查核一九五七年度 RETSER Employment Placement 計劃用款，今日已查完兩科目，一為器具等購置，二為管理費用，均為數不多，關於管理費用，雖無剔除之款，但內容甚有值得推敲之處，由此可以知該會之作風，一為主委林繼庸本為工業委員會委員，但仍在此計劃內支用待遇，其出差南部之報銷無一次不報客廳車與單層臥舖，某次且將價格弄錯，可見完全為不切實際之揑造報銷也；二為主管人在美援會未將汽車借到之前，每月以八百元之代價租用三輪車代步，亦顯得過分也。Industrial Center 之查帳報告已經打出 Second Draft，今日與胡家爵會同校閱，此報告經陶聲洋主任改削後，比原來已縮短不少，但除去附表仍有十三頁，不為不多也。

9月11日 星期四 晴

職務

今日查完一九五七年度之 RETSER Employment Placement 用款，此計劃只四科目，昨已查過二科目，今日所查為 Rental Allowance 與 Trainee Living Allowance，前者以津貼房租方式對於安置榮民之工廠給與租金，二為給與定額之建築補助，使安置榮民之工廠用以建築該項榮民居住之宿舍，二者皆為整數之支出，筆數不多，是否依約支用，須在各支用單位實地調查，帳面甚為簡單，後者為對於安置之榮民在試用期間給以三個月之生活補助費，收據均有發放冊，只有少數欠缺，其原因為款係照預定安置人數支領，發放後始行補送逐一蓋章之點放冊，而預定安置之榮民有至今並未足額者，以致報銷單據至今不能補齊，故嚴格言之，難免有須退回之款，則五七年度之經費業已結束，必感處理困難，輔導會因一九五八年度有繼續經費，故凡退款者即記入新年度帳，尚有一種情形即安置以後有不能適才適所者，於是調補頻繁，則三個月生活補助費又須追加，此亦在一九五八年度帳內為之，此等便利全由繼續經費存在之故，否則不容如此拖延也。今日時間比較從容，乃將一九五八年度之繼續經費帳目加以涉獵，以便開始查帳。

9月12日 星期五 晴

職務

上午，同胡家爵君及退除役官兵就業輔導會之羅教政君到鐵路局，查核該局所代辦之榮民訓練班二百人與安置就業一百人之支用經費帳目，此為若干與輔導會訂約訓練與安置榮民之機構之一，因事先未與約定，致到主計處晤見副處長鍾君後經輾轉查詢歷時一小時後，始知帳冊憑證已疏散於鶯歌，而經辦人又因他事公出，乃約訂於再下星期二再行辦理。開始查核一九五八年度 RETSER Training and Placement 之用款帳目，本年度將職業訓練與介紹職業合併為一，但經費仍按科目分別處理，支用方式亦與前年度相似，有自行支用者，有依契約撥付代辦機關支用者，余因下兩週須出發查核支用單位帳目，故先行查核契約支出，但筆數繁多，至晚尚只將訓練部分查完三個月，於是臨時改變計劃，將訓練計劃未核部分及介紹安置計劃部分二者中之南部使用各戶抄出，隨即將傳票憑證亦加審核，以備次兩週出發就地檢查有所依據焉。東西橫貫公路屢受颱風災害，最近公路局計算尚需一億款項始可完成，而已定預算未用者只有四千萬元，安全分署不允再行增加，主張如中國政府不能負擔，即可將東段之最困難部分予以擱置，果爾此公路將只有台中、宜蘭通車，全無交通價值矣。

9月13日　星期六　晴

閱讀

閱八月份學生英語文摘，載有習慣語用法數則，為余夙昔所不及知，(1)"All at sea"，謂 confused and puzzled，例句云：I have heard one story from him and a totally different one from her, and now I am all at sea about the whole affair. I don't know what to believe. (2)"All up with"，謂：finished, the end being caused by something sad, unpleasant or unfortunate，例句云：The doctor tells me that it's all up with the poor patient."(dying) 或 I'm afraid it's all up with me now that my friend's business has gone bankrupt. (3)"All in all"，有三義，(i)of the greatest importance，例句云：He is so frightfully conceited that he imagined he is all in all to the business. (ii) the chief object of affection，例句云：They are literally all in all to each other. (iii) as a whole: I have thought over your offer carefully and, taking it all in all, I have decided to accept it. (4)"All and sundry"，謂 everyone without distinction，例句 He seems to have invited all and sundry.

9月14日　星期日　晴

閱讀

讀八月份 *Reader's Digest* 一文題曰 "How to get away from yourself"，敘述人生有時難以解脫的孤獨寂寞之感，而試作治療之方，可見以活潑社會化著稱之美國人，仍然難免此種反乎其情的情結，至於在中國尤其賦有內向性者之類，此問題的普遍性更不待言矣，茲錄結尾數段如下："Trying to get people to open up, to let others reach them and to reach out for others, is one of our chief goals in counseling," says the Rev. F. C. Ruether, of the American Foundation of Religion and Psychiatry. "As people reach out they get well, as they get well they reach out." If the person who is withdrawn because of extreme shyness will make himself reachable by reaching out toward others, he may be in for a surprise. Other people will seem to have changed. They won't seem to be shutting him out at all. Strange, isn't it - all that change in others, when the real change has been in himself!" 所言確有至理，原文載在 *Christian Herald*，作者為 Howard Whitman，文內並引述若干個案，極富興趣。

9 月 15 日　星期一　晴有陣雨

旅行

昨夜十時半由台北乘夜車南下，德芳與紹因紹彭到車送行，同行者胡家爵兄，住於同一房間，又有胡重仁兄，亦赴高雄，同車而不同室。列車於今晨八時到高，早點後上午參觀工業用水廠，下午工作，晚宿萬國旅社。

職務

下午分別到唐榮鐵工廠、大榮製鋼公司、經濟部機械工程處及高雄大同合作農場查核有關榮民訓練就業計劃中之用款情形。唐榮、大榮皆只出據領款，支配全屬之於職訓會高雄辦事處，其中難免無藉端自肥之事，經濟部機械工程處帳目記載清楚，惟一部分由該處本身會計中而來之數字則無原始單據，由於安置情形良好，該處自身亦用款若干於此，對契約之履行可謂無疵，故不復詳查，而少數用於交際之款亦不復吹求，亦因該處乃契約對方，不必詳查之故，大同合作農場則由胡兄查核其合作處分發補缺場員情形。

參觀

上午，乘胡重仁兄任務之便，到大貝湖參觀工業用水廠快濾池新建工程，並游覽大貝湖，此湖略小於日月潭，全屬人工，迄今不過六、七年，建設成績斐然，湖邊園林亦幽深雅靜，下為小貝湖，水不甚清，景色亦佳，參觀畢應工程處胡主任約午飯。

娛樂

晚看電影王女之悲戀，尚佳。

9月16日　星期二　晴

旅行

晨由高雄出發，於經過左營、竹子林各有耽擱外，中午抵岡山，飯後到台南，住於四春園。

職務

上午，到石油公司高雄煉油廠訪問安置榮民工作情形，該廠胡廠長與安全室主任嚴君接談，預定安置二十五名，因挑選後檢查身體，肺病占多數，幾經調換，最近始有五名確定前來，該廠所收榮民生活費因而亦尚未完全支用，二人又強調該廠軍事關係太大，故必須特別注意保密，在調查時對此曾特加注意云。上午再到高雄大同合作農場查核合作事業管理處經營之由榮民就業經費內付給新場員生活費收付情形，因各場皆有此類場員，且繼續不斷，以致帳目不能結報，而影響榮民就業計劃經費之結束，已與胡兄及輔導會羅君商定分批結報辦法，以利帳目處理。下午到岡山燕巢開始查核岡山榮民講習所之訓練經費，該所與職業介紹訓練委員會共訂約七次，訓練一千一百五十人，現均畢業，只有二百餘人尚未安置，第二期準備開訓，已到八百餘人，但經費及訓練計劃至今尚未奉核定，由於七個合約之經費均已用完，新款未定預算，以致有周轉困難之現象，上下脫節，以致於此，今日只先了解一般情形，尚未開始查帳。

9月17日　星期三　晴有陣雨

職務

因早晨大雨，且司機患病，另雇出租汽車前往，故到達燕巢時已近午，下午復參觀各項設備，致用於查帳之時間不過三小時左右。今日只查過一個月份，合全部八分之一而已，由其傳票整理與帳簿記載觀之，次序或尚井然，不致過分費時，該講習所共分七個班，其中有兩個又各分為二個或四個分班，其傳票之裝訂未按時序號數，只按每月一冊內照各個明細分類帳子目亦即各班排列，為查核時節省時間，故亦不按科目順序而改用每班順序，逐一審核，一月完畢，再及次月，此法可以較易將各班情形加以比較。講習所支用經費之項目並未依照與職訓會所定合約辦理，其主要變動在於將教材費等移用原來未列之設備費內，而七班共計超過四十萬元左右，曾有預算比較表送職訓會獲得同意，但未言增加款額，結果發生該所超支與對外結欠之情形，而新班又在等候開辦，上級不決定何時續辦，乃陷於青黃不接之境。下午參觀七個班之設備情形，俱尚有次序，此事在理論上自屬需要，因此所乃由診療所改成，非如其他已有規模之工廠代辦訓練，而合同則毫無異點，該所從事設備，實有其必需，特財務手續未有妥善處理耳。

9月18日　星期四　晴

職務

全日在岡山燕巢榮民講習所查帳，因上午到達略遲，故工作幾全在下午，已將二月份傳票查完，三月份亦看過一部分，其中最大數目之開支為訓練材料費，由於其曾變更預算，將材料費用於增加設備，故最初幾個月份尚多，以後即漸少，又教員費項下有兩項固定支出皆為不合，經隨時記出，以便得一總數，其一為研究發展費，已支數月後，其主任郭明竣條知習藝組長劉立忠及當時之會計課主任，謂提四千元歸習藝支配，然支領之時則皆由劉與總務組會領，並未支給所謂班主任，雖傳票摘要有云，而郭條與憑證則始終無所謂班主任露面，此案曾經由退除役官兵輔導會糾正，但並未繳還；其二為各組之加班費，等於每月之固定待遇，按該所之用就業計劃經費預算並無職員待遇之預算，該所職員所支者為臨時醫療計劃內之經費，何得以一部分纏夾於此，況是否重支，亦難於對照。今日會同查帳之輔導會羅教政君因該所弊端曾有風聞，於集中全力於抽點榮民談話，由此中所證其各組之教官有無浮列及有無以其他人士兼充者，結果發現有確無其人而支領待遇者，經該所副所長承認事實，此種吃空陋習，軍中早已絕跡，而彼等仍師故智，實屬可惡，且聞有輔導會人朋分云。

9月19日　星期五　晴有陣雨

職務

全日在燕巢榮民講習所查帳，自上午九時至下午六時，只除午飯休息一小時，在尚餘二小時之前，已將四月份以前之帳目傳票看完，已占全部八個月之大半矣，此時余改變方法，只就帳目摘要審核，必要時再進一步偶查一二傳票，所以如此，因（1）今日必須結束，所餘時間無多，（2）已看四個月所發生之單據有疑問者，皆可由摘要（帳內所記）發現線索，而缺少單據者則大致均已由文卷尋出，此後四個月較上軌道，此種情形可以推定其為不甚嚴重，（3）前四個月查核重點之一為設備費，在後四月支出甚少，採此方式後得於六時順利完成，並徇會計羅永清之請，告知其準備剔除各點。

瑣記

晚餐在岡山漢英食堂，昨與胡、羅二兄商定對於前日岡山講習所約餐，付以三人份之費，余今日與該店交涉，該店以該所通知定席為由，不肯收取，此為余所預料之事，只好再作處理。今晨赴燕巢係自備車至岡山，由講習所車赴燕巢，曾任主計之趙君由岡山同行，余為中午節約時間，在路過燕巢市上時在一小飯店訂水餃備用午飯，及午與羅、趙二君同來，趙君又欲請客，並喚酒菜，余概未用，並堅持付款，彼始不再執拗，今日局面之尷尬實有類於日前之午餐也。

9 月 20 日　星期六　晴

旅行

晨八時半由台南乘柴油特快車北旋，余之票所排位號為丙車八號，因買時只能到台中，故於到達台中時將位讓出，改坐於尾端之一號，此為依余過去經驗乃台中站保留之位，不致售出，孰料該位亦立即有人來坐，余乃移至原八號附近另一空位，此一空位即至台北亦未有出售，而無位立於車中者固尚有三、五人，亦可謂幸運矣，再看原坐之八號位則自余離去後已為他人所乘用，而此人至新竹後又讓之他人，其對面之人原為與余同在台南上車者，自台中開車後即讓之他人而立至台北。到台北為一點三十分，但略誤點十分之譜，此列車為3002次，乃全路客車之最快者，大體言之，自高雄至台南半小時，台南至嘉義一小時，嘉義至彰化一小時，彰化至台中半小時，台中至新竹一小時半，新竹至台北則一小時，共五小時半，台中以南共停靠四、五站，以北則只新竹一站停靠，故如在台中得有座位以後，即可以保障至少新竹以南不致失去矣。此外尚有一事，車上服務員在到站時常站在車門外看票放進，但有時亦並不嚴格，以致持月台票仍可上車，而列車長對於無票或越站之乘客，本係在補票時加收開始站至次站間加百分之五十之票價，今日余補票時則並未照加，不知是否越站者與根本無票者異其章則。

9月21日　星期日　晴

閱讀

讀觀人稽古錄所採王安石上仁宗皇帝言事書云：「方今制祿，大抵皆薄，自非朝廷侍從之列，食口稍眾，未有不兼農商之利，而能充其養者也。其下州縣之吏，一月所得錢八、九千，少者四、五千，以守選、待除、守闕通之，蓋六、七年而後得三年之祿。計一月所得，乃實不能四、五千，少者乃實不及三、四千而已。雖廝養之給，亦窘於此矣，而其養生、送死、婚姻、葬送之事，皆當於此出。夫出中人之上者，雖窮而不失為君子；出中人之下者，雖泰而不失為小人。唯中人則不然，窮則為小人，泰則為君子。計天下之士，出中人之上下者，千百而無十一；窮而為小人，泰而為君子者，則天下皆是也。先王以為眾不可以力勝也，故制作不以已，而以中人為制，所以因其欲而利導之，以為中人之所能守，則其制可以行於天下，而推之後世。以今之制祿，而欲士之無毀廉恥，蓋中人之所不能也。故官大者往往賂遺，營貲產以負貪污之毀；官小者販鬻、乞丐，無所不為。夫士已嘗毀廉恥，已負累於世矣，則其偷惰取容之意起，而矜奮自強之心息，則職業安得而不弛，治道何從而興乎？」荊公所指陳者雖為宋代之弊，然無一而非與現在種種相合者，昔漢宣帝謂之「吏能勤事而奉祿薄，欲其無侵漁百姓，難矣」，可見非郅治之世，官吏率無合理之奉，亦所謂自古已然，於今為烈耳。

9月22日 星期一 晴

職務

上午到大中機器公司，查核其使用退除役官兵輔導委員會委託代訓榮民用款帳目記載情形，發現要點如下：（1）支出單據有以向私人買進為由而無正式發票者，（2）教材費項下支出有添置機器設備者，此為與合約精神相悖之事，因合約內定有折舊費一項，該廠既得有折舊之報酬，固定資產理應自行出資添置也；（3）該公司對此項帳目之記載方法甚為別緻，大致言之，即先按預算數記於美援撥款帳之借方及各支出科目貸方，俟接到撥款時記入撥款帳之貸方，而支付經費時記入各支出科目之借方，其各帳戶之餘額在前者表示尚未撥到或溢撥之數，在後者則表示支出經費是否超過預算或不及預算數額，而以此等餘額所造成之表即等於一項資力負擔表，類似政府會計中之成立預算時，虛轉未領經費與預算總額兩科目之情形，所不同者為各支出實數亦混合於同一帳內，欲由餘額查知其支出總數則不可能耳。上午，到安全分署與胡家爵兄同填出差申請，定於後日同赴馬蘭，劉允中主任謂既屬於上週同一計劃，應事先一併申請云。在輔導會所借用之辦公室該會將改為秘書室，而以舊秘書室歸余等使用，但秘書室於騰出新室後遲遲不遷，其主任秘書意在不除間壁用小房間，於是將余等辦公桌權置於總務處大辦公室內，亦咄咄怪事也。

9 月 23 日　星期二　陰雨

職務

月來所查之退除役官兵職業訓練與介紹計劃內有一第十五代訓班，乃台灣省鐵路局承辦，並有介紹計劃一百名亦為該局承辦，旬日前曾與該局主計處副處長鍾君接洽，請準備帳簿表報於今日查核，今日會同胡家爵兄與輔導會之羅教政君到該局將開始查核，始知旬日來並未作何準備，仍為臨時輾轉查詢究竟帳簿傳票在於何處，最後始知訓練部分在中崙該局訓練所，乃一同前往，一面洽詢介紹部分帳目何在，至訓練所後見毫無準備，乃將就其已記之帳與未製傳票之憑證加以核對，共四個支出科目，至午對完其三，餘一因單據太亂，約定下午續查，已查之三科目則其中榮民生活費單據多於帳列，同時出納帳存現金較會計方面之結存亦少數千元，請其加以說明，亦將於下午為之。下午先到鐵路局，知介紹計劃之收支皆在該局本身之傳票內，且在鶯歌疏散辦公處保存，乃前往查核，經該處人員將有關傳票一一擇出並開一清單，至時抽查數張相符，其餘皆為情形相同之支出，故二十餘分鐘即行竣事，復回中崙訓練所審核其第四科目之單據，因為時倉促，僅擇其大者審核，細數者不復計及，同時對於其現金與會計帳列不符之解釋，亦不暇細加推敲，只好待出差歸來再作計議矣。

9 月 24 日　星期三　晴

旅行

上午七時四十五分安全分署派車來接，即再往中和鄉約同胡家爵兄一同出發至松山飛機場等候復興航空公司之班機赴花蓮，飛機於九時十五分啟行，在將近花蓮時雖係在海面低飛，然因有雲關係，顛簸殊甚，若干乘客嘔吐，余雖未吐，但腹內亦極感不適，直至著陸始好轉，九時五十分降落卡來萬機場，即換乘復興公司之交通車進城，花蓮為多次游覽之地，本有飛機可以通台東，因復興公司公告停航修理，而只作台北花蓮間之飛行，凡赴台東者須換乘火車，由於柴油特快車在下午一時後始開行，在此等候時間只好覓一冰果店看報消遣矣，迨十二時至鴻賓樓吃飯，飯後同至火車站搭乘柴油特快車南行，於一點卅八分啟行，於全線四十站中只停靠壽豐、鳳林、萬里、光復、瑞穗、玉里、富里、池上、關山、鹿野、稻葉等十一站，於下午五時二十三分到達台東，全程一百七十公里，每小時行四十公里，車只一節，目測其行甚速，不在西部柴油快車之時速七十餘公里者以下，殊難索解。下車後有新建之新新旅社即在路側，乃往投宿，此旅社據云建成只三月餘，內部甚為清新潔淨，衛生設備亦佳，憶余數年前曾途次台東，留住一夜，只見黃沙蔽天，不敢出門，旅社亦皆簡陋，現則滿街柏油路面，建築亦皆相當宏敞矣。

9月25日　星期四　晴

職務

晨八時同胡家爵兄與退除役官兵就業輔導會會計處所派之蔡茂昌君搭乘公路局班車赴新馬蘭榮民就業講習所查帳，該所只辦過一個十九代訓班，工藝以製鞋為限，所需設備及工具約二十萬元，幾全部為退除役官兵就業輔導會供應組所辦，所內職員待遇由醫療計劃經費內支付，榮民生活費亦然，教員之待遇則教師、助教等等六個月內幾全無變化，故查核甚為順利，至於成品管理則另立一帳，支出用於補進原料，及發給榮民每雙獎金五元，現在出售者尚不多，在庫尚有一千餘雙待售，此項出廠之成品在會計部門不作記錄，僅由習藝組予以登記，又該所曾辦園藝班一所，領款六萬餘，實用至今只二萬餘，已向輔導會報銷，此款雖亦為美援，然不屬此計劃，故不再查核，全部之帳據於四小時內查畢。

游覽

下午同胡、蔡二君到台東南方二十一公里之知本溫泉遊覽洗浴，在溫泉站下車後乘一小型之吊索過河，在清華旅社休息，水清而不甚滑，山光水色，令人陶醉，其下為華清旅社，泉亦同，但院外另有冷泉假山之勝，聞越山有清覺寺，因時晏不及往游，此知本溫泉聞名已久，今日始償夙願，泉與礁溪四重溪可鼎足也。

9月26日　星期五　晴

旅行

昨夜十時二十分由台東乘夜車由台東北行，此項夜車係掛於一列普通客車之後，只有一節，上下舖位各十，於買普通車票後再買舖位，下為二十五元，上為二十元，臥具清潔，且因車廂較狹，位係縱列而非橫列，車行亦甚平穩，較之西部之行車不快而須買快車票且臥舖取價昂者，亦不可同日而語。今晨七時十七分到花蓮，車上盥洗設備甚周，但須較為早起，以避免於最後參加擁擠之乘客群中。下車後到復興航空公司詢問飛機時間，據云該公司今日恢復原有之航線，故飛機係由高雄、台東飛來，為時在十二時左右，此間於十一時半開車赴機場，余與胡、蔡二君於早餐後感時間無從消磨，胡君初主赴壽豐看大同合作農場，因該廠亦有新場員係由職業訓練介紹計劃內支用生活費者，不妨前往一詢其實在狀況也，但又見回程火車為時不足，只好作罷，余提議至圖書館看書消磨二、三小時，並不困難，三人乃依計而行，果然在不知不覺中度過二小時餘之時間，然後至花岡山買牛肉乾，余並在中山路買月餅，最後到復興航空公司於十一時半乘車赴卡來萬機場，下場後即見飛機由高雄、台東飛來，於是辦理檢查身分證手續，十二時五分起飛，十二時四十分降落台北，飛行僅在近台北時略顫動，餘甚穩。

9月27日　星期六　晴

中秋

今日為中秋節，余周末例不辦公，就學各兒女則因明日孔子誕辰教師節為星期日，乃將放假移於今日，下午則紹南亦照例休假，遂由紹南、紹中兩女從事準備菜餚，事先未邀任何友人，由於其中有不願赴人家度節者，亦有特別客氣設加邀約必帶禮品來者，故一概不加邀請，只於昨日著紹南與七弟瑤祥通電話約其與女友黃小姐同來，而電話為他人所接，或未能轉知，結果亦未見二人前來，只好作罷，蓋其所在地為三重埔以外，臨時通電話亦不及前來也。今年過節準備食品甚簡單，月餅係余由花蓮帶回一盒，在台北買三盒，昨晚趙榮瑞君來還半年前欠款又帶來一大盒，余與德芳年來對甜食之納胃不佳，故亦只供諸兒女輩滿足好奇之心而已。今日天晴月圓，雖金門被轟甚烈，時局緊張，然以年已半百之余，能在海隅骨肉團聚，且日見諸兒女長大成人，且知努力向上，私心竊慰，惟願河山早復，政治清明，斯民免於塗炭，今生無復他想矣。

娛樂

下午同德芳率紹寧、紹彭到國都看電影，片為華納在日攝製之「櫻花戀」，由馬龍白蘭度、高美以子、派特麗茜奧因、雷德巴頓斯、梅木美代志演出，搭配極佳，色彩配音與歌舞穿插，無一不精，歷時二小時半始散。

9月28日　星期日　晴

閱讀

今日為孔子誕辰及教師節，各報皆出特刊，余最欣賞陳大齊氏在新生報所登之「孔子的四毋」，乃對於孔子「毋意、毋必、毋固、毋我」之綜合詮釋，大意謂：毋意，前人有訓為任意或私意者，此與下之毋我最易混用，陳氏認為應釋為意度，亦即「君之於其所不知，蓋闕如也」，「知之為知之，不知為不知，是知也」；毋必在註釋家多解為「專必」或「期必」，但不能十分顯豁，陳氏以西洋論理方法加以解說，認為係指必然判斷與實然判斷之區別而加以不同之看法，凡孔子用「必」

時乃指必然判斷之場合而言，如謂仁者必有勇，仁勇有不相離性，孔子又云「君子有勇而無義為亂，小人有勇而無義為盜」，亦即謂並非一切勇皆是對的，只有合乎義的勇才是理想的勇，孔子往往對一事物之一部分加以稱道，而對另一部分加以斥責，即是不肯對於事物之全般加以概括的論斷；毋固，即是不固執某事之無往而非是，亦不固執某事之無往而非非，所謂「君子之於天下也，無適也，無莫也，義之與比」，或謂「無可無不可」皆是此意；毋我以現代語言之，即無只知自我本位，孔子從善如流，例如初謂昭公知禮，及陳司敗在巫馬期面前舉出昭公不知禮之證據，孔子便說「丘也幸，苟有過，人必知之」，即是此種精神之最佳例證。

9 月 29 日　星期一　晴

職務

上午，到分署結報一月來之旅費支出，並與同行之胡家爵兄相核對，又將兩週來二人共同性之支出開列清單請其明瞭墊款數目，彼因今日領薪，故將欠數立即撥還，且欲將台南旅社由於其公子同住而增加之部分費用補償，余卻之始罷，結報完畢後即同至美國大使館補領上星期三發放之薪給，歸後複核，短數二十元，亦怪事也。下午應劉允中主任之囑寫七、八、九，三個月 Activity Report 內有關退除役官兵部分，不過了了數言，略述在三月內所查三個計劃。下午，繼續查核一九五八年度 Job Training and Placement 用款，兩週前曾查至三月底而出差，今日查完四月份，仍為發款於代訓班經付之部分，至開支及安置費用尚待訓練部分查完後再行續辦。

師友

張中寧兄及李洪嶽律師來電話，因新中央橡膠廠虧累，債權人主張售廠還債，並請余為清算人，詢余可否應允，余允於業餘承辦。午，翟宗濤代表來洽購余與吳崇泉兄在景美之四百坪土地，出價每坪二百元，余允與吳兄商洽後回話，下午以電話與吳崇泉兄約定五時半到合作大樓洽談，至則吳兄已下班，遇李洪嶽律師，彼亦允出售，但謂景美之地雖已提前繳價，但過戶似又有問題云。

9月30日　星期二　晴

職務

上午，到分署對劉允中主任送繳昨日所擬之Activity Report 有關退除役官兵計劃之部分，此本於昨日下午交胡家爵兄於赴分署之便帶往，孰料彼臨時遺忘，夾置於其他卷內，今晨彼亦前來尋出同繳，余並在日昨總務方面備好之旅費傳票上簽字備領旅費。下午，同胡家爵兄到合作事業管理處，查詢在職業安置計劃內分發於各大同合作農場之榮民支領生活費情形，蓋在月來所核之職訓計劃內，共支三筆近百萬元於合管處作為分發場員之六個月生活費，為明瞭其分配各場之金額與人數，特往與其會計室人員晤談，約定明晨送資料前來。今日所餘之時間全用於繼續審核職業訓練計劃一九五八年度經費之契約支出各科目，前已將四月以前者核訖，今日續將五至八月份核訖，亦即全部契約支出審核完竣矣。

師友

下午吳崇泉兄來訪，值余往合管處未晤，後以電話接談，余告以翟宗濤代表接洽買余等景美之土地事，翟君願出二百元，吳兄以為太低，希望提出 250 元之數，又李洪嶽律師亦有二百坪，主張三人共有共賣，余不以為然，但允與買主商量，下午六時至國民大會黨團辦事處晤翟君，告以吳兄之意，翟認為不能再高，希望與吳兄再談，余則亦請翟君與其教會中人再行商酌，以作再談張本。

10月1日　星期三　晴

職務

繼續查核退除役官兵職業訓練計劃1958年度用款，此計劃用款共分三科目，一為行政費，二為委員會會議費，三為事業費，又分為訓練費與安置費二類。截至目前為止，已核訖事業費內之一部分訓練費，其中尚有臨時性用款三子目，余為免於將置於箱內之傳票搬出搬進，太過繁瑣，乃決定將此三子目與行政費內之七子目同時逐月審核，今日開始看一月份，大體看完，但有一筆傳票總額達新台幣八十餘萬元，今日以半日時間始看過小半，此即自去年七月至十二月之行政費，不應由一九五七年度經費開支，故在五八年度經費於今年一月撥到時，始由五七年度帳內整數轉出，單據十餘斤皆屬此一傳票，每科目雖分別束存，但因內無清單，而憑證則有效無效以及有黏存單與無黏存單均累積一起，核對倍感困難焉。

瑣記

兩月來中午下班未搭乘廖毅宏兄之汽車，本週車已修好，乃又恢復同行，然初改習慣，今竟一面與廖兄通電話請其等候下班，一面出門後即行忘懷又往搭公共汽車，上車後始猛然憶起，如此健忘，真不免深自痛憒，下午到辦公室後即向廖兄解釋，不免相對失笑。今日起夏令時間終止，又恢復標準時間，下午五時半散值後即有萬家燈火之景象矣。

10 月 2 日　星期四　晴有細雨

職務

今日續查退除役官兵職業訓練介紹計劃一九五八年度經費本年一至四月份之契約外支出部分，亦即職業訓練介紹委員會本身經費及直接支出之與計劃用款有關之支出，前者七科目，後者三科目，為免傳票搬進搬出，故採用逐月逐科目就帳冊摘要加以審核之方法，遇有須檢查傳票憑證者即行在已備就之該月份傳票內加以檢查。安全分署之相對基金審核職權將移轉於美援會，日昨聞已決定將會計處內固有之Auditors 與 Investigators 轉至美援會改任十人，美援會之主管處長潘鋕甲乃紹南之業師，因聞十人名單將由該會提出，為免改至美援會影響國民大會之收入起見，今日囑紹南與潘處長說明，希望能不致中選，彼允注意及此云。

交際

國民大會秘書長洪蘭友氏病故，今日中午大殮，余於下午二時到極樂殯儀館參加國大代表同人之公祭。

師友

下午，翟宗濤、林中奇二代表來訪，談景美余與吳崇泉兄之土地，希望能照八萬元之價售於信義會，日昨余囑其再將價格加以斟酌，彼等因信義會只奉撥此數，不能增加，故感覺困難，望余再與崇泉兄商洽照價轉讓云。

10月3日　星期五　晴有陣雨

職務

續查榮民訓練與介紹計劃一九五八年度用款，所看為日昨十科目之五至八月部分，至此已將該年度用款之四部分看完其三，即訓練費、行政費、委員會開支等，尚有第四部分為介紹用費待下週續看。分署會計長H. F. Shamburger 今晨召集全體 Auditors 與 Investigators 談話，報告近來由署長與美援會方面商洽之結果，將審核視察之職權一部分移為美援會之職權，並將人員轉至該會一部分，並由John Gould 宣讀該項換文，其中提及目前只移轉一般性的，對於退除役官兵計劃與電力公司計劃等則待該會五六、五七年度查帳工作告一段落後，再行辦理之，報告畢解答發問，陶聲洋主任主張不可強迫選擇，葉于鑫君主張應顧到各人本來之資歷到該會有枘鑿之處，此等事皆非西洋人所能了解，故只使其能知此事並不簡單，如何補救則無途徑也，散會後聞名單已經於昨日開送，稽核七人、視察三人皆為夙昔未派至外間工作者，故余短期內仍將不受變動，此次調動皆非任何人所願，故頗有人醞釀辭職云。

師友

訪吳崇泉兄洽談信義會買景美地事，原則上允該會之請。訪翟宗濤兄約定明日與吳崇泉兄同見面商景美地事。晚，張中寧兄來訪，談近況，並約定參加新中央債權會。

交際

晚在圓山飯店參加 Warner 與 Shambergur 之酒會。

10月4日　星期六　晴

師友

上午，到牯嶺街訪楊孝先氏閒談，楊氏談及其今年已六十晉九，余主張應籌劃慶祝，楊氏極謙遜，余與下午到重慶南路訪吳先培兄請共同斟酌，如何約集友人有所表示，並吳兄便中注意為紹南出國費用事如何換外幣。下午到重慶南路與吳崇泉兄會同景美信義會代表人翟宗濤及林中奇二人商談讓售土地事，經決定：（1）價款二人共八萬元，（2）地積以分割丈量之數為準，不足四百坪之數不補，至於向其他同人交涉退款退地一事由余等辦理，（3）過戶手續刻在新店一代書手中，如須增加費用以及成交後之各種稅賦均由彼方負擔或處理，價款寫在約上，但不給收據，（4）立約手續下星期一辦理云。

業務

晚參加新中央橡膠廠之債權代表會，討論各事為：（1）該廠經理阮隆愈已授權債權會處理其財產，代表會詢余法律根據，余認為此刻似不亟亟於此，蓋既已授權，即可處理，惟手續上須使用其全體董事之印信；（2）為速詢有無承受該廠之資產者，將用匿名登報之方式出之；（3）為免多生枝節，速即連絡各債權人，尤其持有支票者，不可單獨行動，以免數敗俱傷云。今日該會將負債抄成一表交余整理，資產方面則估價有技術問題，暫緩，據云該廠正式帳簿均對此項負債未有記載云。

10月5日　星期日　晴

家事

紹彭兒曾以所畫之海洋船舶向國語日報兒童副刊「小畫家」一欄投稿，於昨晚出版之報上刊出，極為興奮，今日又畫房屋一幅寄往，其刊出之一幅乃一年級時所畫，並請余為之記入日記，以誌其初次投稿被登之慶云。紹寧、紹因、紹彭三兒女分別入小學六年級、四年級、二年級，年齡相距較近，因而常常發生爭鬧，尤其遇例假全日在家，往往為之擾攘不安，而諸兒女又常有日間不務課內之業，晚間又願參加收聽廣播話劇，於是在九時後睡眼朦朧中尚須補作功課，大人固為之不寧，彼等自身亦極感累倦，今晨余試用一項鼓勵防止與連環監視之法，竟生大效，其法係余於早晨宣布如過全日三人不生紛爭，功課於下午六時前做完，及晚余必備食品相待，至於食品若干，視全日情形而定，但必須三人均能如所期望，如果有一人不能，其他二人亦連帶的予以取消，三人間為保障共同享受招待之機會，必須互相監視並提醒勉勵，下午余率紹彭出外理髮，六時既歸，知二人均已將功課做完，紹彭則在出發時略有未竟者，歸時亦立即補足，於是乃將下午所買之糖果、蜜餞等四種分發，皆大歡喜。表妹婿隋錦堂率子來訪，閒談。

10月6日　星期一　雨

職務

繼續查核一九五八年度榮民訓練與就業計劃用款，今日查就業安置部分，按時間先後，自一月份起查至六月份，所以自年初起者，因其前年度經費沿用至年底止，新年度一月始有支出也。上星期 Controller Shamburger 召集全體 Auditor 及 Investigators 談話宣布調任美援會職務一案，今晨由將調往之 S. Y. Dao 君起草一項 Memorandum 向 Shamburger 提出，共凡七項意見，主要者有（1）希望能重視各人之願望，不可強迫移轉；（2）各人在中國過去均有其資歷，在 Mission 時因係技術工作，無所計較，至該會後應按各人情形敘俸；（3）各人之待遇，應保持目前之標準，不得減低；（4）現行旅費標準，安全分署與美援會者不一，前者每日 200 元，後者 100-120 元，應勿歧異；（5）過去分署曾將 Supply Division 劃歸 CUSA，往事可以參考；（6）過去各人之資歷應適用於 CUSA 計算年終不請假加薪二星期或給假二星期之規定；（7）過去對於解用人員有二個月之 termination bonus，希望照給。此文件由全體十三 Auditors 與六個 Investigators 簽名，其中 C. C. Hu 君因在 annual leave 中，故由曹君與余下午到中和鄉其寓所簽字，據云今日下午即行送出，蓋至今尚未正式公布名單，亦未見規定一切細節也。

10月7日　星期二　雨

職務

上午將一九五八年度榮民訓練就業計劃經費之帳列支出查完，今日所查為本年七、八兩月份，由於事業費可以支至年底，故年度雖已終了，而帳目尚未至結束之期。下午將若干連帶特殊事項予以補查，包括：（1）

一九五七年安置就業費內一部分生活費未有單據，係因另外保存，故須補查，此皆為自謀生活發給三個月生活費者，但由單據內看出，該會曾特准一部分榮民支報眷屬津貼，此為原來解釋PPA 函件所未規定，是否可以列支，應加研究，（2）本年度之支出亦有若干由於單據太多而未附在傳票之後者，亦須補核，結果發現有若干交際費用，不知是否有意另行放置，（3）該會一九五七年度內曾有暫付款旅費戶，於一九五八年度款到後將總數十三萬餘元轉至新年度，傳票後並無憑證，日昨曾詢之會計人員，因非原人，亦不知係由暫付款而來，蓋一般情形係作正式科目支出，俟沖轉時再行由原科目移轉年度也，今日發現為由暫付款而來，此項暫付款包括六個月之期間，筆數繁多，單據均仍保存於先年度之暫付款傳票後面，故須依據舊帳所列傳票號數加以審核，遇有摘要特殊者即行檢查傳票，此項工作今日完成其半，明日再行續核。

10月8日 星期三 晴

職務

今日繼續處理關於榮民訓練就業計劃一九五七及一九五八年度用款之查帳未了事項，蓋因在所核傳票內有憑證太多另外放置，在查至該筆帳時未及詳看者，亦有由轉帳而來，其原來支付時之憑證並未移附新記之帳之傳票後面者，此等憑證既未按正常方式處理，難免有不妥當之情形，且為數較大，亦不應因抽查關係而予以放過，果然在細核之後發覺有交際費用及補助榮民自謀生活費用之超出範圍者，均經一一記下，予以剔除。

師友

下午翟宗濤、林中奇二代表來訪，談景美買地事，彼等代表信義會將此地買下，因核撥款項之牧師係由台南撥來，故須下星期始可撥到，一切手續將於下星期辦理，但希望余將當時買進之共同合約見示，余允於明日帶來。晚，與德芳到蔡子韶兄家訪問，因蔡太太曾在省立台北產婦科醫院割治子宮瘤，現在德芳因子宮有不自然的出血現象，雖非癌或瘤，而醫師認為如能割除亦佳，為參考起見，特詢蔡兄夫婦前次實際情形，據云割治係用局部麻醉，但時間有時與手術時間難免略有參差，至於台北婦產科醫院設備與手術之經驗俱稱良好云，余等所以選擇醫院，亦因紹南服務之中央信託局可以負擔一部分云。

10 月 9 日 星期四 晴

職務

複核月來所查榮民訓練就業計劃之全部記錄，將準備剔除事項摘出，下午退除役官兵就業輔導會會計處長王紹堉來談話時即將有關事項與之交換意見，要點如下：（1）岡山講習所之研究發展費及加班費均為行政費用，該所行政費用均係在醫療計劃內支用，此計劃根本無行政費用之預算，故將予以剔除，（2）自謀生活榮民發給三個月之生活補助費，係分署來函所同意，實際支出中有馬蘭部分加發眷屬津貼者，計共一萬六千餘元，予以剔除，渠認為可以剔除，當另由政府經費內開支，（3）高雄辦事處以唐榮鐵工廠之收據領去一萬五千元為租金等用途，與合約相悖，王處長謂此案早曾注意及之，曾令該處將支用情形報明，現在有文卷可以稽考，大致一部用於租房，一部用於交際，（4）職訓會主委林繼庸月支二千元，分署於今年四月間函云在林氏在工業委員會支領待遇期間應不支此款，但五月份仍照支，六月份始停支，余認為須將五月份剔除，王處長認為只此一月，剔除情面難看，望予通融云。補看臨時醫療計劃 FY56、57 兩年度內補送之宜蘭單據，刻在訴訟者。

交際

晚，會計處同人公請新會計長 Shamburger，並送副會計長 Vicedomini，共四席，破例無人演說。

10 月 10 日　星期五　晴

國慶

今日為雙十節，休假一天，因金門、馬祖戰事雖在停休狀態中，然外弛內張，故政府未鋪張慶祝，如往年閱兵等舉，皆未有辦理，僅在總統府前廣場開會並遊行而已，晚間聞有焰火，新公園等地有戲劇表演，晚間紹彭堅欲前往，因明晨仍須上學，故未帶其前往，糾纏良久，始倦極而眠。

師友

上午，吳先培兄來訪，閒談為楊孝先氏籌備六十九歲祝壽事，吳兄云其生日在十二月二十二日，即舊曆十一月十二日，籌備方式應從楊氏之各種關係上著手，經決定分別聯絡，在其貴州關係上擬與考試院某君商洽，在北京軍需學校關係上擬與楊氏之同學汪楚翹氏商洽，在其安徽與廣西關係上擬與朱佛定氏商洽，現在假定之方式為屆時聚餐，如每人份金一百元，即可以半數備酒席，另以半數餘款充楊氏自用云，楊氏雖近古稀之年，然精神健旺，且不似楊綿仲氏甫六十餘即已有衰象，且終日有不遇於時之感，余則由其楷書五十一行而前後如一作同樣之判斷云。上午，蕭繼宗兄來訪，閒談，留其午飯堅決不肯，據云前日由台中來北，所事已畢，今日訪友後明日即須遄返，蕭兄又談及最近飛機失事，晚間東海大學附近降落，師生營救之經過甚詳。

10月11日　星期六　晴

起居

今日例假，因足微疾，全日未有外出，並因德芳下星期將住院行手術，家事亦須略作安排，故亦須在寓照料也。余家數年來未用女工，只洗衣由鄰右一老婦承辦，其餘飲食瑣事，主要由德芳操持，附帶的則余與紹南及紹中兩女略事參加而已，現在德芳須住醫院十天左右，紹南在中信局辦公，須按時上班，紹中則在一女中終日上課，紹寧年幼，且亦須上全日班，紹因紹彭更幼，但皆為半天，只可以其餘半天在家照應門戶，於是乃不得不用女工矣，幸右巷後之車伕女眷，年紀不大，而沉靜可以受教，約來幫忙，尚在開試，日內當可就緒也。

閱讀

上月見國語日報介紹新書「十三經不二字」一書，購到於今日略讀，此書為清末問世，現在新興書局影印，不離本來面目，內容為集十三經所用字五千餘個，按一般之順序加以排列，並從習慣將大學、中庸兩章由禮記中提出植於篇首，凡首次見之生字即用楷體錄下，於是成行成篇，以致成書，墨迹為清代翰苑分任，筆畫皆有斟酌，故國語日報認為可以作為楷體字之標準寫法也，惟此種排列方式非熟於十三經經文者不知如何檢查，於初學實無用處，如能另加一項索引，則無此缺憾矣。

10月12日　星期日　晴

師友

上午，佟志伸兄來訪，閒談，據云目前出國留學應繳之保證金每年二千四百元美金，有人曾以黃金折繳，此項黃金每兩折合五十美元，比市價為合算，此與吳先培兄前日所談者有異，吳兄之意現在如用黃金持繳反不若用美鈔上算，所述適相反云。上午蔡子韶兄來訪，因知德芳於上星期曾赴婦產科醫院診察，並作住院準備，特來探詢情形並表關切之意。上午，李德民君來訪，閒談，彼仍在殷格斯台灣造船公司服務，據云每日工作甚為簡單，此公司自租用造船公司之設備後，工作進行甚為遲緩，而中美職員待遇俱較在台灣造船公司為高，該公司除七名美員外，其他並無資本與技術前來，一般印象殊不見佳云。

閱讀

三月前黨團小組曾發來總裁訓詞「革命民主政黨的性質與黨員重新登記的意義」，囑加以研讀並直接將意見送中央黨部，余因無暇晷，遲遲未辦，今日取出研究，細讀一過，感觸萬千，總裁認為現在黨外人士之呼喊自由民主，不足為怪，獨黨內人士尤其民意代表隨聲附和，不覺墜反黨者之圈套，殊為不解，書內所引總理遺訓及三十年來反共經驗，俱甚痛切，可見出於為黨為國之赤誠，惟重新登記一節乃在令黨員絕對服從中央黨部之決定，而絕未提及下層意見如何反映，乃此訓話之一大缺點也。

10月13日　星期一　晴

職務

與胡家爵兄會同查核之退除役官兵訓練就業計劃，彼之調查部分早已竣事，且將其所擬之查帳報告草案帶回寓所於上週公假期內加以斟酌，今日交余核閱，以便作為余起草部分之參證，免於重複矛盾，余以大半天之時間詳加核閱，大致平妥，僅對於用字部分略有更動而已，又對於各個委託代訓班領款後未能完成任務者，擬定一項結帳方式，對於支用經費者如何充實劃一其報銷方式，提出意見，余初步認為有甚難於實行者，容再加考慮，今日匆促中尚無具體修改之意見。

家事

德芳患月經異常，經李士偉醫師於上月刮治後仍未見愈，認為切除子宮頸較為妥當，目前雖無生瘤現象，割除固可以防患未然也，今日入省立台北產婦科醫院住院，等候明日即做切除手術，上午由紹南陪同德芳入院，中午來告已經住於二一〇號頭等病房，余於下午下班後往探望，因二一〇號窗多風大，已移住於二〇八號，今日已經決定由鄧仁德大夫行手術，明晨即做，余於六時半回寓，為買束腹用白布別針等，交紹南帶往，並陪伴過夜，余則率紹中、紹寧、紹因、紹彭等子女在寓，紹中、紹因睡紹南床，余帶紹彭在余床，而紹寧則獨睡於德芳床。

10月14日　星期二　晴

家事

德芳之子宮切除手術預定於今晨八時半開始，但余到醫院時德芳已提早十五分進手術室，紹南在病房內守候，余曾到樓下手術室探望兩次，只聞其中刀剪放置之聲，門外紅燈正明，醫護以外之人員不許入內，門外又有通內之牆上小孔插過橡皮管一根，外接氧氣罐，似係為病人輸送氧氣，至十時十分德芳被推回病房，余詢助理開刀之李醫師經過良好與否，據云甚好，又詢以麻醉何時消失，據云視體質而異，此時已略見清醒，但尚不能完全明白一切，亦未覺痛，余因須辦公，離去，下午五時半再往，見神智甚清，且可以略略翻身，但不思飲食，微有發燒，醫師曾為導尿，又開始注射 Terramycin 藥針，每次 100mg，事先曾欲用 Aquamycin，因試驗有紅色反應，不能使用云。自昨晚起由紹南在醫院陪伴，照料一切，紹南自今日起請假三天。

職務

查核有關榮民訓練安置計劃之專案款項，今日所查為曾由高雄唐榮鐵工廠領去房租一萬五千元，後又交還高雄之職訓會辦事處支配，結果租房只用去半數，其餘則大部用於器具設備，有小部分招待唐榮廠人員吃飯而又無正式收據，此事頗有蹊蹺，輔導會曾加以充分注意，但尚未結案云。

10月15日　星期三　晴有細雨

家事

中午到台北婦產科醫院看德芳手術後情形，據云良好，但微有發燒，高出半度，繼續注射 Terramycin，連昨已注射者共為四針云。今日又曾灌腸，注射葡萄糖與生理食鹽水。中午曾送去稀飯，至晚始食，云傷處甚好，翻身無礙，只溫度稍高，室內空氣悶熱，又慮及室外空氣入晚轉涼，故對被蓋特加注意，晚余曾再往，候紹南回寓吃飯洗澡再返醫院，余已如此兩日，如此病房內可不斷人陪伴焉。

職務

寫上月所查之 Interim Hospitalization 查帳報告之 Follow-up Audit Report，此報告中之胡家爵兄部分早已寫好，因余對於其中一筆二萬餘元之單據迄未據送來補核，故延候至於日昨，始見將單據送來，然此項單據之統一發票自然無法再加詳細推敲，只略核總數而已，核畢後即將報告中之應用資料亦加整理，此項工作完畢後即開始寫報告本文，至晚尚未完全脫稿。

體質

安全分署醫務室事先通知於今日上午舉行每年一次之 TB 照片檢查，余亦參加，但相信不致有何異狀，今日照之小片係在救護車上為之，該車在車上有 X 光儀器，立刻應用云。

10月16日　星期四　晴曇

職務

開始撰擬榮民訓練就業計劃一九五七與一九五八兩年度之用款查帳報告，今日只將三個 CEA 以下之預算實支比較表寫就，此表所採格式為先列預算數，再列實支數，再設 Auditor's Recommendation 一欄，下分二或三欄，分二欄者為 For-Acceptance 及 For Non-Acceptance 各各列出，以明核銷與剔除之屬於何一科目，分三欄者為五八年度部分，此部分尚未結帳，有預付款暫付款等，在各實支項目下列於最後，此等暫付性質之款不能作為核銷或剔除，故另以第三欄作為"Pending Follow-up Audit"，最後一欄為預算實支比較增減數，此欄內之數加實支數（正或負）為預算數。今日另一工作為整理醫療計劃 Follow-up 經費內之 working papers，訂成卷宗，並寫一目錄與胡家爵兄所整理之報告資料合裝一冊。

家事

德芳前日作手術後，昨今兩日情形並佳，但微有發燒，注射 Terramycin 四支，仍由紹南夜間照料，余則於中午上班前及下午下班後各往探望一次，下午之一次時間較長，由紹南回寓晚飯後再返，余再回寓，其時往往眾兒女均已就寢，只紹中一人在家自修，一切均極就緒。

10月17日 星期五 晴曇

職務

全日繼續撰寫RETSER Job Training and Employment Placement之報告，全文分為二段，一為Fund Status，將三個CEA分別列明用款之狀態，其中五八年度部分尚未用畢，並寫明結存數額與銀行所存相同，五七年度則已付款項與CEA數額相同，但因有利息收入，在輔導會係作為其他收入解繳美援會，美援會則作為相對基金餘款收回，因而CEA Amount相差此數，第二段為實支數與預算數之比較及剔除款項之列舉，此等剔除款數本可用逐筆列表之方式出之，以示簡明，但因頗有需要說明之處，詳略不均，在一固定體例下不甚容易排列，故改用敘述式逐類說明列舉，較占篇幅，最後並附帶說明財產管理之狀態與預付款之大概內容等。與胡家爵兄共同擬定十一、十二月之工作程序，全部為查核三年來之醫療計劃，只將總醫院除外，並作一Memorandum送請John Gould核定，作為出差之依據。

家事

德芳住院情形大致良好，連日前來探望餽贈有鄰右之林太太、袁太太、姚太太，及王一臨太太、宋志先太太、李公藩太太及紹南之同學同事等楊秀卿小姐與陳小姐、袁小姐等。

10月18日　星期六　晴

家事

德芳在產婦科醫院情形良好，雖仍為輕微發燒，但飲食味覺無異，可見已經正常，今日余休假，紹南則下午不辦公，時間易於支配，寓所不致無人照料，故按上午、下午分別送三幼兒女前往探視，上午余在寓，雇車送紹因前往，因下午始上課，故囑紹南中午下班時到醫院陪同紹因到女師附小然後回寓午飯，午飯後因紹寧已經放學，囑其一人先往醫院照料，余因須到國民大會秘書處索證明函申請醫院優待收費，故到達較晚，至五時餘率紹寧及余帶到醫院之紹彭到博愛路購辦三兒女明日秋季旅行之食品，然後回寓，三兒女已經精疲力竭，飯後即上床就寢矣。（依照國民大會與台北婦產科醫院之特約，收費可按規定減折。）

師友

上午，樓有鍾兄來訪，談添建房屋一間已經落成，因須付價款，與余通融一千元，其法為在共同存放於綸祥之一萬元內撥帳，將二人所佔比例予以調整，但樓兄又云可折付外幣，余表示無所不可，樓兄又託余轉託輔導會王紹堉處長，代向中信局壽險處催詢其長女考取中信局可否早通知到職事，並解釋對考取留學事絕不妨礙。

交際

彭令占律師在青年會為其在大陸被匪迫害致死之父舉行追思禮拜，余往參加，因已開始，不行禮。

10月19日 星期日 晴

家事

今日休假，完全為安排家事，並補記一星期以來之帳目與補看一星期以來之報紙而忙碌。紹寧、紹因、紹彭均於今日出發旅行，余作晚為之裝盛食盒並水瓶等，直至深夜，蓋食盒之容量甚難配合，而水瓶許久未用亦須澈底刷洗也，又所穿衣服符號亦均參照今晨之氣溫而加以準備，身體不好或遠行者著長褲，近地亦可穿短褲，食品則每人麵包三片至四片、滷蛋一個、排骨一片、豆腐乾四塊、橘子一枚、香蕉一隻、酸梅三個、橄欖三個，共計八種，歸謂未能完全食飽，其實彼等平時並無如許之食量也。下午到台北產婦科醫院探望德芳病情，大體良好，惟始終下午有半度之溫度，但飲食甚正常，只睡眠尚不能有不受驚駭之安靜心情，則尚須再為養攝耳。

師友

晨，余方在打發諸兒女赴校旅行時，張中寧兄著其幼子來取新中央橡膠廠之表件，並囑將余所作之負債表亦一同帶往，余復字云，該項原始表件並未能據以製成一負債表，因表內字跡有模糊不清處，無法轉錄，故已製而又中止，僅將普通負債、支票負債，及應負未負各項之數額加以核計，發覺就中支票負債總數與原表有參差，三項總數共為若干，附還原表請注意及之云。

10月20日　星期一　晴

職務

今日仍繼續完成榮民Job Training and Placement之查帳報告，其中Findings上週已經寫好，今日將應行列入Recommendations三點寫好，其一為請追繳剔除款十萬另一千元，其二為請輔導會節約Placement Cost內之Living Allowance科目支出，蓋已經支出數內即超出預算也，其三為請該會補記職業訓練介紹委員會移交該會之財產項目。此項報告寫好後，依近來習慣約輔導會會計處長王紹堉與職訓處長顧柏岩交換意見，今日所談者皆為胡家爵兄所提之部分，至於會計方面列入報告之事項在上週已與王處長分別談過也。

師友

昨日樓有鍾兄曾託余洽詢王紹堉處長轉商中信局壽險處方面，能否提前任用其長女麗煒，據王處長云，只能依照其考試之名次傳用，先決問題在於中信局是否承辦省府部分之公教人員保險，至於已經考取留學者該局亦希望其至少有半年之工作，並不因此而猶豫其傳補云。

家事

下午到台北婦產科醫院探望德芳手術後情形，據云今日上午所試溫度已停止發燒，感覺上亦更比昨日為勝云。

10月21日　星期二　晴

職務

今日再將寫就之 RETSER Job Training and Employment Placement 1957 及 1958 年度援款查帳報告複閱一過，並請胡家爵兄核閱後表示意見，渠只提出一點，即余在報告中提及岡山講習所支用變相薪給之研究發展費與加班費，所具理由為該所之行政費人事費並未列在此項 Training Project 內開支，頗易誤認為如果轉入該所行政費支領計劃之 Interim Hospitalization Project 即可核銷，余意如果手續完備，亦未始不可開此後門，但事實上手續並不完備，故如在上項醫療計劃內列支，仍有問題，胡兄之意為免再次剔除引起反感，不若一次予以絕望，余深以為然，乃在原句中加一子句云 “and the overtime pay attendance record was not available”，庶幾使其斷念也。下午將全部working papers 加以整理裝訂，全部分為五部分，一為預算資料，二為五七年度訓練計劃，三為五七年度安置計劃，四為五八年度訓練安置計劃，五為輔導會所送各項報表，整理後即合裝於胡兄所已裝就之卷宗內，並另加目錄，亦只寫此五項，細節不錄，此為無打字機而只用手寫之無辦法之辦法。下午到分署將上項查帳報告，Interim Hospitalization Follow-up 報告及下月工作計劃送徐正渭兄轉主管人。

10月22日　星期三　晴

職務

開始準備 RETSER Hospitalization Projects 之查帳工

作，此工作包括四個 Projects，均自五六及五七年度，均有用款，除其中 Interim Hospitalization 之一九五六及一九五七年度款前已查過，且Follow-up Audit 亦已竣事，準備 Close 外，其餘三個皆為五六至五七年款，第四個則 Interim Hospitalization 之五八年度款也。今日已將 Hospitalization I (Leper) 五六年度用款及 Hospitalization I (Hospital additions) 五七年度用款二個計劃之 PPA 及 Fund Application 所附之 Breakdown 加以查閱，此計劃皆為錫口精神神經療養院及樂生痲瘋病院增加設備而用者，第二年度即逕稱 Hospital Addition，惟 PPA 列四百餘萬而實際用款不過一百餘萬元，未悉何故。連日由胡家爵兄執筆所寫之 Memorandum 規定年底以前之所擬查核之各計劃程序，今晨已由 Jack Liu 看過，但因彼下午不在辦公室，囑余等直接送交 John Gould 看後簽字，下午照辦，Gould 云因派赴美援會人員之名單並非由彼作最後決定，故調赴美援會之人選尚須再加斟酌，而胡家爵似在被調之列，上項 memo 待一切澄清後再行辦理云。

家事

德芳手術已拆線，經過良好，依慣例特別指定之醫師須另給報酬，今日下午乃送八百元於鄧仁德大夫。

10 月 23 日　星期四　微雨

家事

德芳在省立台北產婦科醫院留治十天，今晨出院回家，因付費時係用國民大會秘書處證明函，故若干項目皆有折減，支付全部費用未如預料之多也。

職務

續看榮民醫療計劃之Project File，今日所看為Hospitalization III TB Hospitals，此計劃兩年度用款照PPA所定近九千萬元，但結果兩年度實支不過一千萬元，最大原因為彰化肺病醫院之計劃變更。因此項撥款有此等情形，經費實支數不但比援款之PPA不同，即比之Fund Application所列亦不同，亦此計劃所特有者也。同在退除役官兵就業輔導會查帳之胡家爵兄今晨語余，ICA Controller Shamburger於今晨召集轉職至美援會之十人談話，報告有關待遇等問題，此事將於下月一日實現，美援會係將此十人目前在安全分署之待遇比照該會現有待遇之同水準者予以申算中國政府之薪級，因當前中國政府之薪級相差甚遠者而實際待遇相差反近，故申算之結果，待遇略低之數人，只能比敘薦任，事實上彼等曾經任過簡任職，此等情形最使人難堪也。

師友

王慕堂兄晚來訪，帶來現款二萬元將借紹南助其成行赴美，余因其尚待一年再往，故未接受，然好意足感也。

10月24日　星期五　晴曇

職務

全日續看RETSER Hospitalization projects之文卷，今日所看為55-361 RETSER Clinics (FY56)及55-361 RETSER Convalescent Camps (FY57)，併一九五八年之RETSER Hospitalization 55-465中之Sub-project No. 1，

亦即過去二年度之 Interim Hospitalization 之繼續經費。55-361 計劃在 1956 年度預定建診所四處，用款六千餘萬元，但結果只數百萬元了事，五七年度最初預算亦彷彿，但結果亦只支用三、四百萬元，此由 PPA 之預算及CEA 之最後餘額知之，至於美金部分由 於PIO/C 在文卷內資料甚少，想亦為同樣情形，此兩計劃均已結束，就事實上已知者，則不過建成竹東與岡山兩地之診所而已，猶之昨日所看之肺病院計劃，兩年計劃用款近一億元，而結果千萬元了事，計劃中之彰化一千五百病床醫院中止進行，而結果不過埔里一地增病房一部分而已，此兩項計劃恐為退除役官兵中變動最大之計劃也。55-465 之醫療計劃用款雖多，但全為各醫院之經常費，且各院情形相似，故卷內資料不多。一週來已將全部 Hospitalization 計劃文卷看完，只除總醫院計劃不包括於此次之查帳計劃內。余與胡家爵兄之合作查帳，由於胡兄已正式移轉於美援會而告變更，胡兄之工作已停止，下月一日即至美援會報到云。

10 月 25 日　星期六　雨

閱讀

月來香港自由人三日刊登載一篇對話體之文字，係用筆名，編者介紹云係一在美習經濟之作者所作，全部似有六、七篇，現在只刊完一篇有半，淡時如飲醇醪，如入廣廈，使人感覺迷醉，眼花撩亂，不知從何門可出。作者題名為「稷下談龍錄」，志在以綜合的觀點，從哲學、經濟、歷史，以及民族學等多角度分析當前世界之問題，主旨為科學發達，人之征服自然已近最高峰，設不早尋到正確之指標，則結果仍將為自然所征服乃至毀滅，所難者即此項指標之不能由人類已有的科學哲學歷史智慧而獲得，歷來之史學家、哲學家，往者固不足論，現代的如湯恩比及羅素則反陷於迷津，為種種顛倒矛盾之論，是其大可哀也已，言論格調，俱臻上乘，殊為近來難得一讀之佳作也。

參觀

下午到歷史美術館參觀張大千畫展，作品之來源似係由其在台友人及收藏家蒐集而來，故各時期之作品全有，共計百餘幅，大小直橫、工筆寫意、山水仕女、花卉、花鳥、人物，以及純中國風與後期融會敦煌畫法者，亦接併列，溥心畬有題跋云，「細筆則似春蠶吐絲，粗則橫掃千軍」，信然，中有自畫像一幅題字「隔宿看書一便便忘，老來昏霧更無方，縱知又被兒曹笑，十目終能下一行」，與畫媲美。

10月26日　星期日　陰

參觀

下午到青年館參觀膠西古琴閣古畫展，計六十餘幅，有惲南田山水，唐寅人物，金北樓花卉，鄧完白篆書，張瑞圖行書、山水，鄭板橋竹蘭，倪元璐行書，吳昌碩花卉，林紓山水，陳眉公行書，沈石田山水，羅雨峰山水，仇英人物，王時敏山水，張宗蒼山水，費丹旭人物，董非聞（邦達）山水，齊白石蟬螂，張善子山虎，張大千山水，查二瞻古松等條幅，戴醇士平古山莊卷，王石谷江山無盡圖大卷，董其昌行書 120 行卷，項聖漢冊頁，文徵明沈石田造象冊頁等，余最欣賞之作品為以下各件：（1）惲南田畫山水，題詩云：碧雨叢篁映柳絲，花間得句白雲知，蕉梧不動秋聲起，簾捲山堂獨坐時；（2）華喦（新羅山人）山秋花鳥皆有其清如水之概；（3）元柯九思作竹梅，神采絕倫，不類後人仿作；（4）文徵明小楷黃庭經，又與仇英合作寫畫洛神，一行一楷，各有引人入勝之處；（5）元曹知白山水軸，寫深山林木，出邃遠密，筆法不同；（6）八大山人畫四雁，飛鴻食宿，張大千題云：物理物情物態曲盡其妙；（7）傅青主綢軸草書，大器磅礴；（8）金冬心水墨芭蕉及水墨梧桐各一幅，尤其水墨梧桐，雖方僅盈尺，然天地無限，題句云：金井鹿廬空，苔痕階澀露濕梧桐，弱枝先墜不待秋風，吳宮夜漏又添新恨二十五聲中；（9）曾國藩聯「氣住神仙端可學，心靈造物本同遊」；（10）明高簡山水寒林詩思，寬四尺，高八尺，為面積最大者。

10 月 27 日　星期一　晴曇

職務

開始查核 RETSER Hospitalization Projects，因各計劃共有四個之多，經通知衛生處派來退除役官兵輔導會之祁兆琬君擇其中已經整理就緒者，先行送來審核，渠即先送來 84-55-2489 Hospitalization I (Leper)1956 年度部分開始審核，此一計劃在一九五六年度所定預算雖包括數個項目，但實際支出則不過建築與器材藥品購置二個項目而已，器材藥品購置為數尚不甚多，不過十餘筆帳，今日余將全部計劃之收支情形與 CEA 修正情形相核對後，即行將此一科目審核完畢，其中手續皆屬完備，獨有付給中央信託局之日本購貨款十萬元新台幣在此一計劃內未有結帳，因五七年度尚未經審核，故除為預付情形在該年度綜合結算外，即為手續不完，特囑祁君加以注意，如尚未結帳，即請向中信局催辦云。

師友

紹南由中信局來電話，謂隋玠夫兄來電話云，劉振東先生今日赴美，如余願參加送行，請於九時半到合作金庫聚齊，彼即前往，移時齊來者有韓華班、焦如橋、郭福培諸兄，乃乘車前往，十時半起飛，歸途則搭美援會趙既昌副處長車回輔導會，據云劉氏赴美原因為探其次女公子之病，病起於其男友董彥平之子游湖不慎沉水而受刺激過深，以致失常云。

10 月 28 日　星期二　晴曇

職務

今日查完一九五六年度之醫療計劃，即 LEPERS，包括錫口精神病院與樂生痲瘋病院二處之增建工程，與院內病床設備用款等，因為數不多，故查核進行甚速焉。查帳過程中所發覺者有數筆用款缺少單據，亦有退除役官兵輔導會代購物品而缺乏移轉之正式文件與原始憑證者，均待進一步查詢始知，至於大宗用款全屬建築，將須由一同查帳之同道到建地實地視察焉。

師友

前日途遇佟志伸兄，因彼服務於國民住宅興建委員會，余曾託其查詢建屋貸款之利率既已降低一半，何以退回之已扣貸款利息不及半數，今日佟兄來告退息係由去年七月至今年七月，而所付之利息，遠在前年七月即已開始，第一年並不扣還減息也云。

瑣記

佟志伸兄云彼至輔導會訪余，門崗堅不放行，而電話交換機亦不肯接線，此機關之森嚴與怠忽可想而知，余深為歉然，余自半月前移至三樓樓梯邊之舊秘書室辦公，隔壁即為主任委員蔣經國隨員所用之房間，寬闊有如通衢，且須再加擴充，將秘書室隔去一角打通而據有之，此間則擠甚，煞費安排，一切供應等等更無論矣，其秘書長趙聚鈺亦稱是，此種損不足以奉有餘之作風，比任何機關為明顯，不知為進步現象歟？抑開倒車歟？

10月29日　星期三　晴曇

職務

今日續查一九五七年度之248醫療計劃，在一九五六年度時稱為 RETSER Hospitalization I (Lepers)，至此年度則改稱為 RETSER Hospitalization Hospital Additions，蓋用款幾全部用於錫口精神病院之擴增建築也，預算本尚列有樂生醫療院與另一稱為 Leper Farm 者之建築，事實上前者用款甚少，後者則根本並未從事辦理，故實際用款較之預算數不及遠甚也。今日所核五七年度用款大致均尚無大不合之處，惟憑證有缺少者，尤其此計劃五七年度即須結束，五八年度並無用款，雖依例五七年度用款之 Deadline 以去年十二月三十一日為限，然經輔導會特別請准延展至四月底，以致在四月底時尚有事實上未經結束之建築費，按假定數目列帳，傳票後未附單據，經查詢之後始發覺此等情形，經囑剋日將證件補齊，以符四月底結束之規定云。

交際

晚，安全分署會計處全體稽核部分同人及會計一部分同人在螢橋河邊烤肉鄉設宴歡送稽核部分陸、樓、徐、沐、繆、胡、王、胡、陶、卓等十君轉職至美援會工作，此等烤肉聞係北平作法，係用肉片加作料自行混拌後，至空地所設之大鏊側在火上自行烤熟，余等數人未動手，飯店亦代辦，惟極單調耳。

10 月 30 日　星期四　晴曇

職務

開始查核 RETSER Hospitalization IV (Clinics) 1956 年度用款帳，此部分經費之用途為就已設立之數個軍方療養院內加添看病設備，增建房屋，因預定四處並未全部興建，故用款數比之預算數亦相去甚遠。今日除了解其全部記帳程序外，即為核其 Procurement 一科目之用款，發覺並未全部結帳，故買進物品尚非最後支付數目，至於其記帳程序亦有缺點，緣此項五六年度用款在一九五六年度原應支完，但當時若干事業費並未支完，乃有所謂 FY1956 Carry-over to FY1957 之一種移轉計劃，但仍屬一個年度之預算，其 CEA 改用五位數字，冠以7 字，報表亦加以劃分，結帳則分為二部，衛生處記帳人員在一九五六年底未將帳頁換新，即於結帳後接記新 CEA 用款，結果有在次年沖回年底前之帳目無處記載，即混記於新帳內，從而發生帳面餘額與 CEA 最後修正額不符，二者間互有增損之現象，在開始製試算表時乃須先加調節始可對照焉。

集會

晚到經濟部出席研究小組會，余為記錄。

體質

昨晚飲酒逾量，雖澈夜睡眠尚好，而今晨起床後即覺暈眩，上午又嘔吐一次，始漸覺輕鬆，然胃之作用全失，終日只飲牛奶一盃、稀飯二盌、鹹蛋一個，不但不感飢餓，且飯後入睡必感胃酸特多。

10 月 31 日　星期五　陰有微雨

特記

今日為蔣總統七十二歲生辰，各機關例設壽堂祝壽，余共赴四處，一為貴陽街之實踐堂，二為和平東路之政治大學校友會，三為重慶南路之國民大會代表聯誼會，四為刻間駐在辦公之退除役官兵就業輔導會，其中實踐堂內且陳有此次各同學所送之壽禮書籍數千冊，皆為事先所呈，余所送為藝文版說文解字注與新興版春秋經傳集解各一冊，陳列在廿一期之部位上。

職務

查完 RETSER Hospitalization IV (Clinics) 一九五六年度用款帳，今日所查完全為建築用費，其中支付各營造廠商之款，例於每次建築師估驗時按計算單列數為之，但末期款又非限於百分之五保留待驗收再付之數，又不附驗收或估驗憑證，殊不完備，須待續行查詢。

家事

明日為姑母五十九歲生辰，傍晚偕紹南到市上買絲織衣料一件，余於晚間送往，以表祝賀之意。紹彭兒在女師附小去年一年級時畫有海船一幅送到國語日報，今日寄來稿費郵票二元，此兒不過七歲而有投稿，且此次為其第一次收入，不可以不記。

師友

下午到安全分署與即將轉美援會工作之各同人聚晤，據云何人來輔導會接胡家爵兄職務尚未核定云。下午到嘉陵公司訪吳先培兄，約定為楊孝先氏做壽事，明日上午同往訪朱佛定氏。晚，汪焦桐兄夫婦來訪，係為德芳出院致慰。

11月1日　星期六　晴

師友

上午，到嘉陵公司訪吳先培兄，本擬為聯繫楊孝先氏祝壽事偕訪朱佛定氏，因經電話詢悉朱氏未在光復大陸設計研究委員會辦公室，只得改日再往。下午應約到合作大樓訪李洪嶽律師與吳崇泉兄，據云景美共同買地又屆應完地價稅之期，因戶名仍為舊主陳忠義，陳與各現用地戶接洽，彼等均不予置理，謂均由孫福海君統辦，現完稅已逾截限，經商量同意仍託孫君向各使用戶說明此稅無人代為負擔，務請速速付出以便統繳，至於將來為免此等牽掣，應加緊催代書趕辦登記分割過戶手續，吳兄聞其他使用戶又生枝節，主張將公用道路另立地號作為共有，認為如彼等堅持，余等為避免長久不解決起見，亦可曲從，至於彼等所多占去之土地，據云亦不肯置理，最後難免不出於訴訟之一途，但為免此刻過戶受有影響，暫時不動亦是一法，李律師又主張對於孫福海奔走各事每人付給車馬費一百元，以示薄酬，當經同意。

娛樂

上午，到新世界看電影「空中小姐」，葛蘭主演，五彩歌唱片，在國產片中可謂極成功之作品。

家事

晚，率紹中、紹寧、紹因、紹彭等到姑母家吃麵，為慶祝姑母五十九歲壽，德芳因出院不久，尚不能勝，故未往。

11 月 2 日　星期日　晴

師友

下午，關文晉氏來訪，關氏為余中學畢業時在煙台美豐公司服務時之副經理，此為三十年前事，抗戰勝利後在青島曾經相見，迄今又十年矣。關氏自談其數年來之經過，在大陸撤守前曾將業務重心移至香港，在大陸各地採集小豬腸原料加工出口，後因數種禁令，其原料等於充公，然後轉至越南金邊，仍然困難，今春以僑資內移方式來台設廠製腸，出貨不多，籌備期間與各機關種種接洽疏通，時間金錢，所費無算，手續之多，留難之繁，絕非任何地區所能比擬，關氏自認為共匪迫害而來，但又認為自由中國之種種表現不易達到反攻大陸之目的，此語實極沉痛也，談兩小時辭去，渠認余尚執行會計師業務，向余洽詢資本虧蝕半數是否須依公司法向官廳呈報，余認不必，蓋其工廠只設立數月，尚未決算，何由知資本不足半數哉。下午到新店訪晤崔唯吾先生，因崔氏甫由海外歸來也，余方坐定，而李祥麟兄亦不約而至，崔氏談出國經過凡二小時，對於殷格斯造船公司之私人投資援華極感興趣，與一般看法不同，余詢其海外子女情形，並閒談後辭返。韓華珽兄下午來訪，送來捐助趙季勳遺族款一百元，並談及張磊在立法院服務宿舍問題，余下午並轉報崔唯吾氏。

11 月 3 日　星期一　晴

職務

今日開始查核一九五七年度之 RETSER Hospitalization

Project，亦即原 Clinics 計劃至五七年度改為 Convalescent Camp 計劃，此計劃內之建築本應於一九五六年度內完成，但事實上仍有一部分款項在五七年度支出，惟並不占重要成分。今日已將建築部分查完，乃將兩年之建築用款支付情形製成彙總表，以便與監工建築師吳文熹核對用款與完工情形是否可以配合，吳方之資料不完全附於傳票之後，故通知其另行送閱，今日已來接洽。今日又將上星期以前所查之精神病院與麻瘋病院內建築用款製成彙總表，以便與建築師資料相比較。由於現在進行中之查帳工作中各計劃全以建築為主，而會同工作之胡家爵兄已調至美援會，後繼迄今無人，已感到工作無適當配合之困難，蓋如二人會同工作，此等建築師方面資料之蒐集，即不必由余辦理，余只須將付款情形加以審核即可，現在則不可能，然建築情形之最重要者為實地勘查，此又非諳悉工程者莫辦，余上星期亦曾詢問劉允中主任此項配合人選問題，彼亦不知，所傳之李慶塏君調補事並無實現跡象，余曾再三聲明對於建築不能負責審核，劉君亦表同一意見，允即轉達負責方面云。

11 月 4 日　星期二　晴

職務

繼續查核一九五七年度 RETSER Hospitalization IV 診療所計劃用款，科目有 Procurement，用於購買器材之類，有 Operating Expenses，用於支付薪工辦公費及病房作業費等，有 Patients costs，用於支付病人之生活費及服裝換置費等，支用單位除計劃內之竹東、岡山、馬蘭三診療所外，又有萬隆療養大隊亦在其中，而一種普遍的處理方法即為支出時憑各單位報表，未將憑證附於傳票之後，勢須再加核對，故此項查帳實只做到一半也。與衛生處在輔導會辦公之祁兆琬君商量不久出發各單位查帳計劃，蓋此次所查為全部之醫療計劃除一總醫院新建工程外皆在其中，全部有十六單位，預定出發四星期，一星期在南部，查永康、楠梓、岡山，一星期在中部，查嘉義、台中、埔里、竹東等四處，一星期在東部，查馬蘭、玉里、鳳林，其餘北部則宜蘭、蘇澳、山崎與錫口、新莊等處是，時間上極為迫促，然不可能更將日期拉長也。

師友

下午訪隋玠夫兄，因託其代存之款三千元每二月結息一次，每次均由隋兄將息送之中信局紹南處，余今日為免其多所勞動，故意欲先往取來，不料其尚未算取，故不能面交，結果仍係交紹南帶來。又隋兄捐趙季勳遺屬之款因彼未經手捐募，故余向其將款取來寫入余之捐冊內。

11 月 5 日　星期三　晴有陣雨

職務

繼續查完 RETSER Hospitalization IV 一九五七年度計劃用款，今日所查為其帳目內若干支出為昨日所不及全部看完者，故上午即已完成，當即另製預算與實支比較表一份，預算所列有為實支時所未支者一科目，亦有預算未列之建築費，本年度尚有若干支出者，好在此年度之支出為一九五六年度之延續，性質尚無若何逕庭。本計劃與 Hospitalization I 均有若干經費與 Interim Hospitalization 計劃內之同科目發生流用情形，秋間在台中查後者之帳目時已將全部情形開出待考，現在既已查核前者，乃將秋間之 Work File 尋出，互相對照，蓋此完全為帳目中之流用，與單據實支無關，非同時互相勾稽，不能窺其全豹也。下午到安全分署支領薪給，劉允中主任語余，如輔導會之辦公室不便，可以回署辦公，余因醫療計劃已經開始，單據帳冊全在該會，衛生處主辦人員亦在該會，為接洽方便計仍將暫時在該會辦公，至於配合工作問題，雖已定為由李慶塏君參加，但尚未正式決定通知云。

師友

下午到美援會第四處訪問甫由分署移往辦公之胡家爵兄等十人，現在均集中於一室之內，領導其事者為陶聲洋君云。

11月6日　星期四　雨

職務

開始查 RETSER Hospitalization III TB Hospitals，今日查一九五六年度用款中之 Procurement 及 Office Expenses 中之薪俸與津貼二項，購買方面全在本地，其中大數為外貨，本屬欠妥，但預算中如此申請未遭剔除，故只好核銷也，薪津則大致符合預算，無何問題。衛生處人員送來屬於 Hospitalization I Leper 計劃中一九五七年度用款中之病人費用單據未附於傳票者，此全為基隆陸軍六十一醫院之精神病組，時間不過為一九五七年之五、六兩月，本甚簡單，然因其所送報銷領冊內有一人代章至二十餘人者，與規定不合，且其原來之計算本身即有錯誤，而衛生處只據其月報表入帳，單據原封未動，不知單據數與月報表即有距離，乃依據可以核銷之數與實支之數相比而得剔除之數。醫療計劃中除 Interim Hospitalization 外，其餘皆有建築支出，建築師全由吳文熹一人擔任，支領公費數與工程完成數只就帳面付款情形不能對照，乃囑其提供資料與說明，今日派沈君來談 Hospitalization IV Clinics 中之馬蘭診所停建與 Hospitalization I 中之痲瘋農場停建何以尚支公費之原因，但對於彰化肺病醫院與其實際建築完成之各診所（前者只一部分工程而中止，後者則皆落成）公費計算方式尚須再行查送。

11 月 7 日　星期五　晴曇

職務

繼續查核一九五六年度 RETSER Hospitalization III TB Hospitals 用款，今日所查為薪津以外之管理費，包括文具紙張與旅費等，其中旅費一項範圍太過廣泛，余本欲對於凡非用 Hospitalization III 者一概剔除，後因其中甚多為屬於其他之 Hospitalization Projects，如皆剔除，不過發生移花接木之結果，事實上移東補西，徒然多此一舉，故不予剔除，只對於不屬於醫療各計劃之旅費加以剔除，此等旅費事實上並非有此需要而支出，不過因有此款項，樂得加以調劑，故如尚在用途之適當範圍以內，只好聽其支用，設非此範圍亦已支出，自然不能再事坐視矣。兩年前黃鼎丞君曾往衛生處查核該處由上項TB 計劃與另一 Hospitalization II 即 General Hospital 經費內所任用之人員，當時因有一女職員在台中該處主計室工作，認為與計劃無關，又本計劃內有司機一人，總醫院計劃內有工友二人，皆為預算所未規定，當時在送會計長之 Memorandum 內主張俟正式舉行查帳時予以剔除，余現在已查 TB 計劃，總醫院計劃明年亦將查及，今日將單據與黃君之建議相較，認為主計室可以辦理美援會計，而司機、工友既未超出總員額，亦可不必如此刻版，但在未變更兩年前成案前，又不能率爾不加計議，故先在 work paper 註明，以待與主管商酌。

11 月 8 日　星期六　晴

閱讀

寫作英文時常以 shall 與 will 及 should 與 would 之用法不能明白為憾，頃查閱葛傳槼作「英文用法大辭典」，其對此四字之用法說明有三十三條之多，閱後雖有若干啟發，但新的疑問依然不能驅除，例如書中云 should 與 would 為 shall 與 will 之過去式，但此二字甚少有含有過去之意義，惟在最後又舉在 indirect speech 裡依照文法應用 direct speech 所用之 shall 或 will，should 或 would，惟必要時須將 tense 加以變換，如云：He says he shall be glad to see her. He said he should be glad to see her. He thinks I will be glad to see her. He thought I would be glad to see her. 最後則謂上四句中，在事實上第一句用will普通些，第二句用would普通些，第三句用shall普通些，第四句用should普通些，如此又發生全然不同之用法，則理論與事實之距離，相去又何以如此之遠。（作者認為尤其第三、第四句現在甚少用will與would者，因此二字在第一身時甚易誤為表示意志也。）甚矣通曉一國語言文字之難也，設非多談多見多說多聽，其將何以知此哉。

師友

晚，蘇景泉兄來訪，贈華僑青年月刊一本，其中有蘇兄所作之短文一篇，彼又為此項刊物之編輯顧問云。

11月9日　星期日　晴

師友

陳長興兄由新竹來訪，謂有工廠委託辦理商標註冊，因新竹外出接洽事務不便，詢余是否代辦，余雖未終止會計師業務，但商標註冊未有經驗，且省府在台中，標準局在台南，余亦不能有整日之時間前往接洽，允俟洽詢吳崇泉兄，或可以承辦云。

參觀

上午同德芳率紹因到國立歷史博物館參觀曾后希（稷）畫展，凡展出二、三百幅，琳瑯滿目，誠所謂「全能」畫家，如賈景德氏弁言所云，山水師荊關，人物師禪月，其他花卉翎毛樓閣走獸，均兼擅其長，至於工筆寫意，各成一格，或二者混和，如數幅冊頁所作之竹、石、梅、蘭等則又風格成乎一己，不同凡響，且無師承足以當之，所作人物，男以尊者、高士二型為主，筆意高逸，女則喜作西施、昭君、貂蟬、太真之造象，而各有其境界，又有四時八德共十二幅，功力亦佳，春曰漢宮春曉，夏曰端午競渡，秋曰中秋望月，冬曰歲除歡聚，孝曰木蘭從軍，悌曰孔融讓梨，忠曰岳母刺字，信曰季札掛劍，禮曰孔子問老，義曰千里送嫂（關雲長），廉曰琴鶴自隨（趙抃），恥曰臥薪嘗膽，凡此皆為曾氏之代表作而不列於售品之內者，至於書法則有時亦遒勁有力，但非時時所能把握，與張大千氏之情形正復相似，但書卷氣極重，尚可觀。

11月10日　星期一　晴

職務

繼續查完一九五七年度 RETSER Hospitalization III TB Hospitals 之相對基金用款，今日所查為建築費，此為本計劃中用款較多之項目，每筆金額均較一般消耗性之支出為大，故須逐筆核對，同時建築費須彙算總數與合約相比較，故在查核每筆記入 work paper 之時，係照工程單位之順序為順序，不照總分類帳按支付建築費之時間先後為順序，以便統計，就今日查核所得，其問題仍與以前相同，即支付估驗款皆有憑證，惟至最後一期即不照此手續附以估驗單，故欲知總工款是否與建築師計算總額相符，不能由傳票及憑證獲得全豹也。劉允中主任來電話催辦九月底未release 之查帳報告，余赴分署將其時正查核之Job Training and Employment Placement (RETSER) 各年度用款數開出，其用途為送美援會作統計者。美援會移文一件至署，係退除役官兵輔導會請處分醫療計劃內剩餘之 PIO/C 及易貨外匯內所購建築材料，會計長交劉允中主任，又轉至余處，實際無任何問題，故寫一 router 送還。

集會

晚到藝術館出席 ICA Employees Club 之年會，通過修改會章，並放映電影，瓊愛麗孫與大衛尼文合演 My Man Godfrey，喜劇片，甚風趣。

11 月 11 日　星期二　晴

家事

德芳自入院行手術至今甫經一月，尚未完全恢復，故家事尚難完全自任，所用下女美珠雖不精幹，然在遇事充分注意之情況下，亦能勉強應付，不料今晨天已大明而尚未來（每日係回家就寢），先以為患病，後見始終不來，其家人亦無來相告者，始知必有他故，蓋昨晚余與德芳外出時，彼與紹南等說話不甚契洽，今日乃銜恨不來，由余家門前經過前往買菜，德芳問其何以不來，亦無答復，只好趕緊再行找人。按下女之不能完全如意，乃家家如此時時如此之事，故紹南有時不假辭色時，德芳輒囑其應加忍耐，不料昨晚一次外出，即發生如此後果，甚矣家庭事不出亂子之難也。

參觀

今日為地政節，事先中國土地改革協會柬邀參觀其機械農耕表演，下午三時到土地銀行門前搭乘交通車前往，三時半開會，由理事長蕭錚主席，報告後即開始表演，首為唐榮等八家之耕耘器使用法表演，次為在旱地使用機耕之表演，據云各家中亦皆有精良之特點，只有用燃料多寡之別為完全人為，表演兩節後，來賓即紛紛作歸計，余亦登上土地銀行之交通車回城，今日表演地點為敦化路陸橋下之水田，路未完全修好，故參預者雖多，而均感甚不方便云。

11月12日　星期三　晴

師友

上午，同德芳到羅斯福路一段訪樓有鍾兄，賀其遷移新房，該房乃就其父母所住公家房屋空地加建，甚為新敞，造價二萬元左右，建坪五坪，樓兄已自本月一日改任美援會職務，可以支領房租津貼計半數三百元云，又談其次女於上週出閣，因決定倉促，未邀親友，僅登報奉告親友，且在喜期之後一日，該次女俊偉在台中農學院三年級，如此迫不及待，似有難言之隱者。又談其長女麗偉已到中央信託局辦公，其應支領之房租津貼須憑租約辦理，如此勢須將其本人及應奉養之家屬戶口移於準備租用之處，手續始合，余與德芳表示如無適當之處所，不妨即移至余家將戶口報明，並假託訂定租約。上午，到東園街亞洲腸廠訪關文晉氏，因其外出，僅與廠內一王君晤面，留片而回，關氏為昔在煙台頗有其惠之人，今午本擬邀約其便酌，既未相遇，只好改期再說矣。下午逢化文兄夫婦來訪，為慰問德芳之住院動手術者，並談及枋寮共同買地分割面積尾差找算一案，延懸至今尚未辦妥，將於近日再度召集會議辦理云。

體質

自兩週前醉酒，腸胃迄今未恢復正常，現在食量尚極力克制，而排泄則數日一次，雖大食青菜水果，功效殊鮮，晚再灌腸一次。

11 月 13 日　星期四　晴

職務

上午，結束RETSER Hospitalization III TB Hospitals 一九五六年度用款之查帳工作，此項工作本已於星期一完成，現所餘者為經過分類後之建築付款各各加以小計，以求總計數，觀其是否與帳面餘額相符。上午即係將此工作完成，並因該年度一部分用款另立 CEA 轉入五七年度繼續使用，而帳目並未劃分，以致若干在一九五六年度帳內支出之款，其後有收回沖帳情形，即記入轉五七年度帳內處理，在分析各工程之個別用款時，此項因素須加消除，從而兩個 CEA 中之實支數與帳面數發生差額，此之所缺所多適為彼之所多所缺，為便於對照計，亦經在 working paper 內註明原委。下午開始查核上項計劃之一九五七年度用款，首先作一 Trial Balance，證明其總分類帳借貸相平，蓋衛生處在處理此部分帳冊時，係於結帳日製結束報告一份，以後仍有沖轉情形則又只記帳而不製表，於是只憑表列之數不能與帳列作成相同之試算表，乃有重加填製之必要焉。繼即查核兩科目，一為購置科目，二為費用科目，前者只為少數之藥品與腳踏車，後者只為少數籌備經費，故內容甚簡而費時不多。

師友

以電話代陳長興兄委託吳崇泉兄代辦新竹一工廠之商標註冊，陳兄酌留公費三至四成。

11月14日　星期五　晴

職務

全日續查 RETSER Hospitalization III TB Hospital 1957 年度用款，今日所查為建築用款，此為本計劃中之最大數目的用款，且均為每筆大數，故須逐筆查核，為節省時間計，採用以下之程序，（1）帳內摘要欄工程名稱記載甚詳，然係按時間先後記入，故欲將每一工程彙集一處，須另有選擇之功夫，余乃將內容略加審核，分成五個部分，一為建築師公費，二為彰化肺病醫院部分，三為埔里醫院部分，四為嘉義肺病醫院部分，五為材料部分（多為輔導會代辦），用鉛筆逐筆編入一至五各部分，以資易於識別；（2）有沖帳者，將被沖之帳亦加註銷，以免多費時間，至發覺沖帳始悉徒勞，設只沖一部分者，則一併記入，以明其餘數之何自而來；（3）在採用按科目為順序之查帳法時，向係將被查之記入一面寫入 work paper 內，一面檢查傳票，再將所獲資料記入，如「單據相符」或不相符等類，余今日改變辦法，將全部支出分在各單位之下，一一先行抄入 work paper 內，然後即按 work paper 內所列傳票號數逐一將查核結果填入，此法之優點為可以先行順序抄錄，進度甚快，不必如邊寫邊查之忽寫忽輟，及傳票不能逐一查核，須忽前忽後，找尋不停，均浪費若干無謂之時間，今日用此法果然十分從容，不終日即行結束。

11月15日　星期六　陰雨

聽講

上午到國大代表聯誼會出席第十九次學術座談會，由代表同人現任教育部次長李熙謀氏講「歐洲各國原子能研究的趨勢」，大意為報告出席參加日內瓦原子會議之經過，首先說明該會之任務，亦即此次開會之中心問題在討論原子反應器以何種方式者為最好，原子反應爐如何避免造成危害，以及對於趨理論的問題原子能何由發生之問題等加以探究，繼就幾項事實說明此次所遇之歐洲大陸國家之原子能研究趨勢，其所提值得注意之事實為：（1）加速器為理論研究之用，設在瑞士之大加速器（accelerator）預定為25BEV（billion electron volt），現在已成之較大者為法國23BEV，及美國3BEV及6.5BEV各一，美國之30BEV者尚未完成；（2）反應器之最大者為比國之50,000KW，法國之30,000KW；（3）原子能研究極費錢，上述瑞士加速器之25BEV者，值六千萬美元，法國2-3BEV者亦值1,500萬美元，而瑞士之研究工作在一九五七年度用款達1,400萬美元（即6,000萬法郎），人員達597人；（4）現在之反應爐燃料多為金屬，重原子如鈷、釷、鈾等，目前開始一項研究，即為輕原子的利用云，海水內含輕原子；（5）農業、糖業、醫藥等和平原子用途，台灣已開其端。

師友

下午，丁暄曾太太來訪，據云丁君在金門無恙，預定年底可以調回台灣服務云。

11 月 16 日　星期日　晴曇

交際

中午，政校第二期同學董成器與汪茂慶二兄在中國農業供銷公司約集在台同班同學聚餐，但餐費由二人負擔，余等表示應共同分擔而未果，則不久仍將照此習慣輪流約請矣，今日在座之首客為劉劍元兄，係由印尼被迫回國，將來如何出處尚未定奪。

閱讀

開始讀 David Dietz 作 *Atom Science, Bombs and Power* 第一至三章，第一章為 Mankind at the Crossroads，寫原子能之應用，可以毀滅人類，亦可以拯救人類，只在人類自己之抉擇，第二章為 The Rise of the Atom Theory，敘述自二千年前近似原子觀念之發生以致逐漸演進，形成分子與原子之現代化的見解，第三章為 The Dawn of Atomic Physics，寫十九世紀末葉，物理學之發達與夫原子能之認識之漸趨於複雜，其中有四大成果，即 X-rays、radioactivity、radium 及 electron，其中 X 光為 1895，鐳為 1898，則在居禮提出鐳前，為 1896 年 Becquerel 由鈾內所提之所謂 Becquerel ray，此為鐳之先聲，至於電子則 Lorentz 始發現之，英國 Sir J. J. Thompson 更發揚之，且從事種種試驗以觀電流對於各種元素之推傳性，從而證明其電子之活動有種種不同之方式焉。

11月17日　星期一　晴曇

閱讀

因衛生處之帳簿傳票未能送到，全日無事，乃以讀書自遣，所讀為 P. T. B. Bauer and B. S. Yamey 合著之 *The Economics of Under-Developed Countries*，今日看完第一章至第四章，第一章 The Relevance of Economics to Under-Developed Countries，第二章 Some Problems of Economic Measurement: National Income and Capital，第三章 Some Problems of Economic Measurement: Labor and its Distribution，第四章 Natural Resources。在第四章內頗多發人深省之名句，摘記於下："The Creator has not divided the world into two sectors, developed and under-developed, the former being richly blessed with natural resources than the latter. All developed countries began by being under-developed by modern standards, which are the operative ones; indeed they remained in this state until quite recently. The natural resources in their territories, whether rich or poor, have only been developed within a comparatively short and recent period of history. This is an obvious proposition, which, however, is frequently overlooked." "A natural resource is valueless when the cost of co-operant resources and the cost of transporting resources and products exceed the price the product can command in the best available market. If a natural resource is valueless, it will not be profitable for anyone to use it, even if the user does not have to pay for it."

11 月 18 日　星期二　有陣雨

職務

開始查核 RETSER Hospitalization FY1958 用款，此年度用款乃接續 1956 與 1957 兩年度之美援而又繼續一年度，並云為最後一年最後之醫療計劃用款，此計劃之官兵以平均每月一萬三千人為限，如有缺額，補入時亦應由中國政府負擔，此計劃完全為人事費與醫藥費、辦公費等，故美援初准將 Deadline of Disbursement 定為十二月底，經分署改為六月底，現在尚未結帳，又要求仍定為年底，尚未准復。余今日之工作完全為求作全盤之了解，故將其帳面情形作一鳥瞰，寫成 Accounting System 一頁，並將科目餘額列成一試算表，二頁均作為查帳工作之序幕，又因此項計劃與月來所查360 及361 乃至248 全然異趣，用款亦多，故對於進行方式與查核重點亦加以考慮，將多注重其人數統計分析之工作，及用款是否溢出所定範圍以外，又於出發工作時注意分存各單位之經費單據焉。

11 月 19 日　星期三　陰雨

職務

續查 RETSER Hospitalization 1958 年度用款，今日之工作為：（1）審核其預付款科目之分戶餘額，雖為數不多，且只有四戶，然已早應清結，蓋本計劃完全為供給各榮民醫院之行政、治療等費，並無購置建築等支出，平時按月撥款，支訖報銷轉帳，其限期本年六月底早已超過，不應有再不清結之預付款也。（2）審核每月撥給各單位而經報銷之款項情形，由於報銷只憑月報，單據保存於各單位，故此項審核工作只為初步的與概括的，其重點在於分析各月份支用數及實有人員數，以便彙總統計，觀其是否超出預算供給之人數，此項審核工作對象主要就其分戶支用帳為之，帳內所記以醫院所為分戶之單位，分欄則照預算支出項目為之，且較預算內之大項目所分為尤細，余為配合預算科目，乃全採預算科目範圍，並嚴格每月一筆，另製一表，以統一而有系統之方式加以排列，以分析其支出之內容。由於月份間有分合，科目間有繁簡，故填製時不能全以帳內之數重填，而須附以計算之工作，乃比較費時，下午開始此項工作，只完成兩家醫院，而在縱橫相加以發現有無錯誤時又特別費時，則因表式太長，有時填寫錯行所致，此當以特別小心之方式出之，以免浪費無謂時間也。

11 月 20 日　星期四　雨

職務

繼續整理 RETSER Hospitalization 內各醫療單位用款之月份數額，製成統計表，以備出發檢查單據時作為依據。余因昨日常有錯誤發生追尋費時之經驗，故不願太快，以免欲速不達，但浪費時間確屬太多，尤其人事費部分，帳內雖按月分行記載，然係將各項薪津共八、九種名義分列，余之表內只為一個科目，欲期填入整數，乃不得不逐月將各薪津細數相加，逐一填入，或採用相反之方式，將其帳內所記按月總數減去薪俸津貼等以外之數字而求得，此在其他科目只有三數筆時最為適宜，但仍覺過份浪費時間，其後忽憶其帳簿內之總分類帳，人事費為一個科目，雖帳內亦分欄記載，依常情判斷，應不能無一總數，視之果然，於是在查記人事費時係用總分類帳內之按月總數，不過總分類帳按先後發生次序記載，欲特別尋出一個單位之支出，尚須知其日期與傳票號數，現在所查之分戶帳並無傳票號數，只有日期，於是據此日期先查日記帳，得其傳票號數後再由總分類帳內得之，雖手續較繁，而較之耗費時間於計算工作，仍為節省多多。今日全日只告成四單位，連昨日為六個單位，此項工作雖極為機械，然為準備出發查核單據有充分準備，並得鳥瞰印象，實屬值得也。

11月21日　雨　星期五

職務

繼續查核 RETSER Hospitalization 內各醫療單位用款之月份支用情形，繼完成三個半單位，所以比昨日更為遲緩者，乃由於新的方法亦有新的錯誤跟蹤而至，如昨所記，人事費部分之總數已採用新法由總分類帳內查出總數記入，查閱之方由於帳頁為多欄式，摘要在最左方，總數在最右方，對準兩頁殊屬困難，乃以計算行數之方式以為對照，此法本可萬無一失，只須抄錄時不生筆誤即可，不料在彙總之時，有一單位絕對不符，良久始尋出，余在總分類帳上之所指行數左方雖為第二行，右方亦為第二行，然金額欄之第二行實際只為第一行，蓋第一行為承前頁之數，其摘要欄未寫明「承前頁」字樣，乃以第三行誤為第二行，遂致有誤。又有帳內分月記數偶將數月併為一筆者，余為便於分析比較工作，乃查出傳票將各月數分別列入，此等細數乃記於各單位之月報表上，月報表格式為科目金額，並無橫格，科目預先印就，未必每一科目皆有支出，填表者有時不能對準，余乃發生張冠李戴之記載，雖彙算總數時無誤，然細數又不相符，經核對始知竟有此失，然已浪費許多冤枉時間矣，總之查帳工作常有出於意料之外之事發生，事先如能有靈感加以防止，可以加以杜絕，惜乎余近年往往失之遲鈍，只有亡羊補牢之一法也。

11 月 22 日　星期六　陰

參觀

下午，同德芳到重慶南路華南銀行總行四樓看花鳥展覽，此為該行新屋落成紀念之舉，展出共有下數部分：（1）蘭花，大部為蝴蝶蘭，而西洋蘭為尤多，開花色澤不一，紫色者較多，間有白者，孑然脫俗，中國蘭花只一盆，獨花湖色，時飄幽香，尚有數盆則抽條多花者，如蝴蝶蘭中之石斛蘭相似，則較為多見；（2）菊花，多為大種，花頭之直徑有盈尺者，每盆三花或四花，台灣最多之品，不甚名貴，又有台北煙廠與謝江火所展之細絲瓣多頭向上伸長之種，較不多見，而千頭菊亦有數盆，近盆景矣；（3）插花，重在意匠，主要為淺盆日式，略有瓶插，而佳者不多；（4）盆景，一部分為山水式，間有建築人物，則嫌俗情，嘉義愛蘭會之多盆榕樹，亦富奇趣，又有盆景式九重葛，滿頭紅花，稍嫌過豔；（5）紙花，最肖者為菊花，幾乎亂真，亦有盆景，則功夫甚大，而趣味甚淺；（6）禽鳥，最多者為金絲雀，甚小而美，鳴聲悅耳，最豔麗者為胡錦鳥，品類最多者為鸚哥，惜未聞其開口耳。華南銀行此舉，確甚別緻，惜地方略小，參觀者多，稍嫌擁擠，至該行新建築目前為台灣各商業銀行之冠，惜乎行名在大門四層，底層只用英文，不佳。

家事

與德芳到中信局醫務室看病，據驗血已正常，自月前切除子宮後已漸漸一切正常矣。

11月23日　星期日　晴

師友

下午訪張中寧兄，探視其病情，因上星期日同學聚餐時渠未參加，謂係因臥病不克前來，據云係腰痛，現每日換膏藥一帖，已大有進步云。又談其原在中央黨部第四組及師範大學兩方服務，其後得馬星野主任同意辭去第四組職務，後又不准，而兩方均極忙迫，無已乃辭去師範大學之職務，本任主任秘書，後又將調總務長，渠對此職認為是非太多，亦不感興趣云，談約半小時，辭出並未回寓，及薄暮歸時德芳云張兄夫婦曾來訪，因知德芳曾到醫院作手術，來探問云。

瑣記

自二十一日起政府公布實行單一匯率，即每美金一元折合新台幣 36.38 元，其內容包括原定官匯率 24.78 元及台灣銀行結匯證掛牌 11.60 元，此項掛牌與市價有時尚有出入，故所謂單一，亦只廣義的說法，凡進口供給外匯者均不得免繳結匯證而已，受此項措施影響最甚者為向來照官價供給之進口物資棉花、小麥、黃豆等項，棉織品廠盤混亂，若干門市部尚未漲價，乃於今日下午前往市場買西服襯衣二件備用，今日布店門庭若市，可見一般消費者甚為敏感也。今日本欲多讀書籍數頁，不料事與願違，其原因為上午為諸兒女燙制服備明日穿著，下午率紹彭出外理髮，修理套鞋，並訪友探病，購買物件，及返即已至晚餐時分，晚間燈光下目力不濟，讀書恆易入睡，更非其時矣。

11 月 24 日　星期一　晴

職務

繼續分析 RETSER Hospitalization 1958 年度用款單位之支用情形，今日續完成六單位，所以較為迅速者，因：（1）已經完成九單位，情形比較熟識，檢查帳冊傳票較為順手；（2）該計劃本為一九五七年計劃之延長，在1957 年度時已經聲明不復延續，後因退除役官兵委員會無力接辦，乃又延續一個年度，並嚴格限制下不為例，且限於十四個醫療單位，輔導會之 Fund Application 亦只列此十四個單位，惟事實上共有十八個用款單位，今日所查即有此等額外單位之用款，此等單位內容簡單，只有病房作業費與榮民生活費等，並無似十四單位之薪俸、辦公費等，而此項薪俸支出在衛生處所記之帳上係劃分為六、七種之成分，本須綜合核算，現既無此項支出，自然節省若干核算之工作；（3）衛生處所記帳冊內容詳明，余因去年度即查過此項計劃之帳目，比較言之，知其進步多多，情緒比較怡悅，故審查時亦因而助長工作效率云。至於今日所查發現之問題不多，只有少數帳上不相符處，亦不加深究，其原因為不符者皆為分戶帳，此項分戶帳只為一種備查之記載，凡費用不經各單位之手支用者，即不記入，故並無一種統馭帳以控制之，此帳記載有誤並不影響全體，例如薪俸在某單位即相差三角，由於細數與總數有誤，余因核對費時，即亦聽之矣。

11月25日　星期二　晴

職務

RETSER Hospitalization 1958 年度用款各單位之分析工作於今日告一段落，計預算內者十四單位，預算外者四單位，此四單位均未支行政費，而只支榮民生活醫藥等費，但綜合十八單位用款，實已超出預算之總人數，與 PPA 範圍相比，超出甚多也。此項各單位用款共一千七百餘萬元，占全部用款三分之一，所以比例甚低者，由於主副食實物及副食費現金均未由衛生處以預撥方式交各單位，因而各單位亦未列入月報之內，因相形之下，各單位報銷數只有三分之一矣。與衛生處主管人談所以然將發款方式改變之故，彼亦不知，蓋此案之款項之支配，全由退除役官兵就業輔導會負責，衛生處處於被動地位故也。余今日將全部分配各單位支用數十八張表做完後，即以之與事先囑衛生處人員所製綜合表相核對，各表各總數與其綜合表完全相同，但各科目未有一小計數，經囑其補加註明，余乃進一步根據總分類帳將十月底餘額亦寫於下端，以此數與上項各單位支配數相比而得之差數，即為用其他方式支出之數，經將表之下端預留空白，準備進一步按性質或機關亦加以列出，使此表可以作為全部支出之綜合分析表，則一表在手，全部款項之去處可以一目了然矣。

11 月 26 日　星期三　晴曇

職務

依據 RETSER Hospitalization 帳內所列之總支出數，按科目別與數日來所核算之各單位經付數相較，就其差額總數，根據總分類帳所記，逐筆剔除，記入 working paper 內，準備檢查原始憑證，蓋此項支出並未透過各醫療單位，應將單據附於傳票之後，而傳票均在此間待查也，今日此項工作已完成大半，同時對於款項支出之由衛生處及輔導會經手者，亦因此而獲知其全面情形也。

閱讀

續讀 Bauer and Yamey: *The Economics of Under-Developed Countries*，第五至八章，均論 Human Resources，其第八章談 Entrepreneurship，以外僑在經濟落後地區之貢獻一點，說明一種歪曲的排外思想常構成莫大之障礙，此正

為華僑今日在越南、印尼所遭遇者，斯日讀是文也，真感慨係之矣，茲錄數句於下："Their contribution to economic development, the formation of capital, and the increase in employment of labour and in opportunities for other entrepreneurs tend to be neglected. The capital they have accumulated tend to be seen not as a valuable addition to the country's meager supply of vital resources, but as the ill-gotten gains of a process called exploitation, which is neither defined nor its economic meaning understood. Or alternately, attention is focused on that portion of their wealth which they export as remittances or gifts to relatives in their home countries, and which is depicted as a drain on the economics to which they in fact contribute so much."（第五章章目為：Human Resources: Population; Institution，第六章為 Human Resources: Unemployment and Under-employment，第七章為 Human Resources: Remuneration, Wants and Efforts。）

11月27日　星期四　晴曇

瑣記

今日為美國感恩節，放假一日，在寓無事，僅出外一次，至國民大會秘書處登記購買衣料，此項衣料共有八種，每人限一套所需，任擇一種，因每種數量不同，故其中有一種已經定完，餘七種中，有二種為嗶嘰，二種為法蘭絨，尚有三種為花呢，余訂其中深綠色之一種，又為德芳訂法蘭絨短大衣用料一件，均自明年一月起扣款。

師友

晚，汪焦桐兄來談本巷十號謝姓木作坊喧嘩且易引火，呈市府予以拆除，來徵求簽名，余雖因並不與十號隔壁，事不干己，然既來相託，只好照蓋，實際其中所以能成為建築，必有不可告人之內情，空言取締，一紙公文縱准，亦未必有效也。

11 月 28 日　星期五　晴

職務

繼續審核 RETSER Hospitalization 1958 年度用款帳內之不屬於各醫療單位支用部分，今日所核有三科目，一為衛生事業費，其中又分額定病房作業費、埋葬費與其他三子目，均依據帳列情形，將不歸各單位報支者加以提出，記入 work paper 之內，並與總分類帳內總數核對相符。另一科目為醫藥費，余初未料此項費用幾乎未有經過各單位，全屬專案支用，故提出逐筆數目時間，有出乎意料之外的冗長，寫六、七小時始竟，用紙十張，計帳二百餘筆，因時間所限，尚未核記對照總數是否相符，此科目亦分三子目，一為住院費，亦名寄醫費，各醫療單位自行支用之醫藥費甚微，多數為委託各地省立醫院治療，此種畸形現象說明醫療單位之有名無實與衛生處為各省立醫院謀求收入之門；二為購藥費，除輔導會代購普通藥數種外，幾乎未有何等購置，不知是否由於 PIO/C 項下之藥品可以敷用，在未核 PIO/C 項下物資之前無從判定也；三為輸血費，只有第一總醫院代辦數筆，並非普遍支出，再一科目為榮民零用金，係由聯勤總部財務署代為發放，故支用只每月一總數，則又非由單據內查考，不能知其底蘊矣，此部分亦只好將帳項摘錄，未及核算。

師友

中午，宋志先兄來訪，係等候訪比鄰汪焦桐兄，為其子在海軍總醫院服務事有所接洽。

11 月 29 日　星期六　晴

瑣記

上午，因德芳告余前日有林產管理局羅君等二人來訪，謂因接洽以前余所承辦之林業員工互助協會清理案而來，當囑其於本星期六午前九時再來，至時乃等待其前來，不料至午亦無影響，料係各林場中人為探聽消息而來者，並非負責方面有何接洽也。因家中幾乎全部先後染患感冒，德芳亦於日昨波及，今晨乃由余赴菜市買菜，並幫助照料兒女瑣事等。

娛樂

愛好音樂人士今晚在台灣大學醫學院大禮堂舉行唱片欣賞會，特色為介紹使用之電唱機與擴大器等，故名其會為 Stereophone Concert，余準時前往，已座無虛席，良久始勉強得一座位。今晚共有七節目，一為即興組曲（J. Ibert: Divertissement），為今晚之最長節目，乃一交響樂章，甚精彩，二為 Tchaikovsky: Piano Concerto No. 1，鋼琴協奏曲，亦甚長，能引人入勝，三為 Saint-Saens: Carnivals of the Animals 為一遊戲作曲，以樂譜仿效各種獸類十四種之鳴聲，別開生面，四為Children Chorus，為此地榮星合唱團之兒童唱歌錄音，五為Sounds for Fun，以殺豬、孩哭等五、六種實地錄音放播，全為噪音，開玩笑而已，六為西班牙曲選四段，極佳，七為電影等短曲選，流行音調，多無足取，十時散。

11月30日　星期日　晴

閱讀

續讀Bauer and Yamey: *Economics of Under-Developed Countries*，Chapter 9: Capital: Level and Utilization、Chapter 10: Capital and Economic Growth，此兩章全為論落後國家之資本問題者，與以前之論自然資源與人力資源各章，無形中為鼎足三分之局，此兩章在第九章內主題為：(1) Low Level of Capital in Under-developed Countries, (2) High Rates of Interest in Under-developed Countries, (3) The Level of Capital and Methods of Production, (4) The Distribution of Capital between Sectors and Activities；第十章之主題為：(1) The Relation between Capital and Economic Growth, (2) Capital Formation in Under-developed Countries, (3) Special Aspects of Capital Formation in Under-developed Countries, (4) The International Demonstration Effect, (5) Foreign Capital in Under-developed Countries, (6) Compulsory Saving - a Reference Forward，此第六節為說明直至此章為止，全為由經濟觀點分析落後國家之經濟問題者，但事實上在

落後國家經濟發展有一最大之力量使之加速或使之受阻者，為國家之干涉，作者以下卷專寫此項政府與經濟之關係。

12 月 1 日　星期一　晴曇

職務

繼續查核 RETSER Hospitalization 1958 年度用款，上午將上週所抄之醫藥費帳項二百餘筆共計十頁加以彙算，先求每頁小計，然後得一總計，因筆數太多，為免計算有誤難於追查，故將每頁小計數加以十分精細之核算，迨將十頁加以總計時，發覺比帳列者差一數目，乃假定此數目係由於漏抄某筆帳項所致，余示乃就原帳加以追尋，結果果然發現有一筆恰與此數相同，再就撥款帳加以核對，又知此筆未列於各單位撥款數內，在抄錄時誤認為係歸各單位預領報銷須至各單位查核者，於是全部相符，只待將所抄之帳項就帳簿與傳票檢查單據矣。下午將上週所製之各單位報銷經費每月數額表右端所附補給人數一欄，根據各單位之月報表所載者加以填記，其作用在核對其支用金額是否與人數相稱（破月者未加計入，為免過於繁瑣之故，但由此亦使人數與款額不能全部一致，只能求其近似），表內所填有不完全者，亦只好待出發檢查時再行查補矣。

師友

吳先培兄來信云將赴香港參加工展，兩週始返，為楊孝先氏祝壽事決於期前返台，但籌備恐不及參加，余於晚間往訪，表示除訪約朱佛定氏外，其餘只好屆時臨時約集，余並便中託吳兄代買上衣一件。

12月2日　星期二　晴

職務

開始整理上週所抄各項 RETSER Hospitalization 之重要帳項，而加以分析，得到各類數字而綜合之，緣此項 Project 之支出除三分之一為透過各醫院所只憑月報表，列帳單據須待出發各單位查核外，其餘三分之二皆為由衛生處及退除役官兵輔導會自行掌管，與前者均記入所規定之會計科目帳內，由於不似前者之可以按單位及月份另行立帳且作成統計表，只將同科目之支出按時間先後由序時帳簿記入，欲進一步明晰其內容，不能再加分析，今日所分析者為薪俸、病房作業費兩科目，薪俸本只有各院所者列入預算，而帳內則另有衛生處臨時人員亦加入開支，自有問題，病房作業費則共達一百餘筆，內容有各單位支用而未在每月分配數內，故不在月報表內表現，亦有不屬於各單位支用然係代各單位之共同需要而發者，則亦只有另列項目，如此逐筆加以分錄，然後得一總數，以備製一總明細表加以表示焉。上午，派來臨時擔任調查吳文熹建築師所經辦之退除役官兵輔導會建築業務之靳君來約同往吳之事務所蒐集資料，余亦因吳之醫療建築結帳與支用帳目缺少詳細說明，曾囑其會計沈君加以補送，遲遲未見送到，乃一同前往加以洽催。

12月3日　星期三　晴

職務

繼續昨日對 RETSER Hospitalization 之帳目分析工

作，今日所作者為主副食、營養費、零用金、醫藥費等科目，其方法與昨日同，但醫藥費有二百餘筆，須按其支付對象別逐一加以分列，再加成總數，抄寫計算均極費時，因余在每類相加得一細數時，核算工作特別審慎，不使有誤，故所分三十項目最後相加居然只打算盤一次，立獲正確之結果，出乎意外，然亦可見穩紮穩打，雖稍迂遠，然不致一敗塗地欲速不達也。月餘以來進行之內部查帳工作已完成大半，預料旬日後即可告一短落，而須出發至各醫院所查核單據，原計劃係與胡家爵兄一同工作，彼之工作為查視建築情形與 PIO/C 物資到達與使用情形，自上月一日胡兄調美援會後，接替至今無人，余因不宜再拖，今日乃商之劉允中主任請速支配，渠云前擬調李慶塏君來輔導會，恐不能實現，因目前之決策工作已由 John Gould 逐漸轉於 Tunnell，彼因人手不多，將不主張派專人駐其他機關，余告以此為以後之事，現在已開始工作之固有按排仍以完成為宜，劉主任將轉商後始行決定支配人選，但亦只有為此一案而發矣。分署內之稽核調查工作自由十九人減為九人後，已有事多人少之象，且至今不能有較為固定之工作支配方式，所謂凡事不豫則不立也。

12 月 4 日　星期四　雨

職務

今日將 RETSER Hospitalization 之帳面分析工作告一段落，並製成兩張表格，一繁一簡，繁者為根據昨日所為之逐筆分析歸類工作，將不透過各醫療單位支用之款加以羅列，上端分欄名稱採用會計科目名稱，左邊座標，則按款項經支之機構或用途別加以排列，其大類計三，一為各醫療單位專案報支者，二為支給各省立醫療機構之寄醫費，三為主副食實物及榮民零用金由聯勤總部財務署經付，按實物名稱八類加以分列，另有經付之 PIO/C 進口物品運費，以及輔導會與衛生處代付之款，均按其性質分布於適當科目之下，如此共得六十大項之多，故製成之表甚長也，縱橫相加在此等大表上為一甚繁之工作，余預料及之，故在用珠算時，放慢速度，極度審慎，結果得能一次成功，此可見過速則不達，沉著能使繁瑣之工作得知今後工作之趨向，而收水到渠成之效也。

瑣記

安全分署同人靳君告余，台灣菸酒公賣局之酒類幾乎全為其壟斷下之新發高物資，且無一不摻和酒精者，為經濟計，不若以酒精內下灰錳氧，使略減其 fusel oil 氣息，然後以生豬油一塊置酒內，待其融化，再作檢討，今日靳君又云，如能加泡藥材，亦可於此時為之云。

12月5日　星期五　晴

職務

RETSER Hospitalization 查帳工作中之分析製表等項已經完成，刻須待繼續者為單據傳票之審查，此項等待審查之單據傳票號數前數日已經根據帳列者分科目記入 work paper 內，由於科目內數字眾寡不同，所跨之時期均達一年以上，本應按科目逐一查核，但傳票數十本，裝一大箱，不能將傳票全部移置案頭，又不能按時間先後逐一看過，以免印象片斷，陷於混亂，於是乃決定逐月審查，俾可將某一月份之傳票放置桌上，然後每一科目均加審核，但 work paper 甚多，檢尋不易，且帳項雖均抄出，其中一部分性質明確或金額細微者並不需要詳查，為使查核對象有一範圍，一目了然，乃將全部待查傳票之號碼及所屬月份分科目列於一張紙上，以便按月逐科目查核焉。下午，同事靳君為調查吳文熹建築師所承辦退除役官兵輔導會之建築物設計監工工作，再度來輔導會接洽工程組之嚴孝章組長，並託余將案內有關之用款按 CEA 逐一開出金額，余允其照辦，其中醫療單位正在查核，可以一抄即得，另有榮家部分則須另行蒐羅採錄矣。

師友

上午，同事黃鼎丞君來訪，談因須購買房屋之基地，需要款項，約集合會十五人，每四個星期五百元，余允加入一份。

12 月 6 日　星期六　晴曇

業務

上午，到林產管理局訪羅健、紀靈民二君，緣上週二人曾經兩度來訪，余乃於昨日與其通電話，約定於今晨往訪，至則知係在局外之職工福利委員會辦公，乃往，二人均在，據云以前余所經手之林業員工互助協會清理案，現在省府已令由職工福利委員會接收辦理，羅君為總幹事，對此案前後情形不甚明瞭，希望能與余一談，藉悉輪廓，余即自訂約承辦，以至辦理組合員登記財產估價等工作之情形，事已完成十之七八，乃因外縣一部分財產登記手續不明，向省府請示而引起財政廳公產室之枝節，一再拖延，將近三、四年，現在如須繼續辦理，勢須將已辦之工作重加檢討，其已失時效者如組合員登記，因人事異動而須調整，財產估價因價格變動而須重算，已登記之財產須因更換戶名而重行登記等皆是，至於余承辦此案之立場，認為凡前約內所定事項尚未完成者，余有責任完成之，但如約外之增加工作，則依理須另行補助約定也，羅君首肯，云將使新職工福利委員會向法院辦理財團法人登記後即行賡續辦理云。

師友

上午到東園街亞洲腸廠訪關文晉氏，並約至中心診所西餐，關氏贈余剃刀刀片與香皂等。下午到光復大陸設計研究委員會訪朱佛定氏，對於楊孝先氏六十九歲壽慶事交換初步意見，已有粗略之輪廓。

12 月 7 日　星期日　晴

交際

上午，革命實踐研究院聯戰班第一期同學在善導寺公祭同學符伯良君之母，其母氏係在大陸逝世，此間設靈追薦者。

瑣記

台北市第四建築信用合作社今日舉行社員代表選舉，此項代表將於明春組織代表會以產生理監事者，選舉方式為就全市各區劃分舉行，余為古亭區，此區社員有數十人，出代表六人，名單內所列余多數不相識，相識者雖在六人以上，然有聲名狼籍之徒，余寧肯棄權亦不甘投彼之票也，結果余只舉五人，為李崙高、孫福海、李子敬、林鏡武等，在余投票之時，有人託余再代表二人投票，其名單余多不相識，但亦照彼意投下，並將其紀念品毛巾、日曆等取來，余之社員係由二千元會計師公費轉變而來，此毛巾之代價不為不高也。

師友

張中寧兄夫婦晚間來訪，閒談政情，並云此間均歡迎陳立夫氏回國，當局並允先為還在美養雞之債務，又云陳氏曾索取果夫氏生前之日記，由於陳世傑秘書代為整理，發覺若干人物月旦，據云其中有提及余之文字，謂精細清廉，必成大器（大意），余之為氏所知，乃抗戰期中事，至彼時為止，向未單獨有所會晤，故氏之綜理密微，絕不如今日一般盤據要津者之只知著眼於左右也。

12 月 8 日　星期一　晴

職務

上午到達輔導會，方欲開始辦公，忽接分署內曾明耀君電話，謂要集體工作，希望前來一洽，及至，知為一項極廣泛之工作分配於徐松年君，限於明天完成，而分量過重，乃決定全體稽核人員九人通力合作，此九人中除劉允中主任以外實只有八人，工作對象為司 program 之 PEP 部分所擬之一種文件，余不知其名稱，因眉端有 Non-military Country Program 字樣，姑以此名之，格式為以 project 為單位，詳細列舉其 Prior Fiscal Year、Operating FY(1958)、Budget FY(1959)、Subsequent FY(1960) 之各項預算 PPA 數字與美金部分之 Obligation 及 Liquidating 等情形，此項各欄數字均在封面頁上，其下則為敘述式的，對封面數字要點有所說明，共計五十餘件，明日做完，八人分配原則以自己曾經在查帳工作中接觸者為原則，余今日只做一件，即中國生產力中心，余見其表內所列多有與說明不符者，由於余曾查過該中心之帳，故勾稽較易，當寫出意見三點，一為去年曾擬對該中心援款逐年減列之百分比，而此表內所填，多有超出，二為有一段表列數字與說明兩不相符，三為表所列 country financing 一欄列數與實際不符，當寫一 router 交徐君彙總，聞此項表格從前未曾送 audit 方面作 clearance，此次通力合作，亦皆問題叢生，將信將疑，此表為將來製PPA 之重要依據云。

12 月 9 日　星期二　晴

職務

為參加自昨日起九人通力合作之審核工作，上午到分署會計處，據云昨日交到二十餘件，今日應尚有三十餘件交到，蓋截止日期為今日下午，自不能再行遲交也。余上午只審核一件關於醫療衛生 project 者，但未將意見寫出，只口頭告之徐松年君，一因此件彼已先看部分文字，且已將 Router 之案由寫明，只待填寫意見，而此項意見將只為一個字的用法，將已用之 have been 改用 will be 而已，二因徐君告余昨日余所寫之一件 Router 彼已加以修正重寫，言下謂余一直為在外工作，內部手續不甚接頭，殆指余所寫 Router 未在上端寫出姓名，亦未在下端簽字，余非不知，蓋主辦者為徐君，余慮及或由彼統一簽字也，至於文字方面余所操者或不甚近似彼等之筆調，余亦自知拙於英文寫作，然或尚不至完全要不得也，分署內無論中外人等，均好改人文字，並不按辭藻好壞，而全按自己之意是否亦合，亦一奇特習性也。因上午等候辦件甚久，下午余至輔導會辦公，以電話告知徐君俟其將件接到電話通知，至下班亦無，不知為竟未送到，抑彼等六、七人可以辦完，余亦未再相問。下午開始檢查 RETSER Hospitalization 之傳票單據，以每月為準，按科目將月內看完，再看次月，免傳票取出與歸箱之煩也，今日共看完開始之兩個月。

12月10日　星期三　晴

職務

全日查核 RETSER Hospitalization 1958 年度用款之傳票，昨日所查為去年之九、十兩月份，今日查核十一、十二月份及今年之一、二月份，均就所備之 working paper 上將單據情形加以記載，其中各科目情形均有不同，重點亦異，例如：（一）人事費為衛生處任用臨時人員，此非 PPA 規定內之開支，不擬予以准銷，故內容不加審核，（二）事務費全為各單位之月份報銷內開支，衛生處及輔導會未在此科目內用款，故無單據可看，只有待查各單位之帳，（三）實物補給均為大數開支，整筆付給代補之陸軍供應司令部經理署，發票核過，尚待進一步與受補人數相對照，（四）副食費與零用金亦為整筆支出，由代補之聯勤財務署收取，只有統計表一紙，受補單位之補給證報銷則存於財務署，人數方面亦須進一步對照之，（五）醫藥費，及（六）病房作業費兩項各為一部分由各單位支用，按月報銷一部分，由衛生處與輔導會經付列帳，筆數繁多，審核時所費時間最多者為此兩項。

娛樂

晚與德芳往看空軍大鵬劇團演「梅玉配」，全部共演四小時，此劇不常有演者，故賣座甚盛，主演者為趙玉菁、趙源、朱冠英等，配角三十餘名，陣容浩大，情節曲折有趣，但缺點為冗長而不緊湊，換場太過頻繁，主角唱固不多，做工亦無特出之處，高潮亦難把握。

12月11日　星期四　晴

職務

全日續查 RETSER Hospitalization 1958 年用款衛生處經付部分之傳票單據，今日所查為三至六月份，所用方式同昨，發覺應注意之事項如下：（1）聯勤財務署經付之副食費與零用金所用單位名稱頗不一致，如龍泉醫院又稱為屏東醫院，而宜蘭療養所即療養第六大隊，某月份之表上二名稱並列；（2）帳上之摘要對於醫藥費一科目之最大支出所謂「寄醫」支出，有時用委託單位，有時用受託單位，而委託單位有為 PPA 所未預算之單位，摘要內所寫不明，乃須於查核時根據憑證加以補註；（3）此項計劃若干額外支出層出不窮，例如各受託醫院報支之寄醫費用有時為單個之榮民，亦有時為其他機關已就業之榮民，皆非PPA內預算，又有其他計劃中之PIO/C進口時所發生之RSP與運費等亦由此計劃內列支，皆與規定不合，故並一一查核明白，以備統計數目，推敲其應否剔除焉。

集會

李官壽君來通知晚間舉行黨部小組會議，並商量選舉組長人選問題，余因李君乃黨部所指定之小組召集人，不妨即任第一任組長，但彼不願，且亦無適當地點可供集會，商量結果決定共舉范君，彼為漁管處職員，所住宿舍較大之故。此小組為新成立，由舊小組分出者。

12月12日　星期五　晴有陣雨

職務

繼續查核RETSER Hospitalization 1958年度用款傳票單據，今日因上午曾至分署有所接洽，費時稍久，故全日只核完兩個月份，即七月份與八月份，核此時間之經費除查對其憑證而外，尚須注意支出發生是否在六月底以前，蓋此計劃用款之Deadline為六月底，輔導會函請延至年底，分署來函允如所請，但限於清理六月底以前之所發生Obligation，故如單據中有七月以後所發生之支出即須剔除也，至於此項期間之關係特別重大者，殆因自今年七月一日以後即將此項醫療援款停止，改由中國政府負擔，非若以前之年度繼續經費，不必十分注意其年度間之是否劃分清楚也。在審核中發覺有以下可注意之事項：（1）年度終了（六月底）後之支出在此兩月之支出內尚未有發現，但有若干補支去年下半年之經費，而單據又不用統一發票，顯然為報銷而開支；（2）支付各醫院之寄醫費為數仍多，而負擔輕重不一，有一人支領至二萬餘元之醫院費者；（3）台大醫院所開之寄醫收費單據最亂，有時且無抬頭，不知係何單位榮民所用；（4）醫藥費內有在輔導會以至其他機關完全就業之榮民所支用，與 PPA 所列十四家醫院之送各處寄醫者不同，應否剔除，值得推敲。

12 月 13 日　星期六　雨

瑣記

今日例假，用於閱讀書報與處理零星私事，上午助德芳整理房間，並熨燙兒輩下星期用之制服等，事後赴和平東路理髮，再至國民大會秘書處取分期付款集體向中本購買之衣料，計余綠色西服料一套，德芳法蘭絨短大衣料一件，此類材料本有多種，因余洽購稍遲，已不能配到另一種色澤較佳者；下午補看報章，包括上週所到之自由人三日刊，近來港方出版物所鼓吹者為今冬杜勒斯來台與中國政府之聯合聲明，表示不全憑武力收復大陸一節，至今發揮不完，而該刊轉載香港方面反共知識分子出版刊物之意見，因對政府一切設施多表不滿，蓋現在之旅港政治人士鑑於台灣之遲遲不予彼等以出路，彼等自然難免興風作浪借題發揮也，其最刻毒之一點為認定國民黨之政權並非一個按民主原則組織之政權，反之即無異於一個集權之政團，所以有此月旦，與其謂為惡意攻擊，尚不如躬自反省之為愈，此由年來黨內一切決策之完全由上而下，無醞釀討論之部署，人謂集中而不民主，即可思過半矣。

娛樂

下午率紹因赴明星戲院看中央電影公司出品寬銀幕影片「長風萬里」，黃宗迅、張仲文、夷光主演，以海軍軍校為背景，大體尚佳，惟配音太不清晰。

12月14日　星期日　陰雨

師友

下午，同德芳到和平東路訪劉允中主任夫婦，由於其夫人最近曾往醫院作手術，故持贈奶粉、葡萄乾等物，其同住之陸慧禪及吳成豪兩君處亦就便往訪。吳君提及樓有鍾之長女入中央信託局服務須做一手續始能支領房租津貼，曾託吳君為之設法充任房東，不知有無不便之處，詢余以詳細情形，余當向其解釋，此事並無何等責任可言云。下午，同德芳到本巷汪焦桐兄家探望其夫人之病，據云所患為重感冒，已在逐漸恢復之中，閒談移時即返。

娛樂

晚，同德芳到介壽堂看京戲，由陸軍陸光劇團演出，首為李環春之白水灘，把子乾淨俐落，極有李萬春之作風，次為周正榮、馬震亭之托兆碰碑，周伶唱工頗有蒼涼之致，極能貫注全場之精神，大軸為馬驪珠與夏維廉合作之荀灌娘，此劇演二小時有餘，馬伶以刀馬旦之武功演出，極能發揮，但因多年荒廢，所唱數段，極為平常，故此劇並無何等精彩之處也。

家事

星期日為鼓勵諸兒女不浪費時間不破壞秩序，允如下午六時前將功課做好，且不打仗，必有獎品，下午七時曾至成都路為兒輩買蜜餞。

12月15日　星期一　晴曇

職務

續查 RETSER Hospitalization 一九五八年度用款，今日所查為九、十兩個月之用款，特別注意其發生之時間，蓋因輔導會曾向美援會與安全分署要求將本計劃用款之 Deadline 延至十二月底，分署答復照辦，但須支付款之在七月底以後者不得列帳為原則，換言之即所延展者應只為用款之整理期間而非實際支出，故余在審核時特別注意其款之發生期間是否有在七月以後者，如有之，即須記出而加以剔除焉。衛生處所付上項醫療計劃用款帳目已於今日查完，下午到分署向劉允中主任請示究將派何人與余會同外出工作，劉氏認為目前事務太忙，希望能下星期再行決定，因現在人手太少，騰挪不開也。上午應劉允中主任囑到分署擬送尚未 release 之美援會各計劃支出查帳報告表，余即照辦，計開出與徐正渭、胡家爵三人合作者一件，余與胡君合作者五件，其他徐、胡二人合作者亦有二件之多云。

師友

晚，曹璞山兄來訪，閒談，渠現在仍服務警務處，漫談時提及警界種種黑暗情形，認為大有更求進步的必要。

集會

晚，到六分部六小組出席會議，今日為改組前之第末次會，並將黨費予以認清云。

12月16日　星期二　晴曇

職務

與衛生處派來輔導會處理帳務之祁兆琬君討論月來所查 RETSER Hospitalization 之須糾正事務，其一為此計劃完全為補助經常費，自本年度起須由中國政府負擔經費，故六月底以後只應有整理帳目之支出，而不能有新的 Obligation，然衛生處臨時人員之薪旅費屬於七月以後者仍繼續開支，除已付者決定剔除外，未付者務請勿再支付，至於六月底以前之衛生處人事費係預算外開支，應否核銷須商量後再做決定，其二為軍官之生活費支出已經收回，但手續不一，例如特別營養費係向軍方收回一筆總數，副食費係委託軍方代付，據云軍官未發，尚待由總人數方面加以考核對照，而七月份則係由各醫院自付，其中大致均已收回，惟竹東無之，似為缺失，祁君亦云然。

師友

三個月前受裘鳴宇、秦德純及王立哉函託為趙季勳兄遺族募教育費，共獲認捐一千元，內余與隋玠夫兄各二百元，王文甲、趙聚鈺、高化臣、李崙高、韓兆岐、李公藩各一百元，而李公藩兄屢催不交，余已不能再候，前已將款送儲匯劃撥戶（九百元），今日將捐冊寄經手人蒙維翰君，在李之收據存根上註明未收到云。下午，同事黃鼎丞君來訪，係為其友人請求輔導會會計處長王紹堉，託由橫貫公路調至輔導會或總醫院工作。

12月17日 星期三 晴

職務

上午，劉允中主任來電話，囑作一統計表，示退除役官兵就業計劃案內究已查過之帳有若干金額，此事雖甚簡單，然因時間亙兩年餘，經辦人亦有更動，故不能立即獲得結果，須就已經印成之報告內加以摘抄彙計，於是下午即到分署從事此項工作，基本上係採用查帳報告所列數目，但亦有須用其他方法補充之處，如（1）查帳報告有尚未 release 者，則須由 working file 內查出，（2）美金各項 PIO/C 部分非余經手所查，報告內有時數目不甚清楚，乃就 RSP 所編每月用款統計內所列者加以填列；又此項表式重在表明大數，故美元算至個位為止，台幣算至千位為止，最後累計之結果，美金、台幣共計已查過者占全部用款美金四千二百萬元之半數，至於其餘半數則為幾個大計劃用款，如東西橫貫公路一九五九年度台幣二億三千萬元，總醫院歷年累計與榮總歷年累計共約一億五千萬元，連同美金部分即幾達此數。

師友

下午，訪吳先培兄，談彼在港期間余與朱佛定氏所接洽為楊孝先氏祝壽方式事，吳兄對於朱氏主張登報設壽堂簽名祝壽事認為未免太過鋪張，設場面不能相稱，反為不美，余亦同感，當決定日內先由吳兄與楊氏交換意見再洽。

12月18日　星期四　晴

職務

上午，接劉允中主任電話，由於昨日余曾將 RETSER Projects 用款之已經查過者列出一表交其轉 Branch Chief Arthur Tunnell 參考，今日須進一步知尚有若干未查者，乃根據 Retired Servicemen Program Office 之月報表將未查者相加，得一總數，以電話告之，大致言之，昨列已查者為台幣四億一千萬美金二百七十萬，今日所列未查者為台幣三億九千萬美金二百六十萬，按舊匯率每美元折合新台幣 24.78，以上各項約合美金四千萬元，但至現在為止，RETSER Projects 之總限度四千二百萬元已滿，其差額二百萬元為一九五八年度已經 programmed 尚未簽出 CEA 或 PIO/C 之支出及一九五九年已經 programmed 之支出（上列所謂四千萬元乃截至一九五八年度為止至本年十月底之實支數）。下午，從事統計 RETSER Hospitalization 之初步決定剔除款，其中主要為六月底以後之支出，及不屬於本計劃之支出，共計約三十萬元，至於支用單位未列於預算表上者，究竟應否剔除尚須從長計議也。分署 Audit Branch 同仁九人共同致送禮物二份於 John Gould 及 Arthur Tunnell，計刺繡、鏡框各一，在所備賀年片上共同分簽中英文名字，鏡框上則不製上下款，因署內三令五申取締餽贈也。

12 月 19 日　星期五　晴

職務

全日從事 RETSER Hospitalization 內榮民待遇人數與補給數之分析對照工作，蓋預算數為每月 13,125 人，須以全年度累計數比較全年支出數是否相稱，而此項待遇又因項目不同而支出方法有異，非經分析不能比較也，其情形大致如下：（1）零用金預算每月每名三十元，此項最為簡單，按月份人數計算即可，實亦即為原列之預算數字；（2）主副食實物八種原預算列每人每月一百一十元，但事實上買入實物所支付之現金每有超出之事實，此須依照定量乘人數日數加耗斤乘買價而得實需數，以此數與帳列實支數相較即為超過預算人數之支出，應予剔除，此項計算最為麻煩，一因定量係日份月份均有，而軍肉軍魚自元月份取消，故下半年之實需數應低於上半年；（3）副食費較為簡單，上半年每人每月 40 元，下半年魚肉代金各加十元；（4）副食加給亦即特別營養費，肺患及重病每人每月六十元，其他十二元，前者預算八千人，後者預算 5,125 人，此數亦為預算所具體列明者，只須與實支相較即可也。

集會

晚，安全分署同仁聯誼會在南海路藝術館開兒童聖誕會，余與德芳率紹寧、紹因、紹彭參加，計有卡通電影片及為兒童發玩具、冰淇淋及糖果等節目，歷時二小時始散。

12 月 20 日　星期六　晴

師友

下午，到嘉陵公司訪吳先培兄，凡有三事：其一，本月二十二日為楊孝先氏之生日，吳兄昨曾往晤楊氏，據云有數友人約其至鄉間小住，須二十二日或二十三日回台北，現假定於二十三日晚辦筵席一座為其祝壽，參加者除余與吳兄外，尚有楊綿仲氏、朱佛定氏等，朱氏本在上週已有接洽，今日乃以電話與其相談，告以不能採用當時所擬之登報簽名等辦法，係因楊氏將先下鄉，朱氏亦無意見，余當囑其時與吳兄通消息云；其二，吳兄赴港曾受余託為買西服上衣一件，衣已取來數日，因不明港幣折合率，當時未予還款，現已明白香港每千元台幣值港幣一百二十五元左右，亦即每港幣值新台幣八元，該衣價值六十元，故送去四百八十元歸回墊款，其三，美國新聞處恢復借書，余以借書保證卡片請吳兄為蓋章保證，當承照辦，余即將卡片送至該圖書館。

瑣記

今日中午到鄰長楊君家之區公所與警察局所派人員案上辦理戶口總校正，當在戶籍簿與身分證上一一蓋章。下午游書攤，見十二月份 *Reader's Digest* 居然在舊書內出現，索價只及半數，此為甫運到旬日之書，余已先有，故不再買，然十月份余未買，而期待在舊書攤上能獲致之，而兩月來赴書攤逡巡不下十餘次，竟始終未見其蹤跡，此等事不能把握之偶然，固往往如此也。

12月21日　星期日　晴

閱讀

續讀 *Economics of Under-Developed Countries* 第十一至十四章，此四章之為全書後半部五章中之四章，內容如下：第十一章至十五章之總目為 Government and Economic Development，Chap. 11: General Appraisal of the Role of Government, 1. An Interpretation of Economic Improvement, 2. Different Criteria of Economic Advance, 3. Decentralized Decision-making, 4. Some General Consideration of Public Enterprise in Under-developed Countries, 5. Economic Development by Soviet Methods，Chap. 12: Functions of Government, 1. Maintenance of Law and Order, 2. Expenditures Yielding Indiscriminate Benefits, 3. The State and the Distribution of Income and Wealth, 4. Aid to Victim of Catastrophe, 5. Government and the Institutional Framework, 6. Reform of Land Tenure, 7. The Consolidation of Agricultural Holdings, 8. Problems of Resistance to Economic Change, 9. Government and Monopoly，Chap. 13: Accelerated Capital Formation, 1. Advocacy of Compulsory Saving, 2. The Case for Compulsion, 3. Some Effects of Taxation in Under-developed Countries, 4. Compulsory Saving and Private Enterprises, 5. Inflation and Capital Formation，Chap.14: Special Policy Measures Affecting Agriculture，此章尚未讀

完，內容再行續記。

12 月 22 日 星期一 雨

職務

對於上週所核算之 RETSER Hospitalization 內榮民生活費超支數，今日重加詳核，發現頗為微妙之問題，即在主副食實物、副食費、副食加給與零用金四個科目內，後三者皆為支付現金，算付至六月底止，均已記在帳內，故將預算人數乘單價後與實支數相比，即得超支之數，而主副食實物則因尚未完全付清，有部分只支付六個月，故只能按已付清者之單價與數量及人數相乘相比而得某一物品已超支數，至於只付半年者，其總數皆不超過預算數（全年預算數固無論矣，即半年預算數亦因 PPA 所定人數係每三個月遞減一次，上半年亦未超過預算），不必計算剔除，於此有兩問題須加注意：（1）輔導會曾支付破月者若干，係發給代金，目前如再由上項算出之總限額內相抵，須再將其中八種實物代金一一加以分析，予以減列，殊為繁瑣，（2）省政府應負擔精神病兵二百名，在此年度未及接收，致在玉里醫院收容，省府已將款撥入此計劃帳內，依理亦應分別實物種類由上項總支出各項內抵除，而亦有同樣之繁瑣，此二事皆有必須算清之必要，而目前事倍功半，於是將有待於 Follow-up Audit 之予以充分注意，待至彼時再就帳面支出總餘額計算其究應剔除若干，由此次已剔除數相減，始為 Follow-up 中之應繼續剔除淨額，為免此點將來脫節，應在 work paper 內詳加註明。

12 月 23 日　星期二　晴

集會

今日為光復大陸設計研究委員會全體委員會議之第一天，余因須在辦公室，上午到會甚晚，其時已由蔣總統訓話完畢，聞詞意甚為懇切，尤其堅決不主張修改憲法，未得親聞，失之交臂矣。中午為大會邀半數委員聚餐，山東部分在今日，又有半數在明日，余接請柬為明日，想係誤裝封套，故自行加以改正也。下午為對於一般研究問題交換意見，並為外交部長黃少谷報告，余只到會場一轉，未能得聞。晚，陽明山研究小組開會，余因事請假。

交際

為楊孝先氏六十九歲壽誕祝壽事由吳先培兄籌備，今日告已定於今晚舉行，在南昌路天長樓，至時前往，參加者尚有朱佛定氏、楊綿仲氏、許大川委員及另一立法委員陳君，飯後由余陪同其回至牯嶺街南大介紹所。葛覃氏病逝東京，今日台北友好在善導寺開會追悼，發起人中且列有余名，上午往弔唁。

師友

鄒馨棣會計師競選會計師公會理事，因採三名之限制記名連記法，須有三人合作換票，約余參加，余即予以婉拒，又囑詢吳崇泉能否改競選監事為競選理事，余下午曾與吳兄通電話，彼堅持無興趣競選，即監事亦不例外，余再三鼓勵其勇氣，彼云如監事不易獲致，即將此亦加放棄云。

12月24日 星期三 晴

職務

處理兩項零星事務，一為上週劉允中主任所交關於榮民總醫院使用國防部動員訓練班土地建立水井，而以數萬元為之接通水管用水事，余根據與工程組嚴技正談話寫出要點，謂此井接向訓練班之水管約三萬元新台幣，歸何方負擔尚不能定，如歸輔導會而安全分署不核准時，輔導會可另行設法，且水塔試工在邇，究竟有無影響軍方舊井，屆時當可獲知，此案可待後再行處理，劉主任意因總醫院所用援款在一億元以上，區區三萬元所占成分甚少，允在美援開支，遂照此意寫出。二為第四季 Activity Report 中有關退除役官兵計劃中之素材，余寫出二項，一為 Job Training and Employment Placement，二為 RETSER Hospitalization，後者須明年一月底可望完成云。

交際

昨日公請楊孝先氏共用款八百元，聞陳、許二委員各出一百元，余因昨日曾主張各出二百元，故今日送吳先培兄二百元，尚有朱佛定氏與吳兄將各出二百元。晚飯，此次來北開會之山東代表在會賓樓聚餐，只到五十餘人，只全體之大半。

娛樂

晚與德芳到中山堂看戲，由復興戲劇學校出演五花洞吊金龜魚藏劍石秀探莊，最後為搖錢樹，余等未及觀畢即返。

12月25日　星期四　晴

集會

上午出席國民大會代表年會，由胡適任主席，報告其在美九年來所經驗之我國國際局勢由惡劣轉向良好之經過情形，甚為簡要，歷半小時餘即畢，預定有蔣總統致詞，因已於前日在光復大陸委員會為之，故予變更云。下午續開會討論提案，余只略在場內小坐即行退出，蓋此會根本無拘束性，討論提案云云乃自說自話而已。

師友

中午高登海兄來訪並便餐，據談日昨奉總統召見，在座數十人，有教授數人及公務員去年特優人員數十人，至彼本人何以在內，至今不知，如謂因編三民主義詞典，或編總統訓詞，則亦非一人之勞，何以又無他人，言下頗覺受寵若驚云，高兄在屏東因騎腳踏車失足跌傷，明日將赴台大醫院診療云。

業務

李俊杰兄來信云組織一漁業公司，須辦公司登記，託余辦理，並將聘余為會計顧問，尚未答復，今日囑其副理谷君來訪，又謂將先辦理商業登記，以求迅速，但須附資產負債表，遂假定一項表式，余認為大致可用，又云須會計師為之證明，余允於明日到其公司面洽一切，蓋未見其帳簿，亦未見其現金與銀行存款之憑證也，至於公司登記則余表示將委託吳崇泉兄辦理，吳兄時間較多，余因辦公對外交涉時間不夠云。

12月26日　星期五　晴

業務

日昨李俊杰兄派其副理谷君來接洽其所營之台昌漁業行辦理登記事，余允於明日往為查核證明，乃於今日下午前往基隆中正三路二十四號該行接洽辦理，該行之往來銀行合作金庫本出有存款證明單，因已送市政府，故只核對其送款簿與支票存根，除去所開有期支票，大致與其所列之資產負債表相符，乃用信紙在其左旁加以粘單，證明已核對有關憑證相符。辦畢後，李兄云為應急起見，將於日內先辦商業登記，三數月後再改公司組織，其時再託余辦理公司登記，並聘余為會計顧問，至於同行中亦尚有數家須聘者，亦將為余介紹云，談頃同至市上游覽買物，並至神洲日本料理吃飯，即回台北。

瑣記

今日女師附小三兒女因校慶後休假，為使不過分喧擾計，曾許以晚間買糖食為獎品，故於基隆回台北後即赴西門買蜜餞，歸後路過合作大樓前舊雜誌攤取閱刊物，其時手上左右均提有物件，臨時放下，而買書不成，攜物續行，至衡陽路口搭車回寓，上車後始發覺左手本提大小包各一，而小包即蜜餞卻已不見，初以為繩索不固鬆脫，然不至於無毫無所覺，故再經尋思，斷定為遺忘於書攤上，其時為時已晏，料已收市，且奔波已久，殊無精力再行回頭矣，然可見年事漸深，忘事之速也。

12 月 27 日　星期六　晴

業務

日昨李俊杰兄云將為余介紹基隆漁業界數家聘余為會計顧問，因字號尚未完全確定，約訂先將空白之證書及聘約寄往，乃於今日上午加以準備。余自兩年來入安全分署工作，此業等於已經休止，今日欲將空白證書尋出，半晌不知其所在，各處尋覓亦無下落，最後決心將一個放文卷之鐵箱整個挪出，始見在箱之最底層，而年前整理裝盛之經過已完全不能省憶矣。迨將李兄之台昌行與其他預定三家空白者填好後，欲加蓋簽字戳，又遍尋打印台不著，其實新舊各一，亦因久不使用而忘放置之去處，幸賴幼女紹因之記憶力始為余尋出，填好加印後又發覺應否加貼印花亦是問題，乃查六法全書，舊本者無新公佈之印花稅法，新本者又無法查知稅率表，乃再查其他書籍小冊，最後始查出四十三年以後實行之稅率表，未在課稅範圍內，始決定不貼，此等事固再三琢磨，致一個上午完全將時間虛擲於此三數空白文件矣。

閱讀

前日在美國圖書館翻閱 *A Contribution to the Heritage of Every American* 一書，乃記敘 John D. Rockefeller Jr. 之致力於風景水土保持之業績，圖文並茂，羅氏名句云："I believe that every right implies a responsibility; every opportunity an obligation; every possession a duty."

12月28日　星期日　雨

閱讀

讀完 Bauer and Yamey: *Economics of Under-Developed Countries*，今日所讀最後一章 Chap. 15: Specific Policy Measures Affecting Manufacturing Industry，細目包括：1. Inter-relationships between Agriculture and Industry, 2. Advocacy of Industrialization, 3. Terms of Trade and the Case for Industrialization, 4. Some Economic Arguments for Assisted Industrialization, 5. Industrialization and 'Balanced Growth', 6. Industrialization and Economic Diversification, 7. Small-scale Industry, 8. Official Measures Retarding Industrialization 等項，本書在基本觀念上為極嚴格之正統派理論，故認為一切之國家干涉皆弊大於利，而一切干涉皆有其實例證明有害，此為讀此書時所當極力警覺者。又書內提及蘇聯式之國家統制經濟制度，未表示意見，只以「本叢書將有專著另論」而輕輕帶過，乃此書最大之缺點也。在舊報「覺世」第二十九號說學佛四階段，誌此備考：一階三皈五戒（皈依佛、法、僧；不殺生、不偷盜、不邪淫、不妄語、不飲酒）；二階段三皈十善（由身體上做到不殺生、不偷盜、不邪淫，由口頭上做到不兩舌、不惡口、不妄言、不綺語，由意地上做到不貪、不嗔、不痴）；三階段三皈八正道（正見、正思維、正語、正業、正命、正精進、正念、正定）；四階段三皈六度（布施、持戒、忍辱、精進、禪定、智慧）。

12月29日　星期一　雨

職務

分署因美籍人士遞嬗，若干事務陷於青黃不接之境，緣自半年前會計長 Baranson 與 Division Chief Johnson 等先後調走後，繼來之人先後不齊，陣容零落，其間經過 J. Gould 一度為 Section Chief，現又改為由 Tunnell 任 Division Chief，且實際負擔責任，而凡事皆不甚接頭，更加十一月一日起內部人員由十九人頓減為九人，混亂兩月，最近始將新年後半年份之計劃擬就，尚須據此計劃以定每月之實施方案，今日余就下月如何工作一節向劉允中主任詢問，彼云現在尚未規定，余乃就正在查核之 RETSER Hospitalization 四個 project 中十六單位內選出東部各單位適無建築與 PIO/C 物資，擬於下週先行一人前往，並填具申請書，劉氏允即與 Tunnell 商洽，並囑余將東、南、中、北四部分各單位所含之用款總數加以統計，以便知其比重，設無法四方均往，即擇其重要者往查，又詢余已查過者問題多否，以定是否有深入之價值云。

師友

晚，關文晉氏來訪，談所營亞洲腸廠因會計人員解雇回港，在此申請出境證發生役男不准出境問題，正在向僑務委員會交涉中，如交涉無效，據云可以運用立監委予警備司令部以壓力，屆時將託余轉託崔唯吾先生代為設法進行云。

12月30日　星期二　晴曇

職務

兩月餘以來所查之退除役官兵計劃，除 RETSER Hospitalization 外，其餘三個計劃即 Hospital Additions TB Hospitals 及 Clinics 皆有建築經費之支出，余對此項支出只記錄其數目而核對其單據，至於各項支出之是否與事實相符，及在數目方面是否與工程一致，則留待一同工作之同人為之，孰料此人難派，愈久愈為渺茫，而帳務本身之事已經告一段落，乃進一步就建築支付之內容加以研究，只餘實際建築物留待同人派定再行續查矣，由今日之研究發現以下各項事實或問題：（1）工程組嚴技正云，醫療計劃之建築支出均分工料兩部分，工資部分均憑營造廠之收據相符，材料部分則至今未能整理就緒，現在加緊趕辦之中，余要求其下月半辦竣，彼云或可辦到；（2）由於上項材料之買入非必為一批，甚至有 PIO/C 內之來源，只有美金價格，故建築師所列之工程結算單內材料部分係根據合同之單價數量以實際數予以調整而成，只係計算工費之標準，與帳列者大相逕庭；（3）建築師所列結算單內之工資部分亦有與實際不同者，而（4）建築師之公費本係以工料二者之總數按百分比算出，但其結算單亦與實領數有所出入，此二事經約吳文熹建築師之沈會計來告以問題所在，彼允即回去查卷補予答復云。

12 月 31 日　星期三　晴

職務

上午，劉允中主任以電話通知，謂已與 Division Chief Arthur Tunnell 相商，決定派李慶塏君會同余查核 Hospitalization 計劃，預定於一月底完成，至於出發實地檢查，則因時間所限，只可將中部與南部各用款單位前往一查，東部則不必前往。下午余與李君見面，磋商出發日期，余雖欲於下星期即行開始，然李君因完全茫然，必須以下星期先作準備工作，故決定一月份之第二週再行出發云。

家事

下午五時，余方在辦公室，紹南來告紹寧在女師附小因與同學嬉鬧，跌傷頭部，雖未出血，然胡言亂語，耳目喪失知覺，已至明華藥房看過，須再赴中心診所詳加檢查，余亟下樓同往，中心診所醫師云須住院而無病房，於是又轉至台大醫院，余恐發生同樣問題，乃往溫州街約請會計主任許華振兄同到醫院辦理手續，醫師見其有類瘋狂，抽脊髓未發現有腦出血之徵象，但由其不安靜之情形以觀，又恐萬一有之，乃決定住院，即入 105 號病房，注射鎮靜劑與止血針，睡數時後，至十時即略醒，與語已可聞，張目並識為德芳與余在其面前，至此始略鬆一口氣。醫云週內難脫險境幸未言中也，晚間其級任教師劉經志來訪，守候良久始辭去，夜間余與德芳均在病房相伴，防其如有不安滾下病床發生危險，徹夜均甚安靜，止血針為每三小時注射一次，夜間亦不間斷。

發信表

日期	人名	事由
1/9	吳伯實	望努力求進
1/17	張緒心	託詢問手表零件價
1/28	會計師公會	請登記申請電話
1/31	張緒心	再託詢手表零件
2/25	袁良	索戲票
3/9	李德民	收到還債 300 元
3/23	朱興良	通候
3/23	王立哉	財政方案四月底或能交卷
3/29	張緒心	手表零件停辦
5/5	韓克強	復送平民中學招捐
5/6	衍訓	收到生日禮，戶口再詢他人
5/29	王立哉	復關於寫來台中方案未到事
6/9	牟家驊	補請會議假
6/9	王德垕	請為徐曼雲謀教職
6/11	王立哉	方案彙集成篇，請核閱
9/1	馬忠良	通候，復收到校董聘書，請辭
11/13	陳長興	商標註冊可託吳崇泉兄
12/17	張緒心	通候
12/27	李俊杰	顧問證書

經濟收支表

日期	摘要	收入	支出
1/1	上月結存	16,925.00	
1/4	理髮、車錢		15.00
1/4	戲票		60.00
1/4	潭墘地價稅		107.00
1/5	水果		8.00
1/11	本月眷貼	100.00	
1/11	吳挹峰先生喪儀		100.00
1/13	顏中森喜儀、車票、洗衣		85.00
1/13	細布 14 尺		28.00
1/13	水果、雞蛋		52.00
1/13	Brent 份金		15.00
1/13	維他命 B 兩瓶		80.00
1/14	約先良午飯		110.00
1/15	本月待遇	1,865.00	
1/15	書刊、洗衣		12.00
1/15	綸祥廠利息	90.00	
1/15	所得稅		3.00
1/16	贈胡君羊肉		24.00
1/17	光復會車馬費	300.00	
1/17	眉筆、牙刷、郵箋、同人捐		36.00
1/17	黃錢喜儀		40.00
1/17	雞蛋、蘋果、香蕉		50.00
1/20	聚餐		20.00
1/21	送表妹生女		60.00
1/21	蛋、蕉、蘋果、酒		110.00
1/25	早點		7.00
1/25	給衍訓		100.00
1/25	高雄台中及台中台北車票		87.00
1/26	早飯、午飯、旅館		80.00
1/26	游博物院、桔子		45.00
1/26	理髮		5.00
1/27	蛋二斤五兩		35.00
1/27	家用		800.00
1/29	兩週待遇	1,865.00	
1/29	紹寧、紹因皮鞋		140.00
1/29	衍訓、紹寧襪子、鋼筆、被單布		126.00
1/29	葡萄乾、德芳手套		40.00
1/29	郵簡、糖、紹南內衣		38.00
1/30	酒、蛋、香蕉		76.00
1/30	針藥		40.00
1/31	書刊		30.00
1/31	縫褲工		70.00
1/31	家用		600.00
	總計	21,145.00	3,334.00
	本月結存		17,811.00

日期	摘要	收入	支出
2/1	上月結存	17,811.00	
2/1	衣料分期付款		100.00
2/1	本月待遇及加發一月	2,000.00	
2/1	同仁捐、勞軍		30.00
2/1	印花		10.00
2/1	領帶		70.00
2/1	紹中皮鞋		88.00
2/1	襪子、皂、拖鞋、車錢等		91.00
2/2	于永之次子喜儀		100.00
2/3	蛋、蘋果		60.00
2/4	食物、香蕉、洗衣		10.00
2/4	家用		500.00
2/7	蛋、水果		50.00
2/8	布		150.00
2/8	肥皂、規費、車錢、郵票、水果、桂圓		67.00
2/9	糯米、奶粉		170.00
2/9	公共車票二種		48.00
2/10	光復會車馬費	300.00	
2/10	家用		300.00
2/11	蛋、傳真報		55.00
2/12	半月待遇	1,865.00	
2/12	臘肉		160.00
2/12	綸祥廠利息	110.00	
2/12	送玠夫茶		110.00
2/13	衍訓用		50.00
2/13	肉鬆、洗衣		70.00
2/14	蛋		45.00
2/14	酒三瓶		85.00
2/15	利息	15.00	
2/15	理髮		8.00
2/15	會計師公會會費十個月（46 年 1-10 月）		100.00
2/15	手套、砂糖、郵簡、燈頭		26.00
2/17	賞役、蘋果、毛巾		88.00
2/20	車費		35.00
2/21	針藥、書刊		70.00
2/24	藥、X 光、電影、香蕉等		56.00
2/26	彰化旅費節餘	50.00	
2/26	拔牙		60.00
2/27	兩周待遇	1,865.00	
2/27	家用		1,300.00
	總計	24,016.00	4,162.00
	本月結存		19,854.00

日期	摘要	收入	支出
3/1	上月結存	19,854.00	
3/1	領帶、衣料扣第四期		185.00
3/1	本月待遇	1,000.00	
3/1	扣同仁捐		35.00
3/1	上月眷貼	100.00	
3/1	襯衣、褲頭、什用		65.00
3/1	車票、蛋、衛生用品、香蕉		110.00
3/1	家用		700.00
3/4	午飯、香蕉、車票		10.00
3/5	皮鞋二雙男用		345.00
3/5	黨費四個月、香蕉		18.00
3/6	針藥二種		185.00
3/6	合作金庫息	84.00	
3/6	茶		10.00
3/8	理髮 、		4.00
3/8	蛋、茶、洗衣、書刊、車錢		86.00
3/10	聚餐		20.00
3/11	看病		64.00
3/11	家用		1,100.00
3/12	本兩週待遇	1,865.00	
3/12	車費		2.00
3/13	藥費		40.00
3/14	蛋四斤四兩		60.00
3/14	利息	150.00	
3/14	稅、牙膏‘水果、車錢、書刊		66.00
3/14	李鴻漢父喪花圈		40.00
3/15	睡衣一套、辦戶口規費、車費		58.00
3/17	樟腦		10.00
3/18	水果、長途電話		35.00
3/19	崔玖婚儀		135.00
3/19	光復會車馬費	300.00	
3/19	奶粉		130.00
3/19	訂書針、小肥皂		8.00
3/21	旅費節餘	750.00	
3/21	蛋		60.00
3/21	家用		600.00
3/22	本月眷貼	100.00	
3/22	車票二種		61.00
3/22	茶、皂、燈泡、牙刷、糖、火柴、牙籤		60.00
3/22	郵票、規費、樟腦、蚊香四盒		78.00
3/23	水果		11.00
3/26	半月待遇	1,865.00	
3/26	聚餐、杜德三月份一盒、水果、蛋		130.00
3/26	家用		700.00
3/28	書刊、酒		15.00
3/29	理髮二人		7.00

日期	摘要	收入	支出
3/30	電影		5.00
3/31	木瓜		20.00
	總計	26,068.00	5,268.00
	本月結存		20,800.00

日期	摘要	收入	支出
4/1	上月結存	20,800.00	
4/1	醬油、香蕉		38.00
4/3	午飯、鳳梨酥		18.00
4/5	本月待遇	1,000.00	
4/5	衣料五期扣款		100.00
4/5	建屋貸款息		600.00
4/5	同仁捐		30.00
4/5	本月眷貼	100.00	
4/5	本學期子女教育補助費	200.00	
4/5	多寶塔、車錢		29.00
4/5	唐仁民喜儀		50.00
4/7	藥品		50.00
4/9	兩周待遇	1,865.00	
4/9	酒、水果、皂盒		37.00
4/11	車票、洗衣		54.00
4/13	酒、食品等，補上月家用 300		324.00
4/18	酒、蜜餞		50.00
4/18	太平山之行獨用飯食、水果等		28.00
4/18	家用		1,000.00
4/19	維他命 B、酒、書刊		60.00
4/20	書刊、鞋粉、鞋油、檀米、洗衣		57.00
4/21	汗衫大一小二、藥品		58.00
4/21	書刊、茶葉		25.00
4/22	蛋、奶粉、肥皂、牙膏		117.00
4/22	聚餐		5.00
4/22	利息	90.00	
4/22	所得稅		2.00
4/22	黨費		8.00
4/23	兩週待遇	1,865.00	
4/23	酒、香蕉		34.00
4/23	書刊、去漬油		10.00
4/24	旅費節餘	430.00	
4/24	電線、洗衣、砂糖		12.00
4/24	書刊、香蕉		10.00
4/26	領帶、襪子、白皂、牙膏、宣紙		129.00
4/27	蛋四斤半		65.00
4/28	皂、筆、書刊、茶		28.00
4/29	蚊香手■盤		20.00
4/30	合庫息	90.00	
4/30	襪子		15.00

日期	摘要	收入	支出
4/30	汗衫、藥皂、肉鬆		60.00
4/30	光復會車馬費	300.00	
4/30	家用		700.00
	總計	26,740.00	3,823
	本月結存		22,917.00

日期	摘要	收入	支出
5/1	上月結存	22,917.00	
5/1	捐平民中學		60.00
5/2	車票一本、領帶、藥皂		54.00
5/3	旅費節餘	972.00	
5/3	理髮		3.00
5/3	本月待遇	1,000.00	
5/3	同仁捐		30.00
5/3	本月眷貼	100.00	
5/3	建物貸款息		600.00
5/3	衣料扣款、電鐘一期		128.00
5/3	奶粉五磅		142.00
5/7	兩周待遇	1,865.00	
5/7	酒、蛋、書刊、聚餐、郵票		100.00
5/8	戲票、鞋帶		32.00
5/11	家用		1,000.00
5/11	出差前什用		85.00
5/15	水果		5.00
5/16	光復會車馬費	300.00	
5/16	熊國清子喜儀		50.00
5/16	電費、肥皂二種、香煙、衛生紙		76.00
5/16	理髮二人		7.00
5/16	什用		4.00
5/18	車錢、水果		12.00
5/24	芒果、西瓜、香蕉		76.00
5/26	兩週待遇	1,865.00	
5/26	燈罩、書刊		27.00
5/26	利息	90.00	
5/26	扣所得稅		3.00
5/27	德芳修表		400.00
5/27	維他命 B 一瓶		42.00
5/27	龍井一斤		40.00
5/27	表鍊及換軸條		44.00
5/27	拔牙		30.00
5/27	解毒片		7.00
5/28	公車票		34.00
5/28	藥		5.00
5/28	洗衣		4.00
5/29	書刊		10.00
5/29	土黴素舌片		6.00
5/29	肥皂 30 斤、藥皂 4 斤		33.00

日期	摘要	收入	支出
5/29	書刊、食品		13.00
5/31	酒、洗衣		14.00
	總計	29,109.00	3,176.00
	本月結存		25,933.00

日期	摘要	收入	支出
6/1	上月結存	25,933.00	
6/1	水果、什用		6.00
6/5	牛肉乾一斤		46.00
6/6	木瓜、佛手、車錢		30.00
6/7	本月待遇	1,000.00	
6/7	同仁捐		60.00
6/7	本月眷貼	100.00	
6/7	電鐘二期		28.00
6/7	本年度加發一個月	1,000.00	
6/7	衣料首期		302.00
6/7	建屋貸款息		500.00
6/7	紹寧書、酒、香、糖		30.00
6/8	維他命 B 一瓶		42.00
6/8	車錢等		8.00
6/9	兩週待遇	1,865.00	
6/9	酒		12.00
6/9	旅費節餘二次	1,522.00	
6/9	車票、書刊、郵票		14.00
6/14	象牙皂、肥皂		56.00
6/14	地政規費、衛生紙		35.00
6/15	洗衣、茶葉、餅乾、黨費		35.00
6/16	B1 針藥、修鞋、果汁、書刊		65.00
6/18	兩週待遇	1,865.00	
6/18	聚餐、水果、書刊		25.00
6/18	贈輔導會司機衣物		103.00
6/19	光復會車馬費	300.00	
6/19	酒、德芳毛衣、食品		320.00
6/19	賞輔導會役		40.00
6/19	家用		1,000.00
6/19	捐區黨部		100.00
6/20	上衣一件、鞋跟、紅茶、香蕉		61.00
6/20	理髮、什用		6.00
6/21	女用硬領		20.00
6/21	分署節賞、書刊		25.00
6/23	旅費節餘	900.00	
6/23	車票		33.00
6/24	縫工		520.00
6/24	洗衣		3.00
6/27	肥皂、衛生紙、煙酒		50.00
6/28	收音機、執照費、話劇		75.00
6/28	鞋跟、廣播教材、印刷、蛋		35.00

日期	摘要	收入	支出
6/29	看電影、洗衣、香蕉、早點		20.00
6/30	港衫		35.00
6/30	萬金油		6.00
	總計	34,485.00	3,746.00
	本月結存		30,739.00

日期	摘要	收入	支出
7/1	上月結存	30,739.00	
7/1	送 Baranson 聚餐		100.00
7/2	兩週待遇	1,865.00	
7/2	衣料等、書刊		75.00
7/3	茶、蛋、洗衣		72.00
7/4	電線、消炎片、電影		35.00
7/5	本月待遇	1,000.00	
7/5	同仁稿、會費、勞軍		55.00
7/5	眷貼	100.00	
7/5	電鐘三期		28.00
7/5	衣料二期		138.00
7/5	建屋貸款息		53.00
7/5	衣料、牙刷、皂盆、消炎片、水果		60.00
7/5	理髮		7.00
7/5	港衫、汗衫、書刊		57.00
7/5	什用		16.50
7/10	車票、蛋		80.00
7/10	家用		680.00
7/10	毛巾、什用		24.00
7/12	藥		42.00
7/12	輓趙季勳花圈		70.00
7/12	洗衣、什用		8.00
7/15	書刊、燙衣、車票、午飯		58.00
7/17	交際電		7.00
7/18	兩周待遇	1,865.00	
7/18	午飯、西瓜		57.00
7/19	利息	132.00	
7/19	藥十片、理髮‘		64.00
7/20	字典		40.00
7/20	電影、蛋十個		24.00
7/22	蛋、香蕉		50.00
7/23	花露水		10.00
7/24	修理收音機、酒、車錢		35.00
7/26	光復會車馬費	300.00	
7/26	同仁捐		10.00
7/26	味全、毛巾、皂、皂粉、煙、衛生紙		75.00
7/26	花瓶、果盤、酒、車錢		78.00
7/28	蛋		53.00
7/29	鞋油、牙膏、鞋帶、小毛巾、車錢		24.00

日期	摘要	收入	支出
7/30	兩週待遇	1,865.00	
7/30	書刊		40.00
7/30	家用		200.00
7/31	旅費節餘	775.00	
7/31	車錢、車票		5.00
7/31	家用		1,000.00
	總計	38,641.00	3,351.00
	本月結存		35,290.00

日期	摘要	收入	支出
8/1	上月結存	35,290.00	
8/1	車票、洗衣		38.00
8/2	電影		30.00
8/2	本月待遇	1,000.00	
8/2	衣料 3 期		80.00
8/2	電鐘四期		28.00
8/2	房貸息		48.00
8/2	理髮、同仁捐		30.00
8/4	蛋、長髮靈		115.00
8/5	書刊、洗衣		10.00
8/10	電影、茶葉、B、針藥		50.00
8/10	張羅喜儀		50.00
8/11	針藥、樟腦、毛巾、蜂蜜、洗衣		100.00
8/13	兩周待遇	1,865.00	
8/13	酒等		16.00
8/13	綸祥利息	145.00	
8/13	家用		1,600.00
8/16	光復會車馬費	300.00	
8/16	理髮		5.00
8/25	車票		34.00
8/25	茶葉、書刊		26.00
8/27	兩週待遇	1,865.00	
8/27	茶葉、食品		47.00
8/27	針藥		40.00
8/27	奶粉		28.00
8/29	公請劉壽朋		70.00
8/29	午飯		5.00
8/30	肥皂 40 塊		48.00
8/30	內衣二件		90.00
8/30	蛋 20 個		30.00
8/30	食品、郵票、書刊		18.00
8/31	家用		1,300.00
	合計	40,465.00	3,936.00
	本月結存		36,529.00

日期	摘要	收入	支出
9/1	上月結存	36,529.00	
9/1	理髮、書刊、洗衣		9.00
9/3	牙膏、肥皂		27.00
9/3	蛋		60.00
9/3	內褲、牙刷		48.00
9/3	家用		200.00
9/6	本月待遇	1,000.00	
9/6	助武英亭		100.00
9/6	上月眷貼	100.00	
9/6	衣料四期		80.00
9/6	人壽保險首期		24.50
9/6	電鐘五期		28.00
9/6	房貸息		42.00
9/7	看電影		18.00
9/10	兩周待遇	1,865.00	
9/10	聚餐、砂糖		10.00
9/10	毛筆、毛巾、蛋		47.50
9/11	墨		30.00
9/12	洗衣、蛋		65.00
9/12	車票		33.00
9/13	眷貼	100.00	
9/13	書刊、皂、味精、酒		59.00
9/15	旅費節餘	420.00	
9/15	食品、電影		7.00
9/15	卡其褲		68.00
9/20	光復會車馬費	300.00	
9/20	糖、皂		8.00
9/20	家用		1,000.00
9/23	酒、書刊、洗衣		35.00
9/24	家用		500.00
9/24	家用		1,000.00
9/26	牛肉乾、月餅		63.00
9/29	兩週待遇	1,865.00	
9/29	短數		20.00
9/29	託趙君買藥		150.00
9/29	中秋工友賞		20.00
9/30	蛋、書刊、茶葉		47.0
9/30	牙刷、煙		13.00
	合計	42,179.00	3,812.00
	本月結存		38,367.00

日期	摘要	收入	支出
10/1	上月結存	38,367.00	
10/1	本年上期中和地價稅		53.00
10/4	本月待遇	1,000.00	
10/4	同仁捐		32.00
10/4	本月眷貼	100.00	

日期	摘要	收入	支出
10/4	建貸息		18.00
10/4	本學期子女教育費	230.00	
10/4	衣料五期		80.00
10/4	電鐘六期		28.00
10/4	壽險		24.50
10/4	理髮		5.580
10/4	書刊、食品		31.00
10/6	午飯		8.00
10/7	奶粉、香蕉		30.00
10/8	兩週待遇	1,865.00	
10/8	公請洋員		100.00
10/9	被單、德芳睡衣、紹寧雨衣、毛巾		215.00
10/12	食品、酒、鏡子		70.00
10/13	利息	145.00	
10/13	蛋、水果		60.00
10/13	送研究院書		81.00
10/13	書刊、布		22.00
10/15	車票		34.00
10/16	家用		1,600.00
10/17	光復會車馬費	300.00	
10/17	家用		300.00
10/17	家用		300.00
10/17	黨費		12.00
10/18	房貸退息 46/7-47/7	375.00	
10/18	家用		200.00
10/18	旅費節餘	845.00	
10/19	家用		200.00
10/19	鳳尾魚、酒		52.00
10/21	書刊、蚊香		16.00
10/22	兩周待遇	1,865.00	
10/22	家用		2,700.00
10/23	食品、酒、水果、蚊香		53.00
10/23	理髮		5.00
10/24	茶葉		6.00
10/26	畫展、酒、水果		27.00
	合計	45,092.00	6,363.00
	本月結存		38,729.00

日期	摘要	收入	支出
11/1	上月結存	38,729.00	
11/1	壽險		24.50
11/1	本月待遇	1,000.00	
11/1	同仁捐		40.00
11/1	建貸息		15.50
11/1	衣料六期扣		80.00
11/1	電鐘七期扣		28.00
11/2	赴新店、食品		13.00

日期	摘要	收入	支出
11/3	合庫息	107.00	
11/3	窗簾、肝精		105.00
11/4	兩周待遇	1,866.00	
11/4	奶粉、DDT		57.00
11/5	蛋、煙、糖		80.00
11/6	郵票、燈泡		20.00
11/7	書刊		12.00
11/12	家用		700.00
11/12	剪刀		110.00
11/12	理髮		5.00
11/15	光復會車馬費	300.00	
11/15	扣勞軍		30.00
11/15	綸祥利息	145.00	
11/15	家用		400.00
11/15	食品什用		10.00
11/16	紹彭藥		68.00
11/17	蛋、食品、DDT		32.00
11/19	本月待遇	1,865.00	
11/19	書刊、洗衣		10.00
11/21	蛋、糖果、牙刷		100.00
11/21	香皂、萬金油、牙膏		55.00
11/22	棉毛衫、肥皂、修收音機		70.00
11/23	襯衣二件		140.00
11/23	書刊		10.00
11/24	睡衣		45.00
11/25	解毒丸、信封等、糖、洗衣		28.00
11/27	本月眷貼	100.00	
11/27	家用		1,400.00
11/27	書刊、理髮		12.00
11/28	蛋		57.00
	合計	44,112.00	3,757.00
	本月結存		40,355.00

日期	摘要	收入	支出
12/1	上月結存	40,355.00	
12/1	水果		10.00
12/3	兩週待遇	1,915.00	
12/3	分署同人福利金		50.00
12/3	趙季勳子弟教育金		200.00
12/3	書刊		43.00
12/5	維他命 B 二瓶		8.00
12/6	本月待遇	1,000.00	
12/6	同仁捐		13.00
12/6	本月眷貼	100.00	
12/6	房貸息		12.50
12/6	下半年加發一個月	1,000.00	
12/6	壽險		24.50

日期	摘要	收入	支出
12/6	電鐘八期扣		28.00
12/6	請吃飯、西瓜		145.00
12/8	信片、club 會費、車票、食品、B 藥片二瓶		107.00
12/9	鹽蛋、糖食		14.00
12/13	理髮、水果		10.00
12/15	光復會車馬費	300.00	
12/15	家用		1,800.00
12/15	贈志先禮		150.00
12/15	黨費、書刊、洪蘭友賻		25.00
12/17	兩周待遇	1,915.00	
12/17	福利金		20.00
12/18	利息	150.00	
12/18	糖		3.00
12/20	上衣		480.00
12/20	日記、郵票		30.00
12/22	國大年會招待費	1,000.00	
12/22	聯誼會費、同仁捐		50.00
12/22	48 年一月份國大會費	1,000.00	
12/22	壽險		24.50
12/22	光復會大會膳雜費	200.00	
12/22	電鐘七期扣		28.00
12/22	衣料一期扣		349.50
12/22	房貸息		10.00
12/23	公請楊孝先		200.00
12/24	同鄉聚餐		30.00
12/24	水果、紹彭用物等		15.00
12/25	味精、肥皂、襪、衛生紙、食品等		100.00
12/25	毛毯、毛衣		400.00
12/25	食品、紹寧書、基隆車費		40.00
12/27	理髮、食品、郵票		23.00
12/30	鹽蛋、車票、奶粉、洗衣		85.00
12/31	書刊、換鞋跟、車錢		35.00
12/31	兩周待遇	1,916.00	
12/31	同仁福利金		10.00
12/31	晚飯		50.00
12/31	紹寧針藥		120.00
12/31	家用		1,350.00
	合計	50,851.00	6,093.00
	本月結存		44,758.00

吳墉祥簡要年表

1909 年	出生於山東省棲霞縣吳家村。
1914-1924 年	入私塾、煙台模範高等小學（11 歲別家）、私立先志中學。
1924 年	加入中國國民黨。
1927 年	入南京中央黨務學校。
1929 年	入中央政治學校（國立政治大學前身）財政系。
1933 年	大學畢業，任大學助教講師。
1937 年	任職安徽地方銀行。
1945 年	任山東省銀行總經理。
1947 年	任山東齊魯公司常務董事兼董事會秘書長。
	當選第一屆棲霞國民大會代表。
1949 年 7 月	乘飛機赴台，眷屬則乘秋瑾輪抵台。
1949 年 9 月	與友協力營救煙台聯中校長張敏之。
1956 年	任美國援華機構安全分署高級稽核。
1965 年	任台達化學工業公司財務長。
1976 年	退休。
2000 年	逝世於台北。

民國日記 47

吳墉祥在台日記（1958）

The Diaries of Wu Yung-hsiang at Taiwan, 1958

原　　著　吳墉祥
主　　編　馬國安
總 編 輯　陳新林、呂芳上
執行編輯　林弘毅
封面設計　陳新林
排　　版　溫心忻

出　　版　開源書局出版有限公司
香港金鐘夏慤道 18 號海富中心
1 座 26 樓 06 室
TEL：+852-35860995

民國歷史文化學社有限公司
10646 台北市大安區羅斯福路三段
37 號 7 樓之 1
TEL：+886-2-2369-6912
FAX：+886-2-2369-6990

http://www.rchcs.com.tw

初版一刷　2020 年 11 月 30 日
定　　價　新台幣 400 元
　　　　　港　幣 105 元
　　　　　美　元　15 元
I S B N　978-986-99750-0-1
印　　刷　長達印刷有限公司
台北市西園路二段 50 巷 4 弄 21 號
TEL：+886-2-2304-0488

國家圖書館出版品預行編目 (CIP) 資料
吳墉祥在台日記 (1958) = The diaries of Wu Yung-hsiang at Taiwan. 1958/ 吳墉祥原著；馬國安主編 . -- 初版 . -- 臺北市：民國歷史文化學社有限公司 , 2020.11

面；　公分 . -- (民國日記；47)

ISBN 978-986-99750-0-1 (平裝)

1. 吳墉祥　2. 臺灣傳記　3. 臺灣史　4. 史料

783.3886　　109019379